YU인문학 포럼

『 사람, 그리고 실천 』

YU인문학 포럼 『사람, 그리고 실천』

초판 발행 2016년 3월 7일

지은이 김용석 · 송용준 · 이강옥 · 이한우 · 전경수 · 주보돈 / **엮은이** 김한곤 · 김기호

펴낸곳 영남대학교출판부 / **펴낸이** 노석균

출판등록 1975년 9월 5일 경산 제16-1호

주소 경북 경산시 대학로 280 / **전화** 053) 810-1801~3 / **FAX** 053) 810-4722 / 홈페이지 book.yu.ac.kr

ISBN 978-89-7581-521-8

YU인문학 포럼

『사람, 그리고 실천』

김용석 · 송용준 · 이강옥 · 이한우 · 전경수 · 주보돈 지음
김한곤 · 김기호 엮음

영남대학교출판부

머리말

영남대학교 문과대는 학교에서 마련한 기금을 기반으로 일찍부터 인문학육성기금을 운영해 왔습니다. 운영의 목적은 대학사회의 기초가 되는 인문학 분야의 연구 활동을 지원하여 인문학에 대한 학문적 관심을 고조시키고 인문학 분야에 종사하는 연구 인력의 연구 능력을 향상함으로써 국내외에서 영남대학교의 인문학연구 수준의 경쟁력을 강화하고자 함입니다.

2014년도에는 인문학에 대한 학문적 관심을 높이기 위해 국내의 훌륭한 인문학자들을 모시고 영남대학교에서 포럼을 개최하기로 하였습니다. 포럼의 형식을 취한 것은 많은 분들이 직접 논의에 참여하여 주제에 대해 의견을 말하고 태도를 표명하도록 함으로써 모쪼록 사람과 세상에 대한 이해와 통찰을 서로 나누는 장이 되기를 기대했기 때문입니다.

금번 '2014년도 YU인문학 포럼'에서는 각 분야에서 인문학의 쟁점을 선도하고 계시는 여섯 분의 귀한 석학을 모셨습니다. 조선일보 이한우 문화부 부장, 서울대학교 중어중문학과 송용준 교수, 귀주대학교 동맹연구원교수로 계시는 전경수 교수, 영남대학교 국어교육과 이강옥 교수, 영산대학교 교양학부 김용석 교수, 경북대학교 사학과 주보돈 교수께서 흔쾌히 포럼 참여를 승낙해 주셨습니다.

매회 1시간 30분에 걸쳐 진행된 포럼은 사람과 세상에 대한 이해와 통찰을 나누는 향연이었습니다. 철학과 정병석 교수, 중어중문학과 박운석 교수, 문화인류학과 박성용 교수, 국어국문학과 김기호 교수, 철학과 최소인 교수, 역사학과 김정숙 교수가 전문가로 참여하여 토의를 위한 화제를 제공하였습니다. 참여한 대학생, 대학원생, 교수님, 그리고 외부의 시민들은 이들의 안내로 활발한 토론의 장을 만들었습니다.

'2014년도 YU인문학 포럼'을 기획한 문과대는 포럼의 성과를 직접 포럼에 참여하지 않으신 분들과도 나누었으면 하는 바람을 가지게 되었습니다. 애초에는 포럼에 발표된 원고, 전문가들이 제시한 관련 자료와 화제, 그리고 토론의 과정에서 주고받은 많은 내용들 모두를 담아 책으로 엮어내는 것이 좋겠다는 계획이었습니다. 그러나 여러 여건을 감안하여 이번에는 포럼에서 발표된 원고만을 출판하기로 하였습니다.

오늘날을 일러 불안의 시대라고 합니다. 실존적으로 불안은 진정한 자아와 대면을 할 용기를 내지 못하기 때문에 생기는 심리적 상태입니다. 현대인들은 진정한 자아를 포기하고 거짓된 가면에 숨어서 불안으로부터 점점 도피하고 있습니다. 현대의 수많은 병리현상의 원인은 여기로부터 출발합니다. 우리의 일상에서 일어나는 이런 수많은 비정상적인 현상들을 보면 참으로 절망적입니다. 그래서 많은 미래학자들은 인류의 미래를 암울하게 진단하고 있습니다.

당연히 절망에서 희망을 찾아야 합니다. 많은 이들이 그 희망을 인문학에서 찾습니다. 인문학을 달리 말하면 참사람과 참세상에 대한 고민입니다. 여기 실린 "文理가 트인다는 것의 의미에 대하여", "중국의 고대문화와 『논어』", "직업으로서의 인류학: 실천에서 실천으로", "현실은 꿈이다, 그 서사적 표징과 수행", "마키아벨리「군주」의 인간학적 해석", 그리고 "신라인의 남아선호와 그 의미" 등은 저마다 사람과 세상에 대한 고민을 담은 지혜의 인문학입니다. 모쪼록 이 책을 통해 삶의 지혜와 희망을 발견하기를 기대합니다.

이 책의 출판은 많은 분들의 도움이 있었기에 가능했습니다. 어려운 중에도 인문학의 지속과 발전을 위해 물심양면으로 지원해주신 총장님께 감사드립니다. 포럼 행사가 진행될 때마다 여러 준비를 빈틈없이 챙겨주신 행정실 선생님들께도 감사의 인사를 드립니다. 마지막으로 포럼에 참여해주고 토론에 참여해주신 모든 분들께 깊이 감사드리고 행운이 함께하기를 기원합니다.

문과대학장 김한곤

목차

1

'문리文理가 트인다'는 것의 의미에 대하여

1 이한우

'문리文理가 트인다'는 것의 의미에 대하여

고전, 특히 동양고전을 공부하는 사람들 사이에 흔히 하는 말로 '문리文理가 트인다'는 게 있다. 그러면 이게 정확히 무슨 의미일까? 한자 뜻대로 풀이하자면 '글의 이치가 환히 보인다'는 말이 되는데, 그러면 이게 도대체 무슨 의미인가?

한 가지 예를 들어 보겠다. 『논어』의 첫구절이다.

學而時習之 不亦說乎
학 이 시 습 지 불 역 열 호

우리가 이 구절을 소리 높여 '학이시습지 불역열호'라고 읽었다고 해서 문리가 트이는 것은 아니다. 그렇다고 달달 외우듯이 그 뜻을 풀어 '배우고 때로 익히면 이 또한 기쁘지 아니한가?'라고 하면 문리가 트인 것일까? 그나마 이 말도 오역이다. '(애씀[文(문)]을) 배워 시간날 때마다 부지런히 그것을 익히면 진실로[亦(역)] 기쁘지 않겠는가'가 정확한 번역이다.

선문답을 하려는 것이 아니다. 사서四書를 읽을 때는 음미, 또 음미를 해야하는데 이제 막 『논어』에 첫 걸음을 디뎌 놓고서 뭘 음미할게 있겠는가? 그런데 기존의 한학자나 동양철학자들까지 마치 아무 것이라도 배워서 그것을 익히면 기쁘다는 식으로 풀어놓고 있다. 이래가지고는 사서, 나아가 삼경三經의 본 뜻을 제대로 파악할 수 없다. 아무 것이나 배우는 것이 아니라 『논어』에서는 정확히 文(문), 즉 애씀이나 애쓰는 법을 배우는 것이다. 시작부터 文理(문리)를 터득하는 길을 제시한 문장인데 오역과 무지로 인해 전혀 엉뚱한 방향으로 사람들을 이끌어간 것이 그간의 한학자 내지는 동양철학자들의 논어나 사서 번역이었다.

결론부터 말하면 공자가 말하는 '배운다'는 것은 골프를 배우는 것도 아니고 영어나 수학을 배우는 것도 아니고 도둑질하는 것을 배우는 것은 더더욱 아니다. 學文학문, 즉 文(문)을 배우는 것이다. 그것은 『논어』 안에 수도 없이 나온다. '學而(학이) 6'부터 보자.

공자는 말했다. "어린 사람들[弟子(제자)]은 집에 들어오면 효도하고 밖에 나가면 공순하며, 행실을 삼가고 말에는 믿음이 담겨야 하며, 널리 사람들을 사랑하되 어진 이를 가까이 하는 것을 배우려 해야 한다. 이런 일들을 몸소 익혀 행하면서도 남은 힘이 있거든 그 때 가서 문[文(문)]을 배워라."

子曰 弟子 入則孝 出則弟 謹而信 汎愛衆而親仁 行有餘力 則以學文
자왈 제자 입즉효 축즉제 근이신 범애중이친인 행유여력 즉이학문

공자는 사람으로서의 기본사항이 갖춰진 다음에 문을 배우라[學文(학문)]고 말하고 있다. 국내 대부분의 번역서나 해설서는 이 文(문)을 글로 풀이한다. 뜬금없이 글을 배우라는게 무슨 뜻일까? 그나마 중국학자 리링은 자신의 저서 『집잃은 개』글항아리에서 이렇게 말하고 있다.

"공자는 '글을 배운다'고 말한다. 글文은 무엇일까? 문화이다. 특히 예악과 관련이 있는 인물 학술로 옛사람들은 그것을 문학文學이라고 불렀다. 도덕은 질質이고 예악은 문文이다. 문과 질은 상보적인 것이다. 공문孔門에서 독서는 예악을 배우는 것이다."(1권, 60쪽)

문文을 문질의 문으로 본다는 점에서 국내 학자들에게서는 볼 수 없는 탁견이다. 그러나 문을 다시 문화文化로 풀이한다는 것은 동어반복에 가깝다. 그리고 예악으로 한정하는 것은 문을 너무 표피화하는 것이다. 오히려 문文의 근본적인 의미는 일본의 한학자 시라카와 시즈카의『한자, 백가지 이야기』황소자리에서 찾아볼 수 있다.

"文문은 기회의 총체다. 내적인 것이 바깥으로 드러나는 것을 가리킨다. 그것을 더욱 한정하여 사용하는 방식이 문자다."(42쪽)

文문에 관한 가장 본질적이면서도 핵심적인 정의라 할 수 있다. 그래서 필자는 이미『논어로 논어를 풀다』해냄에서 내적인 것, 기본바탕[質질]과 대비시켜 文문을 애씀, 애쓰는 법, 애쓰다 등으로 번역할 것을 제안한 바 있다. 文문은 예악을 포괄하면서도 훨씬 더 근본적이다. 리링은 이 점을 놓친 듯하다.『논어강설』성균관대 출판부에서 學而時習학이시습의 學학을 예악를 배우는 것으로 풀이한 이기동교수성균관대 동양철학 또한 그런 점에서는 리링의 한계 안에 있다고 할 수 있다.

그럼에도 불구하고 리링이나 이교수는 기존의 내용없는 學학이나 文문에서 상당히 구체적인 방향으로 나아갔다는 점에서 다른 어떤 풀이보다 뛰어나다고 할 수 있다.

자, 이제 보다 구체적으로 文문을 파고들어보자. 먼저 '述而술이 24'다. 공자의 어떤 제자는 스승의 가르침을 이렇게 요약하고 있다.

> 공자는 다음 네 가지로 가르치셨으니 文 行 忠 信이었다.

> 子以四教 文行忠信
> 자 이 사 교 문 행 충 신

가장 중요했던 것이 文이다. 나머지 行 忠 信은 인간의 근본바탕, 즉 質질이다. 그런데도 文이 그냥 글일까, 아니면 예악일까? 오히려 行 忠 信을 대충대충 하는 것이 아니라 온 정성을 다해 표출하려는 노력[=애씀=文]이 아닐까?

'子罕 10'에서 공자의 수제자 안회는 이렇게 말한다.

> "(스승님께서는) 문文으로 나를 넓혀주셨고 예禮로써 나를 다잡아 주셨다[博我以文 約我以禮]."
> 박 아 이 문 약 아 이 례

이걸 보아도 文과 禮는 상호 밀접하면서도 서로 다르다는 것을 알 수 있다. 앞서 언급했던 리링이나 이기동교수는 이 점을 놓쳤다.

공자 자신도 '雍也 25'와 '顔淵 15'에서 "군자는 문文을 널리 배우고 그것을 예로써 다잡는다"고 말하고 있다. 이는 자연스럽게 學而時習을 연상시킨다. 공자가 말한 "문을 널리 배우다"를 풀이하는 단서는 '子張 22'다. 여기서 우리는 공자가 스승도 없이 어떻게 文이라는 것을 배웠는지를 알 수 있다.

> 위나라의 공손조가 같은 위나라 출신인 자공에게 물었다. "공자는 어떻게 배웠는가?" 자공은 다음과 같이 답한다. "문왕과 무왕의 도리는 아직 땅

에 떨어지지 않아 사람들에게 남아 있다. 어진 자는 그 큰 것을 기억해 알고 있고 그보다 못한 자도 그 작은 것을 기억해 알고 있어 문왕과 무왕의 도리가 여전히 남아 있으니 공자께서 어찌 배우지 않으시며 또한 어찌 정해진 스승이 계시겠는가?"

衛公孫朝問於子貢曰 仲尼焉學
위공손조문어자공왈 중니언학

子貢曰 文武之道未墜於地在人 賢者識其大者 不賢者
자공왈 문무지도미추어지재인 현자지기대자 불현자

識其小者 莫不有文武之道焉 夫子焉 不學而亦何常師之有
지기소자 막불유문무지도언 부자언 불학이역하상사지유

공자가 말한 문왕과 무왕의 도리, 즉 선왕지도先王之道가 바로 文(문)이다. 인간다워지려고 애쓰는 것이 바로 文(문)이다. 나아가 공자는 '八佾(팔일) 14'에서 그 배우는 범위를 크게 확대한다.

공자는 말했다. "주나라는 하·은 이대를 비추어 살펴보았으므로 찬란하도다 그 문文이여! 나는 주나라를 따르리라."

子曰 周監於二代 郁郁乎文哉 吾從周
자왈 주감어이대 욱욱호문재 오종주

즉 주나라는 하나라와 은나라의 역사를 조감하여 文(문)의 전통을 계승하였기에 위대하며 그렇기 때문에 그는 주나라를 따르겠다는 것이다. '顔淵(안연) 24'에서 증자는 이렇게 말한다.

"군자는 문文으로 벗을 모으고, 그런 벗으로써 인仁을 키운다."

君子 以文會友以友輔仁
군자 이문회우이우보인

學과 文에 대한 문리적 접근은 일단 이 정도에서 그치고 이번에는 『논어』에 등장하는 구체적인 사례들을 통해 '文理가 트인다'는 의미를 보다 상세하게 알아보자.

1.

사실 『논어』라는 책은 이미 그 안에 '문리가 트인 제자'와 '문리가 트이지 못한 제자'를 등장시켜 아주 친절하게 '문리가 트인다'의 의미를 그대로 보여주고 있다. '顔淵 22'는 그런 점에서 대단히 중요하다.

번지樊遲가 먼저 어질다는 것[仁]이 무엇이냐고 묻자 공자는 "사람을 사랑하는 것[愛人]"이라고 답한다. 이어 안다는 것[知]은 무엇이냐고 묻자 "사람을 아는 것[知人]"이라고 말한다. 그런데 번지가 이 말을 미처 이해하지 못하자 공자는 말했다. "곧은 사람을 들어 쓰고 모든 굽은 사람은 제 자리에 두면, 굽은 자로 하여금 곧아지게 할 수 있다."
번지는 공자 앞을 물러나와 자하를 찾아가 물었다. "지난번에 내가 부자를 뵙고서 안다는 것[知]이 무엇인지 묻자 부자께서는 '곧은 사람을 들어 쓰고 모든 굽은 사람은 제 자리에 두면, 굽은 자로 하여금 곧아지게 할 수 있다'고 하셨다. 무엇을 말함인가?"
자하는 이미 공자의 말뜻을 알아차렸다는 듯이 "풍부하도다! 그 말씀이여!"라고 말한 다음 구체적인 사례를 들어 번지의 궁금증을 풀어준다. "순舜임금이 천하를 소유함에 여러 사람 중에서 선발하여 고요皐陶를 들어 쓰시니 어질지 못한 자들이 멀리 사라졌고, 탕湯임금이 천하를 소유함에 여러 사람 중에서 선발하여 이윤伊尹을 들어 쓰시니 어질지 못한 자들이 멀리 사라졌다."

樊遲問仁
번 지 문 인

子曰 愛人
자 왈 애 인

問知
문 지

子曰 知人
자 왈 지 인

樊遲未達
번 지 미 달

子曰 擧直錯諸枉 能使枉者直
자 왈 거 직 조 제 왕 능 사 왕 자 직

樊遲退見子夏曰 鄉也 吾見於夫子而問知 子曰 擧直
번 지 퇴 견 자 하 왈 향 야 오 현 어 부 자 이 문 지 자 왈 거 직

錯諸枉 能使枉者直 何謂也
조 제 왕 능 사 왕 자 직 하 위 야

子夏曰 富哉言乎 舜有天下 選於衆擧皐陶 不仁者遠
자 하 왈 부 재 언 호 순 유 천 하 선 어 중 거 고 요 불 인 자 원

矣 湯有天下 選於衆擧伊尹 不仁者 遠矣
의 탕 유 천 하 선 어 중 거 이 윤 불 인 자 원 의

번지라는 제자는 '子路(자로) 4'에서 공자에게 농사일을 배우고 싶다고 했다가 소인小人이라는 혹평을 받기도 했지만 종종 좋은 질문을 던져 칭찬을 받기도 했다. 공자 제자들 중에서는 중간[中(중)]이나 중하中下쯤 되는 인물이다. 이 글은 단계를 나누어 잘 살펴야 한다.

첫째, 번지가 공자에게 仁인과 知지가 무엇인지를 묻자 공자는 아주 간명하게 각각 사람을 사랑하는 것, 사람을 아는 것이라고 답한다. 그 중에서 특히 번지는 아는 것[知(지)]을 사람을 아는 것[知人(지인)]이라고 말하는 공자의 뜻을 이해하지 못했다. 문리가 전혀 트이지 못한 것이다.

둘째, 공자는 아는 것[知], 즉 사람을 아는 것[知人]을 이렇게 풀이해준다. "곧은 사람을 들어 쓰고 모든 굽은 사람은 제 자리에 두면[擧直錯諸枉], 굽은 자로 하여금 곧아지게 할 수 있다[能使枉者直]." 공자의 대답은 여기까지다. 그러나 번지는 여전히 왜 知지가 知人지인인지도 모르는데다가 그 知人지인을 또 이렇게 풀이했는지를 전혀 이해하지 못한다. 다만 번지는 솔직했다. 그래서 중상中上은 되는 동료제자 자하子夏를 찾아가 물었다.

셋째, 어느 정도 문리가 트인 자하子夏는 공자가 말한 바를 이렇게 풀어준다. "순舜임금이 천하를 소유함에 여러 사람 중에서 선발하여 고요皐陶를 들어 쓰시니 어질지 못한 자들이 멀리 사라졌고, 탕湯임금이 천하를 소유함에 여러 사람 중에서 선발하여 이윤伊尹을 들어 쓰시니 어질지 못한 자들이 멀리 사라졌다." 역사 속의 사례를 통해 이미 자하는 공자가 말한 곧음[直]과 굽음[枉], 그리고 사람을 알아보고[知人] 쓰는[用人] 문제가 무엇을 의미하는지를 정확히 알고 있었던 것이다.

자하가 어느 정도 문리가 트인 인물이라는 사실은 '八佾 8'에서 명확하게 알 수 있다.

자하가 물었다. "'예쁜 웃음에 보조개가 뚜렷하고 아름다운 눈에 눈동자가 선명하도다. 하얀 본바탕에 화려한 꾸밈이 가해져 더욱 빛나는구나!'라는 시는 무슨 뜻입니까?"
공자는 말했다. "그림 그리는 일은 흰 비단을 마련한 후에 이뤄진다."
자하가 말했다. "예가 인이나 충신보다는 뒤에 있겠군요."
공자는 말했다. "나를 흥기시키는 자는 자하이구나! 이제 비로소 너와 더불어 시를 논할 수 있겠다."

子夏問曰 巧笑倩兮 美目盼兮 素以爲絢兮 何謂也
자하문왈 교소천혜 미목반혜 소이위현혜 하위야

子曰 繪事後素
자왈 회사후소

曰 禮後乎
왈 예후호

子曰 起予者 商也 始可與言詩已矣
자왈 기여자 상야 시가여언시이의

자하가 한 시구를 인용하며 무슨 뜻인지를 묻는다. '巧笑倩兮 美目盼兮 素以爲絢兮'다. 이를 주희는 일시逸詩라고 했다. 일시란 『시경』에는 수록되지 못한 고대 중국의 시를 말한다. 倩천은 거의 쓰지 않는 한자인데 주희는 그것을 보조개[口輔]로 풀이한다. 盼(반/변)은 눈 예쁠 반이다. 글자 모양대로 눈동자의 흑백이 뚜렷하다는 것이다. 兮혜는 감탄의 의미를 갖는 어조사다. '예쁜 웃음에 보조개가 뚜렷하고 아름다운 눈에 눈동자가 선명하다' 정도로 해석할 수 있다. 금상첨화錦上添花, 화룡점정畵龍點睛이다. 결국 이 두 구절을 통합해서 해설하는 것이 素以爲絢兮소이위현혜, 즉 하얀 본바탕[素]에 화려한 꾸밈[絢]이 가해져 더욱 빛난다는 것이다. 素絢소현은 質文질문과 상응한다. 소박素朴 질박質朴이 현란絢爛 문채文彩와 대응하는 것이다. 文質문질의 문맥이다.

그 시의 의미에 대해 자하가 묻자 공자는 함축적으로 답한다. 그림 그리는 일은 흰 비단[素]을 마련한 후에 이뤄진다는 것이다. 바탕이 있고나서 꾸밈이 있을 수 있다는 뜻이다. 여기까지는 비유였고 결국 자하의 질문은 예禮로 돌아간다. '(그렇다면) 예가 (仁보다) 뒤에 오겠군요?' 어진 마음[仁]은 흰 비단과 통하고 예는 그림 그리는 일과 통한다. 인仁이 바탕[質]이면 예는 꾸밈[文]이다. '八佾' 3, 4에서 논의한 예의 본질 문제가 그림 그리기의 비유를 통해 이렇게 확장되고 있는 것이다.

공자는 기뻐하며 이제 비로소 자하와 더불어 시詩를 논할 수 있게 되었다고 말한다. 그것은 자하의 문리가 트인 점을 인정해준 것이다. 이런 자하였기에 번지에게 그처럼 소상히 설명해줄 수 있었던 것이다.

이제 문리가 트인다는 말을 새롭게 정립하고자 한다. 그것은 흔히 생각하듯이 글의 이치를 훤하게 알게 된다는 뜻임과 동시에 말 그대로 인간다우려고 애쓰는[文(문)] 방법이나 이치[理(리)]로 볼 때 그 뜻이 훨씬 명확해진다는 점이다. 글을 이해할 줄 안다고 해서 문리가 트일 수는 없으며 결국 修己수기의 이치를 제대로 파악해 하나하나 실천에 옮기는 것이 곧 제대로 된 의미의 '문리가 트였다'가 될 수 있다.

2.

문리가 트인다는 것은 애씀의 이치를 제대로 파악한다는 뜻이다. 그렇다면 불혹不惑의 문리는 무엇일까? 그동안 대부분의 『논어』 풀이는 불혹에 대해 두루뭉술하게 풀이하고 지나갔다. 예를 들면 유혹에 흔들리지 않는다, 미혹되지 않는다는 정도이다. 그러나 이것은 불혹의 문리를 제대로 파악하지 못한 것이다. 문리를 제대로 파악하는 길은 곧 『논어』로 『논어』를 풀 때 가능하다. 다시 말해 『논어』 안에서 혹惑의 의미를 정확히 확정지음으로써 자연스럽게 불혹의 의미를 파악하게 된다.

우선 이 말은 『논어』 '爲政(위정) 4'에 처음 등장한다.

공자는 말했다. "나는 열다섯 살에 학문에 뜻을 두었고 서른 살에 섰고 마흔살에 혹하지 않았고 쉰 살에 천명을 알았고 예순 살에 귀가 순해졌고 일흔살이 되니 마음이 하고자 하는 바를 따라서 해도 그것이 세상의 법도를 넘지 않았다."

子曰 吾十有五而志于學 三十而立 四十而不惑 五十而知天
자왈 오십유오이지우학 삼십이립 사십이불혹 오십이지천

命 六十而耳順 七十而從心所欲 不踰矩
명 육십이이순 칠십이종심소욕 불유구

마흔四十에는 어디에도 혹하지 않는다, 또는 혹하지 않았다不惑고 했다. 그것은 뒤집어 말하면 마흔 무렵에 온갖 유혹이나 미혹迷惑 등이 가장 성할 때이므로 그것을 경계해야 한다는 의미이다. 저절로 不惑불혹의 경지에 들어가게 되는 것은 아니라는 뜻이다.

이는 志于學지우학과 而立이립의 맥락에서 살펴야 한다. 뜻을 세워 학문을 넓히고 마침내 禮로써 몸과 마음을 다잡는 경지에 이르렀다고 하더라도 그것을 시종일관 유지하기란 거의 불가능하다. 주변에서는 여성의 유혹이 있을 것이고 부와 명예에 대한 유혹 또한 쉽게 뿌리치기 힘들었을 것이다. 여기까지가 기존의 흔한 해석이다.

그러나 공자가 말하는 不惑의 의미를 명확하게 하려면 역시 『논어』에서 사용되는 惑혹의 맥락부터 살펴야 한다. 다시 以論解論이다.

不惑이란 말은 '子罕 28'에 다시 등장한다. 공자는 말한다.
자한

"사람을볼 줄 아는 자知者는 혹하지 않고不惑 어진 자仁者는 근심하지 않고不憂 용감한 자勇者는 두려워하지 않는다不懼."

이 구절은 '憲問 30'에서도 반복된다. 일단 不惑은 知, 不知의 문제와 연결된다.
헌문

'顔淵 21'에서는 樊遲라는 제자가 惑혹에 관해 묻자 공자는 좋은 질문이라고 평한 다음 이렇게 말한다.
안연

"하루 아침의 분노로 자신을 망각해 그(禍가) 부모에게까지 미치게 하는 것이 혹惑 아니겠는가?"

그리고 '顔淵안연 22'에서 顔淵이 知를 묻자 知人이라고 답한다. 결국 사람을 제대로 알지 못해 타인과의 관계에서 禍를 빚어내는 것이야말로 惑에 관한 공자의 정의라고 할 수 있다. 不惑은 이를 멀리한다는 것이다. 결국 不惑은 知人이다. 사람을 제대로 파악하면 유혹에 흔들리지 않기 때문이다. 마흔에 知人하고 오십에 知天命하는 것이다. '陽貨양화 26'은 40살과 不惑 그리고 知人의 문제를 한 문장으로 압축해 보여준다.

> 공자는 말했다. "나이 40이 되어서도 미움을 받으면 그대로 끝날 뿐ㄹ이다."

이제 우리는 공자가 말한 열다섯, 서른, 마흔의 의미를 일목요연하게 정리한 공자의 또 다른 발언을 미리 살펴보자. '子罕자한 29'에서 공자는 이렇게 말한다.

> 공자는 말했다. "더불어 함께 배울 수 있다고 해서 그 사람들 모두와 더불어 도를 행하는데로 나아갈 수는 없으며, 또 더불어 도를 행하는데 나아간다고 해서 그 사람들 모두와 더불어 함께 뜻을 세울 수는 없으며, 또 더불어 함께 뜻을 세웠다고 해서 그 사람들 모두와 더불어 권도權道를 행할 수는 없다."

여기서 공자가 자신의 생애를 시기별로 핵심어를 통해 요약한 이유가 명확하게 드러난다. 일단 도를 향해 함께 나아간다與適道는 공자가 열다섯에 志于學했던 것과 통한다. 이어 더불어 함께 선다與立은 당연히 서른의 而立과 연결된다. 여기까지는 별도의 설명이 필요없을 것이다. 더불어 함께 배운다與共學은 열다섯 이전의 初學초학으로 보면 된다. 문제는 함께 설 수는 있어도 함께 權道를 행할 수는 없다未可與權이다. 원래 유학에서는 常經상경과 權道권도라 하여 일종의 원칙과 임기응변의 이분법으로 자주 사용된다. 따라서 權道에는 약간은 부정적인 의미가 들어있다.

그러나 일정한 수준에 이른 사람이라면 상황에 맞게 權道를 쓰는 것이 또한 공자의 기본적인 정신이기도 하다. 權道만을 추구해서는 안되지만 인생의 불확실성 앞에서 상황이 진정 요구한다고 판단되면 과감하게 權道를 쓸 수도 있어야 한다. 그런 맥락에서 이는 不惑불혹과 통한다. 不惑의 차원에 이른 사람이라야 함께 權道를 행하더라도 도리道에서 벗어나지 않을 수 있기 때문이다. 그만큼 어려운 경지이기도 한다.

'子罕자한 29'의 이 구절은 따라서 친구나 朋友붕우의 단계를 보여주는 글로 해석할 수 있다. 물론 그것은 사람을 알아차리는知人 문제와도 연결된다. 함께 배울 수 있는 친구, 함께 도를 향해 나아갈 수 있는 친구, 함께 설 수 있는 친구, 함께 權道를 행할 수 있는 친구 등이 그것이다. 물론 맨 마지막이 최고 단계의 친구요 朋友라 할 수 있다.

이처럼 『논어』로 『논어』를 풀 때, 즉 불혹不惑의 문리를 제대로 이해할 때 그간의 잘못된 이해에서 벗어날 수 있음을 확인할 수 있다.

3.

이번에는 명明의 문리를 풀어보겠다. 『논어』 '顔淵안연 6'은 밝다[明명]라는 것이 어떤 의미로 이해해야 하는 것인지를 보여주는 유일한 사례다.

> 자장이 밝음明에 관해 묻자 공자는 말했다. "서서히 젖어드는 참소讒訴와 피부에 와닿는 하소연愬이 행해지지 않는다면 그 정사는 밝다明고 이를 만하다. 그런 참소와 하소연이 행해지지 않는다면 멀다遠고 이를 만하다."

子張問明
자장문명

子曰 浸潤之譖 膚受之愬 不行焉 可謂明也已矣 浸潤
자왈 침윤지참 부수지소 불행언 가위명야이의 참윤

之譖 膚受之愬 不行焉 可謂遠也已矣
지참 부수지소 불행언 가위원야이의

子張은 특이하게도 밝음[明]에 관해 질문을 던졌다. 쉽지 않은 질문이다. 여기서 明의 사전적인 뜻을 우선 살펴보자. 明에는 참으로 많은 뜻이 있다. 밝다, 밝히다, 날새다, 나타나다, 명료하게 드러나다, 똑똑하다, 깨끗하다, 결백하다, 희다, 하얗다, 질서가 서다, 갖추어지다, 높이다, 숭상하다, 존중하다, 맹세하다, 밝게, 환하게, 확실하게, 이승, 현세現世, 나라 이름, 낮, 주간晝間, 밖, 겉, 밝고 환한 모양, 밝은 곳, 양지陽地, 밝음, 빛, 광채光彩, 새벽, 성盛한 모양 등등이 그것이다. 여기서는 무엇보다 公공과 같은 뜻이다.

그러면 子張의 물음에 공자는 어떻게 답할까? 다음과 같은 두 가지, 즉 서서히 젖어드는浸潤 참소讒訴와 피부에 와닿는膚受 하소연愬이 행해지지 않는다면 그 정사는 밝다明고 이를 만하다고 말한다. 군주의 경우 신하들끼리 政敵정적에 대한 교묘한 참소와 정당한 비판을 구별하기 어려우며 동시에 주변 친지의 애절한 민원民願과 간특한 청탁을 구별하기 또한 어렵다. 군주가 아무리 공명정대公明正大하려는 뜻을 갖고 있더라도 실제로 이 둘을 구분하지 못한다면 암군暗君이 될 가능성이 높다. 明君, 혹은 明政바른 정치의 길을 물은 것이다.

공자의 답은 이런 맥락에서 보아야 한다. 이는 군주뿐만 아니라 정사를 맡아하는 사람이라면 다 경계해야 할 일이다. 어쩌면 子張 자신이 정치를 하게 되면서 밝은 정치明政에 관해 물었는지 모른다. 이에 공자는 子張의 병폐를 정확히 꼭 집어서 답했다고 할 수 있다. 주희도 "이 또한 반드시 子張의 결함을 염두에 두고서 말씀하였을 것이다"고 풀이한다. 『논어』 전체를 통틀어 明을 직접적으로 설명하는 유일한 대목이다. 다른데서 나오는

明(혹은 聽)은 모두 이런 의미로 풀어야 한다.

子張자장은 陳진나라 사람으로 공자의 제자이며 이름은 사師이다. 공자로부터 "(매사에) 지나치다"는 평을 들었을 만큼 다소 극단적이고 편벽된 인물이었다. 아마도 공자보다 48세나 적었다고 하니 젊어서 보여준 병폐였을 것이다. 앞에서 공자에게 학문이나 앎의 문제보다는 대단히 현실적인 녹祿을 구하는 법을 물었던 장본인이기도 하다. 정치나 출세에 관심이 많은 인물로 보인다. 흥미롭게도 子張은 정치를 함에 있어 밝게 한다는 것이 무엇인지를 우리에게 전해주는 역할을 하고 있다. 먼저 '爲政(위정) 18'을 보자.

자장이 벼슬자리를 구하는 법을 배우고 싶다고 하자 공자는 말했다. "많이 듣고서듣되 의심나는 것은 제쳐놓고 그 나머지 것其餘들에 대해서만 신중하게 이야기한다면 허물이 적을 것이요, 많이 보고서 위태로운 것은 제쳐놓고 그 나머지를 신중하게 행한다면 후회가 적을 것이니, 말에 허물이 적으며 행실에 후회할 일이 적으면 벼슬자리는 절로 따라오게 될 것이다."

여기서 공자는 듣고 보는 것의 문제를 이야기하고 있다. 이 또한 明의 문제와 무관치 않아 보인다. 그런데 '季氏(계씨) 10'에서 공자는 군자가 반드시 생각해야 할 아홉가지를 열거하는데 그 중 가장 먼저 언급되는 것이 보는 것視과 듣는 것聽인데 이렇게 말한다. 視思明시사명과 聽思聰청사명하라는 것이다. 볼 때는 밝음을 생각하고 들을 때는 (귀)밝음을 생각해야 한다는 것이다. 밝다明는 것은 바로 이런 뜻이다.

그런데 왜 明을 밝히는 이유와 똑같은 이유로 멀다遠고 한 것일까? 이에 대해 주희는 직접 풀이하지는 않고 楊時양시의 풀이를 싣는 것으로 대신하고 있다. "멀다는 것은 밝음이 지극한 것이다. 『서경書經』의 '태갑'에 이르기를 視遠惟明시원유명, 즉 먼 곳을 본다는 것은 오직 밝음이라고 했다." 당장의 이해관계보다는 멀리 있는 나라의 이익을 앞에 세우면서 사리사욕에서 나오는 것들을 제대로 물리쳐야 한다는 것이다. 私는 가깝고 公은 멀다. 가까운 것利은 어둡고暗 먼 것義은 밝다明. 공간적 의미에서의 멀다나 멀리하다를 제외한 公道공도로서의 遠이라는 뜻이 분명한 『논어』에서의 사례 몇 가지를 살펴보는 것으로 遠에 대한 풀이를 대신하겠다. 먼저 '衛靈公위령공 11'을 보자.

> 공자는 말했다. "사람이 멀리 내다보는 생각遠慮이 없으면 반드시 가까운데서 근심이 있다."

멀리 내다보다는 것은 개인의 이익이 아니라 국가와 공의公義의 차원에서 문제를 바라본다는 뜻이다. 이는 '里仁이인 16'과 통한다.

> "군자는 의리에 깨닫고 소인은 이익에 깨닫는다."

즉 의리義는 멀고 이익利은 가깝다. '子張자장 4'의 遠도 公와 연관된다.

> 자하는 이렇게 말한다. "비록 작은 도라 하더라도 반드시 보아줄 만한 것이 있겠지만 원대함遠에 이르는 데 있어서 장애물이 될까 두렵다. 바로 이 때문에 군자는 하지 않는 것이다."

원대함이란 공의公義다.

이처럼 명明은 공公으로 이해할 때 그 문리를 정확히 파악할 수 있다. 명明에 대한 이같은 분명한 이해가 있어야만 『중용』에 나오는 다음과 같은 구절도 명확하게 이해할 수 있다. 이것이 바로 필자가 말하는『논어』로『중용』을 푸는 작업이다. 이처럼 문리가 트인다는 것은『논어』로『논어』를 푸는데 그치지 않고『논어』로『중용』을 풀고『논어』로『대학』을 풀고 나아가『맹자』와 나머지 삼경으로까지 나아갈 수 있는 확실한 기반이 된다.

특히 이처럼 정확히 문리를 파악하지 못할 경우 터무니 없는 오역으로 이어진다는 점에서도 '문리가 트인다'는 것은 대단히 중요하다. 먼저 이 점부터 지적한 다음 본격적으로『중용』의 관련구절을 검토하도록 하겠다

기존의『중용』번역서들 중에는 도무지 무슨 말인지 알 수 없는 번역들이 허다하다. 그중 널리 읽히는 번역본의 한 가지만 예로 들어보겠다.『중용』제31장의 첫 문장은 이렇다.

唯天下至聖 爲能聰明睿知 足以有臨也
유 천 하 지 성 위 능 총 명 예 지 족 이 유 임 야

이에 대한 유명 한한자의 풀이를 보자.

'오직 천하의 지극한 성인聖人이어야 총명예지聰明睿知가 족히 임할 수 있다.'

이런 번역이 갖는 문제점은 곧 자세하게 규명할 것이기 때문에 여기서는 필자의 번역을 보여주는 것으로 대신하겠다.

오직 천하제일의 성스러운 임금만이 능히 귀 밝고[聽(총)] 눈 밝고[明(명)] 사리에 밝고[睿(예)] 사람에 밝아[知(지)] 족히 '제대로 된 다스림[臨(임)]'이 있을 수 있다.

해석이나 입장의 차이를 떠나 이 문장에서 '총명예지聰明睿知가 임한다'는 번역은 나올 수가 없다. 이 문장의 주어는 '지극한 성인(=성스러운 임금)'이

지 '총명예지'가 아니다. 직역을 하면 능히[能] 총명예지聰明睿知하게 되어[爲] 족히[足] 통치함[臨]이 있게[有] 해준다[以=使]는 말이기 때문이다.

자, 사정이 이러한데 '오직 천하의 지극한 성인이어야 총명예지가 족히 임할 수 있다'는 문장만을 읽고서 그 내용을 '이해'한 사람이 있다면 그 사람이 이해한 것은 무엇일까? 참고로 얼마 전 우리 사회에 '중용' 붐을 일으킨 김용옥은 이 문장을 어떻게 번역했는지 살펴보자.

오로지 우리의 스승 중니와 같으신 천하의 지극한 성인이라야 능히 총명예지할 수 있어서 족히 임할 수 있다.

간단히 살펴보아도 '임할 수 있다'의 주어가 없다는 것을 알 수 있다. 비문非文이다. 이는 임臨의 의미를 정확히 파악하지 못했기 때문이다. 게다가 쓸데없이 '우리의 스승 중니와 같으신'을 추가한 것은 잘못이다. 오히려 요임금이나 순임금, 즉 현실 속의 군왕을 가리키는 것이다. 그리고 가장 중요한 총명예지를 번역하지 않고 음역으로 대신하고 있다. 이것은 엄격한 의미에서 번역이라고 할 수 없다. 이처럼 김용옥의 『중용』 풀이와 번역의 문제점들은 그 정도가 아주 심한 경우만 골라 그때그때 지적해 갈 것이다.

이제 본격적으로 제31장을 살펴보자.

唯天下至聖 爲能聰明睿知 足以有臨也 寬裕溫柔 足以有
유천하지성 위능총명예지 족이유임야 관유온유 족이유
容也 發强剛毅 足以有執也 齊莊中正 足以有敬也 文理密
용야 발강강의 족이유집야 제장중정 족이유경야 문리밀
察 足以有別也 溥博淵泉 而時出之 溥博如天 淵泉如淵 見
찰 족이유별야 부박연천 이시출지 부박여천 연천여연 현
而民莫不敬 言而民莫不信 行而民莫不說 是以聲名 洋溢乎
이민막불경 언이민막불신 행이민막불열 시이성명 양일호

中國 施及蠻貊 舟車所至 人力所通 天之所覆 地之所載 日
중국 시급만맥 주거소지 인력소통 천지소부 지지소재 일

月所照 霜露所隊 凡有血氣者 莫不尊親 高曰 配天
월소조 상로소대 범유혈기자 막불존친 고왈 배천

오직 천하제일의 성스러운 임금만이 능히 귀 밝고 눈 밝고 사리에 밝고 사람에 밝아 족히 '제대로 된 다스림'이 있게 되고, 능히 너그럽고 넉넉하고 온순하고 부드러워 족히 '제대로 된 포용력'이 있게 되고, 능히 뜻을 일으켜 외적으로 강하고 내적으로도 강하며 단호하여 족히 '제대로 된 국정장악'이 있게 되고, 능히 가지런하고 묵직하고 중화中和를 지키고 바름을 견지하여 족히 '공경함'이 있게 되고, 능히 문을 갖추고 사리를 꿰뚫어보며 아주 치밀하고 샅샅이 살펴서 족히 '사리분별력'이 있게 된다. 넓디넓고 깊디깊으나 때가 되면 드러난다. 넓디넓음은 하늘과 같고 깊디깊음은 깊은 못과 같다. (마침내 때를 만나 적절한 인물을 통해 그 덕이) 나타나면 백성들이 공경하지 않을 수 없고 (그런 인물이) 말을 하면 백성들이 믿고 따르지 않을 수 없고, (덕을) 행하면 백성들이 기뻐하지 않을 수 없다. 이리하여 그 명성이 중국을 흘러넘쳐 오랑캐 지역에까지 퍼져서 배와 수레가 닿는 곳, 사람의 힘이 통하는 곳, 하늘이 덮어주는 곳, 땅이 싣고 있는 곳, 일월이 빛을 비추이는 곳, 서리와 이슬이 내리는 곳의 모든 혈기 있는 자들이 존숭하고 친애하지 않는 바가 없으니, 그 때문에 (그런 분이야말로) 하늘과 어울린다고 하는 것이다.

여기서 지성至聖은 지극히 뛰어난 사람 혹은 뛰어난 군주다. 가장 이상적인 군주라고 할 수 있다. 이런 군주라야 다음과 같은 다섯 가지 자질을 갖추게 된다. 그 다섯 가지란 임臨, 용容, 집執, 경敬, 별別이다.

臨임에는 임하다, 직면하다 외에 다스리다, 통치하다 등의 뜻이 있다. 그런데 '임함'이라고 번역해 온 전통적 해석은 그 의미가 모호해서 무슨 뜻인지를 알 수 없다. 예를 들어 상당히 권위를 인정받는 전통적 번역 중 하나를 보면 '오직 천하의 지극한 성인이어야 능히 총명하고 예지함이 족히 임함이 있나니'로 돼 있는데 도대체 무슨 뜻인지 알 길이 없다. 철학적 사고가 뒷받침되지 않는 한학자의 번역이 보여주는 전형적인 병폐라 할 수 있다.

그런데 '총명예지聰明睿知'의 경우 일반적으로 총명이나 예지라는 말을 쓰기 때문에 '총명과 예지를 갖춤으로써'라고 번역해도 되지만, 좀 더 나눠서 총聰 명明 예睿 지知를 각각 번역해 주는 것도 한 방법이다.

여기서 우리는 『논어』의 도움을 받을 수 있다. 즉 문리를 따라가는 것이다. '季氏 10'에는 군자가 염두에 두어야 할 것으로 명明과 총聰 외에 일곱 가지가 더 언급된다. 거기에는 바로 뒤에서 보게 될 온溫, 경敬 등도 포함돼 있다. 그 또한 참고할 필요가 있다. 왜냐하면 군자 또는 덕을 갖춘 군주가 마땅히 염두에 두어야 할 사항들이 대부분 들어 있기 때문이다.

공자는 말했다. "군자는 아홉 가지 염두에 두어야 할 것이 있다. 볼 때는 밝음을 먼저 생각하고, 들을 때는 귀 밝음을 먼저 생각하고, 얼굴빛은 온화함을 먼저 생각하며, 몸가짐을 할 때는 공손함을 먼저 생각하며, 말할 때는 진실함을 먼저 생각하며, 섬길 때는 공경함을 먼저 생각하며, 의심스러울 때는 물음을 먼저 생각하며, 분할 때는 어려움을 먼저 생각하며, 얻음이익을 보면 의리를 먼저 생각해야 한다."

여기서는 군자라면 어떤 행동거지를 할 때 반드시 우선적으로 염두에 둬야 할 아홉 가지를 열거하고 있다. 군자의 바람직한 외모와 내면에 관한 지침이라 할 수 있다. 동시에 지인知人의 맥락에서 보자면 이것은 군자와 군자답지 못한 사람[小人]을 판별해 내는 단서이기도 하다. 하나씩 짚어보자.

첫째, 볼 때는 밝음[明]을 염두에 둬야 한다. 즉 어떤 것을 볼 때 가장 먼저 머릿속에 떠올려야 하는 것은 '내가 지금 밝게[明] 보고 있는가' 하는 자문自問이다. 그렇다면 밝게 본다는 것은 무슨 뜻인가? 즉 여기서 명明을 어떻게 해석해야 하는가 하는 문제가 발생한다. 주희는 "봄[視]에 가리운 바가 없으면 밝아서 보지 못함이 없다"고 풀이하고 있는데 이는 하나 마나한 소리다. 풀이라기보다는 동어반복同語反覆이기 때문이다. 시視는 관觀이나 찰察을 다 포괄한다. 단순히 사물을 시각적으로 보는 데 그치는 것이 아니라 사람을 보고 일을 살피는 것을 다 포괄하는 것이다.

그러면 명明은 무슨 뜻인가? 앞에서도 잠깐 본 적이 있는 '顔淵 6'에 그 해답이 나와 있다.

자장子張이 밝음에 관해 묻자 공자는 말했다. "서서히 젖어드는 참소讒訴와 피부에 닿는 하소연이 행해지지 않는다면 그 정사는 밝다고 할 만하다."

동료를 모략하는 참소와 사정私情에 바탕을 둔 하소연에 흔들리지 않고 사람과 일을 꿰뚫어보는 것이 바로 '밝게 보는 것'이다.

여기서 한 가지 짚고 넘어가야 할 문제가 있다. 보는 것의 중요성이다. 정약용이 『논어고금주論語古今註』에서 인용한 중국학자 왕응린王應麟의 풀이는 그런 점에서 주목할 만하다.

"사물(思勿-'顔淵 1')과 구사九思에는 모두 보는 것[視]을 먼저 말한다. 활을 보고 뱀으로 생각하고, 누워 있는 돌을 보고 엎드려 있는 호랑이로 생각하면, 이는 보는 눈이 그 마음을 어지럽힌 것이다. 주나라 왕실의 전복을 슬퍼하는 사람이 기장과 피를 구별하지 못하고, 어버이를 생각하는 사람이 쑥과 다북쑥을 분간하지 못하면 이는 마음이 그 보는 눈을 어지럽힌 것이다. (당나라의 학자) 오균吳筠의 『심목론心目論』을 보면 '정신을 움직이는 것은 마음이고, 마음을 어지럽히는 것은 눈이다'라고 하였고 『음부경陰

符經』에 보면 '마음은 사물[物]에서 생기고 사물에서 죽으니 그 기틀은 눈에 있다'고 하였는데 (남송의 학자) 채계통蔡季通은 그 뜻을 해석하여 '노자가 말하기를 욕심을 보이지 않으면 마음을 어지럽히지 않는다고 하였고 불교에서는 육근六根 육식六識을 논할 때 반드시 먼저 안眼이니 색色이니 말하였으니 이는 모두 이런 뜻이다." 상당히 중요한 지적이다.

둘째, 들을 때는 귀 밝음[聰]을 가장 먼저 염두에 둬야 한다. 이는 사실상 명明과 같은 뜻이다. 귀 밝게 듣는다는 것은 참소와 정당한 비판, 사익을 위한 하소연과 건전한 건의를 분별할 줄 알아야 한다는 뜻이다. 이는 사람의 밑바닥까지 뚫어보는 통찰력이 있어야 가능한 일이다. 즉 지인지감知人之鑑이 뛰어나야 한다.

셋째, 안색이나 표정을 지을 때는 늘 따스함[溫]을 생각해야 한다. 이는 교언영색巧言令色의 영令과는 다르다. 외유내강外柔內剛이 우러나오는 안색을 하라는 말이다.

넷째, 외모를 갖출 때는 공손함[恭]을 염두에 두어야 한다. 행동 하나하나에 공손함이 배어 있지 않으면 안 된다는 것이다.

다섯째, 말을 할 때는 충실함[忠]을 염두에 두어야 한다. 이는 『논어』에서 수없이 강조되어 온 "충신忠信을 주로 한다"는 말과 직결된다. 말에는 충직忠直함이 있어야 하는 것이다. 정약용은 "충은 속이지 않는 것"이라고 풀이한다.

여섯째, 섬김에는 공경[敬]을 가장 먼저 염두에 두어야 한다. 윗사람을 섬김에 공경이 없으면 섬김이 될 수가 없다. 이때의 경敬은 겸손보다는 열렬함 혹은 게을리 하지 않음[無倦]과 가깝다. 다섯째와 여섯째는 '顔淵 14'에서 자장의 물음에 대한 공자의 대답과 통한다.

자장이 정치하는 요체에 관해 물었다. 공자는 말했다. "머물러 있을 때는 조금의 게으름도 없는 것이요, 행할 때는 최선을 다하는 마음[忠]으

로 한다.”

일곱째, 의심스러움이 있을 때는 가장 먼저 물음[問]을 떠올려야 하고 여덟째, 분한 일이 있을 때는 어려움[難]을 생각해야 한다. 분忿은 곧 혹惑과 연결된다. 그래서 정약용도 어려움[難]을 후환後患으로 풀이하면서 불혹不惑과 연관 짓는다. 그런 점에서 '顔淵(안연) 21'에 나온 공자의 말을 다시 읽어볼 필요가 있다.

“하루아침의 분노로 자신을 망각해 그 화가 부모에게까지 미치게 하는 것이 바로 혹惑 아니겠는가?”

아홉 번째, 득得을 보면 의리[義]를 생각해야 한다. 得은 이득이나 벼슬자리와 연결된다. 그렇다고 맹목적으로 이득을 버리고 의리를 택하라는 뜻은 아니다. 그동안 전통적 해석은 늘 이런 식으로 해왔기 때문에 공자 말씀이 지루한 도덕론으로 전락했던 것이다. 오히려 정약용의 풀이가 정곡을 찌른다. “의를 생각한다는 것은 이득을 눈앞에 두고 있을 때 그것이 의에 부합하는지 않는지를 헤아리는 것이다.”

결국 총聰과 명明은 군주가 사람을 제대로 가려가며 쓰고 제대로 부리는 것과 연관돼 있음을 확인할 수 있었다.

이제 睿(예)의 사전적 의미를 보자. 슬기, 임금이나 성인聖人의 언행言行, 슬기롭다, 총명하다, 총하다, 깊고 밝다, 사리에 밝다, 너그럽다 등등. 우리는 그중에서 '사리에 밝다'를 취한다. 그렇게 되면 지知는 자연스럽게 '사람을 알아보는 데 밝다'로 새길 수 있다. 총명예지聰明睿知는 제 각각 귀 밝고 눈 밝고 사리에 밝고 사람에 밝다는 뜻이 되어 자연스럽게 '제대로 된 통치[臨]'와 결부된다.

이제 완성된 번역을 해보자.

"오직 천하제일의 성스러운 임금만이 능히 귀 밝고 눈 밝고 사리에 밝고 사람에 밝아 족히 '제대로 된 다스림[臨]'이 있게 된다."

문장구조만 제대로 파악하면 나머지 네 문장을 옮기는 것은 아주 쉽다. 위능爲能은 나머지 네 문장에도 덧붙여 풀이해야 한다. 생략된 것이기 때문이다. 즉 '관유온유寬裕溫柔'도 '위능관유온유爲能寬裕溫柔'로 풀어야 한다는 말이다. 먼저 골격부터 옮겨보자.

'(오직 천하제일의 성스러운 임금만이) 능히 관유寬裕하고 온유溫柔하여 족히 '제대로 된 포용력[容]'이 있게 된다.'

물론 관유온유寬裕溫柔를 하나씩 풀어볼 수도 있다. 먼저 관寬이다. 寬의 사전적 의미를 보면 너그럽다, 도량이 크다, 너그러이 용서하다 등이 있다. 일단 여기서는 이를 다 포괄하는 의미로 보고서 『논어』를 참고할 필요가 있다. 거기서 관寬은 군주의 핵심 덕목 중 하나이기 때문이다. 우리는 앞에서도 윗자리에 있을 때는 관대하고 교만해서는 안 된다는 점을 살펴본 바 있다.

'雍也 1'에서 공자는 "중궁염옹은 군주의 자리에를 능히 맡을 만하다[可使南面]"고 말한다. 공자는 염옹(冉雍-仲弓)이 어진 사람인지는 모르겠지만 군왕으로서의 자질은 뛰어남을 인정한 것이다. 이에 대해 주희는 염옹이 관홍간중寬弘簡重, 즉 너그럽고 대범하고 소탈하며 중후하여 공자가 이렇게 평가했다고 풀이한다. 덕행德行과 관련된 평가다. '陽貨 6'은 관寬은 물론이고 다른 항목들에 대해서도 도움을 얻을 수 있는 내용들이 풍부하다. 특히 여기서는 지도력을 확보하는 데 관寬이 얼마나 중요한지를 역설하고 있으므로 주목할 필요가 있다.

자장이 공자에게 어짊에 관해 물었다. 이에 공자는 말했다. "다섯 가지

를 천하에 능히 행한다면 인을 행한다 혹은 어진이가 된다 고 할 수 있다."

이에 자장이 그것이 무엇인지를 묻자 공자는 이렇게 말했다. "공손함, 너그러움, 믿음, 민첩함, 은혜로움이다. 공손하면 남들로부터 업신여김을 당하지 않고, 너그러우면 뭇사람들을 얻게 되고, 믿음을 주면 사람들이 따르고, 민첩하면 공이 있게 되고, 은혜로우면 충분히 사람을 부릴 수 있다."

제자 자장子張이 인仁에 대해 묻자 공자는 다음과 같은 다섯 가지를 천하에 능히 행한다면 인을 행한다 혹은 어진이가 된다 고 할 수 있다고 말한다. 자장이 재차 그것이 무엇인지를 청하여 묻자 공자는 먼저 그 다섯 가지로 공손[恭], 너그러움[寬], 믿음[信], 민첩함[敏], 은혜로움[惠]을 꼽는다.

참고로 '學而 10'에서 자금子禽이라는 제자가 자공子貢에게 "공자께서는 찾아간 나라에 이르셔서 반드시 그 정사政事를 들으시니, 그분이 그렇게 하려고 구해서 그런 것입니까? 아니면 제후가 먼저 공자에게 청해서 그렇게 된 것입니까?"라고 묻자 자공은 이렇게 답한다.

"스승 공자 께서는 온순하고[溫] 반듯하고[良] 공손하고[恭] 검소하고 [儉(검)] 겸손한 성품과 태도[讓]를 통해 그것, 즉 정치참여의 기회나 지위를 얻은 것이니, 설사 그것을 그분이 먼저 구해서 얻었다고 하더라도 다른 사람들이 그것을 구하는 것과는 아마 근본적으로 다를 것이네."

이 다섯 가지와 공자가 말한 다섯 가지 중 정확하게 겹치는 것은 공恭 하나다. 나머지는 엇비슷하다. 그 때문인지 장경부張敬夫는 이렇게 풀이한다. "이 다섯 가지를 천하에 행한다면 마음이 공평公平하고 두루함[周偏]을 알 수 있다. 그러나 공손[恭]이 근본일 것이다."

그러고 나서 공자는 하나하나씩 뜻풀이를 해준다. 첫째, 공자는 '공손하면 남들로부터 업신여김을 당하지 않는다[恭則不侮]'고 말한다. 侮는 업신여기다, 깔보다, 조롱하다 등의 뜻이다. 일반적으로 불모不侮는 '남을 업신여기지 않는다'로 번역하는데 정약용은 '업신여김을 당하지 않는다'로 해석하였다. 기존의 번역을 따를 경우 단순풀이가 되지만 정약용의 번역을 따를 경우 공恭의 결과로 볼 수 있기 때문에 나머지 네 가지와도 부합된다. 따라서 여기서는 '업신여김을 당하지 않는다'로 번역한다. 공恭은 곧 자신을 낮추는 것이다. '學而 13'에서 유자有子가 "공손한 태도가 예禮에 가까우면 치욕을 당할 일은 멀어진다"고 말한 것이 바로 그런 뜻이다.

둘째, 공자는 '너그러우면 뭇사람들을 얻게 된다[寬則得衆]'고 말한다. 하지만 관대하되 무원칙해서는 안 된다. '學而 8'에서 공자가 "군자가 되려는 사람이 진중하지[重] 못하면 위엄을 갖출 수 없다[不威]"고 한 것이나 '學而 12'에서 유자가 "화기[和]만을 알아서 조화나 화합에만 힘쓰고 예禮로써 그것을 절제하지 않는다면 그 역시 행할 수 없다"고 한 것은 모두 같은 뜻이다. 공恭이나 관寬이 중요하지만 그것은 예를 통해 절제가 되어야 한다. 실은 나머지 신信, 민敏, 혜惠도 마찬가지라고 할 수 있다.

셋째, 공자는 '믿음을 주면 사람들이 따른다[信則人任焉]'고 말한다. '學而 5'에서 공자는 "천승지국제후국을 다스릴 때라도 매사에 임할 때 공경하는 마음으로 일관함으로써 백성들의 믿음을 얻어내고, 재물을 쓸 때는 절도에 맞게 하여 사치를 멀리함으로써 백성들을 사랑해야 하며, 백성들을 부려야 할 경우에는 때에 맞춰 해야 한다"고 말했다. 그때의 그 믿음이다. 여기서 믿음은 말의 믿음이다. 즉 통치자가 말을 할 때는 반드시 그것을 지킴으로써 믿음을 줘야 한다는 것이다. '學而 13'에서 유자가 "개인적 차원의 약속[信]이 의리[義]에 가까울 경우 약속했을 때의 말은 이해될 수 있다"고 한 것이 바로 그런 맥락이다. 신信의 중요성을 가장 극적으로 표현한 것은 '爲政 22'이다.

> 공자는 말했다. "사람에게 신실함이 없으면 그가 무엇을 할 수 있는 사람인지를 도무지 알 수 없다. 큰 수레고 작은 수레고 간에 수레와 말혹은 소을 연결하는 끌채가 없다면 어떻게 길을 갈 수 있겠는가?"

'述而 24'도 같은 맥락이다.

> 공자는 네 가지를 가르쳤으니 문文 행行 충忠 신信 넷이다.

넷째, 공자는 '민첩하면 공이 있게 된다[敏則有功]'고 말한다. 여기서 공功이란 일[事]을 이루는 공[成功]을 말한다. '學而 14'에서 공자는 "일을 할 때는 민첩하게 하고, 말은 신중하게 해야 한다[敏於事而愼於言]"라고 말했는데 '말은 신중하게 해야 한다[愼於言]'는 바로 앞의 신信을 풀이한 것이다. 그리고 '里仁 24'의 "군자는 말은 어눌하려고 애쓰고, 행동은 민첩해야 한다[訥於言而敏於行]도 같은 뜻이다. '爲政 18'은 이에 관한 총괄적 풀이라 할 수 있다.

> 자장이 벼슬자리를 구하는 법을 배우고 싶다고 하자 공자는 말했다. "많이 듣고서듣되 의심나는 것은 제쳐놓고 그 나머지 것들에 대해서만 신중하게 이야기한다면 허물이 적을 것이요, 많이 보고서 위태로운 것은 제쳐놓고 그 나머지를 신중하게 행한다면 후회가 적을 것이니, 말에 허물이 적으며 행실에 후회할 일이 적으면 벼슬자리는 절로 따라오게 될 것이다."

다섯째, 공자는 '은혜로우면 충분히 사람을 부릴 수 있다[惠則足以使人]'고 말한다. 이를 풀이하는 단서는 '公冶長(공야장) 15'이다.

공자는 자산을 이렇게 평했다. "군자의 도는 네 가지다. 첫째는 몸가짐이 공손[恭]했고, 둘째는 윗사람을 섬김에 경건함[敬]을 잃지 않았으며, 셋째는 백성을 기름에 은혜[惠]를 베풀었고, 넷째는 백성을 부림에 의義를 지켰다."

따라서 '은혜로우면 충분히 사람을 부릴 수 있다[惠則足以使人]'는 말은 은혜로써 백성을 보살피면 얼마든지 강압에 의하지 않고 의롭게 사람을 부릴 수 있다는 뜻이다. 惠는 따뜻한 보살핌과 통한다.

모두 정政의 맥락에서 풀이한 것이다. '子路' 19와 20은 이 자리에 갖다 놓아도 문맥이 자연스러울 만큼 지금 말하는 내용들과 밀접하게 연관된다.

번지가 어짊에 관해 묻자 공자는 말했다. "거처할 때 공손히 하고 일을 집행할 때 공경하며 남과 사귈 때 충성을 다하는 것은, 비록 오랑캐 땅에 갈지라도 이를 버릴 수 없다."('子路 19')

자공이 묻는다. "어찌 하여야 선비라 이를 수 있습니까?"
공자는 말했다. "몸가짐에 부끄러움이 있으면 사방으로 사신이 되어 가서 임금의 명에 욕됨이 없게 한다면 선비라 이를 수 있다."
자공이 "감히 그 다음을 묻겠습니다"고 하자 공자는 말했다. "집안 사람들이 효성스럽다고 칭찬하고 동네 사람들이 공손하다고 칭찬하는 인물이다."
자공이 "감히 그 다음을 묻겠습니다"고 하자 공자는 말했다. "말에는 반드시 믿음이 따라야 하고 행동을 하면 반드시 결과가 있어야 한다. 그러면 그릇이 작은 소인이라도 그 다음이 될 수 있다."
자공이 "지금 정치에 종사하는 사람들은 어떻습니까?"라고 묻자 공자는 말했다. "아! 한 말이나 한 말 두 되들이의 자잘한 사람들을 어찌 따

질 것인가?"('子路(자로) 19')

관寬에 대한 풀이는 일단 이 정도에서 그친다. 寬(관)(은) '너그럽다'로 옮긴다. 이제 그 뜻이 거의 비슷한 유裕를 풀어볼 차례다. 아쉽게도 『논어』에는 유裕가 등장하지 않는다. 사전적 의미를 보면 裕(유)는 넉넉하다, 너그럽다, 느긋하다, 용납하다, 늘어지다, 헐렁하다 등의 뜻이 있다. 하지만 너그러움보다는 넉넉함 쪽에 가깝다. 실제 쓰이는 사례를 보더라도 부유富裕하다, 유복裕福하다 등에 주로 쓰인다. 그러므로 '넉넉하다'로 옮긴다.

온溫은 앞서 인용했던 '學而(학이) 10'과 '季氏(계씨) 10'에 모두 등장했다. 하나는 '온순하다溫'였고 또 하나는 '색즉온色則溫', 즉 안색이나 표정을 지을 때는 늘 따스함[溫]을 생각해야 한다는 것이었다. 이는 교언영색巧言令色의 영令과는 다른 것으로 외유내강外柔內剛이 우러나오는 안색을 하라는 말이다. 결국은 마음가짐부터 따스함 혹은 온순함을 갖고서 그것이 얼굴을 통해 자연스럽게 드러나도록 하라는 것이다. '온순하다'로 옮긴다.

부드럽다는 뜻의 유柔는 긍정과 부정 모두 가능하기 때문에 주의해야 한다. 물론 여기서는 당연히 긍정적 의미를 취할 것이다. 그러나 『논어』에서는 단 한 번 부정적 의미로만 사용되고 있다. 『논어』 '季氏(계씨) 4'다.

공자는 말했다. "유익한 것으로 세 가지 벗 삼음이 있고, 손해 보는 것으로 세 가지 벗 삼음이 있다. 곧음을 벗 삼고 진실함을 벗 삼고 견문이 넓음을 벗 삼는 것이 유익함 세 가지이고, 겉치레만 중시함을 벗 삼고 좋은 말만 하는 아첨을 벗 삼고[友善柔(우선유)] 말만 번드레하게 함을 벗 삼는 것이 손해 보는 세 가지다."

여기서는 일단 선유善柔만을 풀어보자. 주희는 이를 "아첨하여 기쁘게 하는 것만 잘하고 열렬하지 못함을 이른다"고 풀이한다. 좋은 말만 하고 싫은 소리를 하지 않는 것은 결국은 진실하지 못한 것이기 때문이다.

그러나 여기서는 누가 보더라도 긍정적 의미로 사용되고 있다. 따라서 우선 사전적 의미부터 살펴보자. 柔는 부드럽다, 순하다, 연약하다, 여리다, 무르다, 복종하다, 편안하게 하다 등의 뜻이 있다. 이 중에 긍정적인 의미는 '부드럽다'나 '순하다'이다. 여기서는 '부드럽다'로 옮긴다. 이제 두 번째 문장을 옮겨보자.

"(오직 천하제일의 성스러운 임금만이) 능히 너그럽고 넉넉하고 온순하고 부드러워 족히 '제대로 된 포용력[容]'이 있게 된다."

세 번째는 우선 집執의 뜻부터 잡아야 한다. 執에는 잡다, 가지다, 맡아 다스리다, 처리하다, 두려워하다, 사귀다, 벗, 동지, 벗하여 사귀는 사람 등의 뜻이 있다. 문맥상으로 보면 여기서는 맡아 다스리다의 뜻이 가장 적합하다. 때문에 '제대로 맡아 다스리다'로 새겨야 하겠지만 앞에 다스림이 나왔기 때문에 여기서는 국정장악으로 옮긴다.

이제 발강강의發强剛毅를 살펴볼 차례다. 제대로 국정장악력을 발휘하려면 발發 강强 강剛 의毅가 있어야 한다는 것이다. 일단 발發을 제외하면 나머지 셋은 모두 강하다, 굳세다라고 번역해도 무방한 것들이다. 그러나 여기서도 뉘앙스의 차이를 찾아내야 한다.

먼저 발發이다. 이는 뜻이 일어난다는 것이다. 강强은 외적으로 강한 것이고 강剛은 내적으로 굳센 것이며 의毅는 단호하거나 과감한 것이다. 따라서 발강강의發强剛毅는 뜻이 일어나고 외적으로 강하고 내적으로 강하며 단호하다고 풀이할 수 있다. 따라서 세 번째는 이렇게 번역할 수 있다.

"(오직 천하제일의 성스러운 임금만이) 능히 뜻을 일으키고 외적으로 강하고 내적으로도 강하며 단호하여 족히 '제대로 된 국정장악[執]'이 있게 된다."

네 번째는 경敬이다. 이에 대해서는 이미 어느 정도 살펴보았기 때문에 곧바로 제장중정齊莊中正으로 넘어간다. 공경함은 가지런하고 묵직하고 중화中和를 지키고 바름을 견지함으로써 가능하다는 말이다. 따라서 네 번째는 이렇게 번역할 수 있다.

"(오직 천하제일의 성스러운 임금만이) 능히 가지런하고 묵직하고 중화中和를 지키고 바름을 견지하여 족히 '공경함[敬(경)]'이 있게 된다."

마지막으로 별別이다. 別(별)별은 사리분별력이다. 사리분별력은 문文을 갖추고 사리[理(이)]를 꿰뚫어보며 아주 치밀[密(밀)]하고 샅샅이 살핌[察(찰)]으로써 가능하다. 주희는 이렇게 풀이한다. "문文은 문장이요 이理는 조리요 밀密은 상세함이요 찰察은 밝게 분별함이다." 따라서 이는 이렇게 번역할 수 있다.

"(오직 천하제일의 성스러운 임금만이) 능히 문文을 갖추고 사리를 꿰뚫어보며 아주 치밀하고 샅샅이 살펴서 족히 '사리분별력[別(별)]'이 있게 된다."

이에 대한 주희의 풀이는 일부는 참고할 만하다. "그 아래 네 가지(容(용), 執(집), 敬(경), 別(별))는 바로 인의예지仁義禮智의 덕德이다."

상당히 설득력 있는 지적이다. 이제 다음으로 넘어가보자.

"넓디넓고 깊디깊으나 때가 되면 드러난다[溥博淵泉 而時出之(부박연천 이시출지)]."

이는 앞의 문장과 연결되어 천하제일의 성스러운 군주의 덕은 넓디넓고 깊디깊지만 때가 되어 적절한 인물을 만나면 드러나게 됨을 말하고 있다. 따라서 而이는 순접이 아니라 역접으로 보는 게 낫다. '때가 되면 드러난다'는 것은 제27장에서 말한 '그 사람을 기다린 뒤에야 행해진다'와 부합된다. 이어 이에 대한 보충풀이가 이어진다.

"넓디넓음은 하늘과 같고 깊디깊음은 깊은 못과 같다. (마침내 때를 만나 적절한 인물을 통해 그 덕이) 나타나면 백성들이 공경하지 않을 수 없고 (그런 인물이) 말을 하면 백성들이 믿고 따르지 않을 수 없고, (덕을) 행하면 백성들이 기뻐하지 않을 수 없다."

이에 대해서는 별도의 풀이가 필요 없다. 다만 앞의 제29장에 나왔던 구절과 비교하며 읽어볼 필요가 있다. 거의 같은 내용이기 때문이다.

“그러므로 덕을 갖춘 군왕君子이 일단 움직이면 대대로 천하의 도가 되고, 일단 행하면 대대로 천하의 법도가 되고, 일단 말하면 대대로 천하의 준칙이 된다. (그렇기 때문에 이런 군왕은) 멀리 있어도 (백성들이) 우러러보고, 가까이 있어도 (백성들이) 싫어하지 않는다.”

이제 이 장의 마지막 부분이다.

“이리하여 그 명성이 중국을 흘러넘쳐 오랑캐 지역에까지 퍼져서 배와 수레가 닿는 곳, 사람의 힘이 통하는 곳, 하늘이 덮어 주는 곳, 땅이 싣고 있는 곳, 일월이 빛을 비추이는 곳, 서리와 이슬이 내리는 곳의 모든 혈기 있는 자들이 존숭하고 친애하지 않는 바가 없으니, 그 때문에 (그런 분이야말로) 하늘과 어울린다[配天(배천)]고 하는 것이다.”그러한 덕으로 인한 명성은 세상 어디에서나 통한다는 뜻이다.

이처럼 우리는 『중용』 한 장의 사례를 통해 『논어』로 『중용』을 풀어내는 작업의 실상을 직접 확인할 수 있었다. 이런 작업은 앞서 언급한 바와 같이 『중용』에 한정되는 것이 아니라 『대학』과 『맹자』 그리고 삼경으로까지 확장될 수 있고 또 그렇게 해야만 정확한 문리가 파악된다.

마침 제31장에는 문리文理와 관련된 표현이 들어 있었다. ‘文理密察(문리밀찰), 문을 갖추고 사리를 꿰뚫어보며 아주 치밀하고 샅샅이 살펴서.’ 이렇게 할 때라야 사리분별력이 충분히 생겨난다고 했다.

4.

이런 맥락에서 중용中庸은 과연 무슨 뜻일까? 앞서 자하라면 중용을 어떻게 풀어낼까? 가운데 中중, 떳떳할 庸용. 가운데서 떳떳하다? 이게 무슨 말인가?

그래서 기존의 사서풀이집들을 보면 한결같이 ‘지나치거나 치우침이 없음’이라고 나온다. 그러면 대충 중용은 ‘적절한 균형을 잡다’ 정도로 풀이하고 지나간다. 필자도 한 동안 그렇게 하면서 경전을 따라 읽었다. 그러다보니 늘 알듯 모를 듯 한 것이 사서四書였다.

그런데 그것도 6년이 되고보니 혼자 힘으로 경서를 읽어가는 힘이 생겨나는 체험을 하게 됐다. 여기서는 필자가 중용中庸을 파악하는 문리를 어떻게 터득했는지를 보여주고자 한다.

『논어』 '雍也 27'에서 공자는 이렇게 말한다.

공자는 말했다. "중용이 다움[德]을 이루어냄이 지극하다고 할 것이다. (그런데) 사람들 가운데는 중용을 오래 지속하는 이가 드물다."

子曰 中庸之爲德也 其至矣乎 民鮮久矣
자왈 중용지위덕야 기지의호 민선구의

우선 공자는 다움[德]을 이루어내는 것이 '중용'이라고 말한다. 덕을 이루어낸다는 것은 임금이 임금다워지고 신하가 신하다워지고 부모가 부모다워지고 자식이 자식다워지는 것이다. 크게 말해 사람이 사람다워지는 것이 바로 그 다움[德]을 이루는 것이다.

여기서 우리는 질문을 던져야 한다. 기존의 해석에 따를 때 '지나치거나 치우침이 없음'이 어떻게 해서 다움을 이뤄낼 수 있을까? '적절한 균형을 잡는다'고 해서 임금이 임금다워지고 신하가 신하다워질까? 이래가지고는 무슨 말인지 알 길이 없다. 그래서 일반인들은 이 단계에 이르면 '아, 내가 한문이 약해서 이해를 못하는구나'라며 지레 포기하고 만다.

결론부터 말하면 중용中庸은 한 단어가 아니라 '중하고[中] 용하다[庸]'는 두 단어다. 여기서의 중中은 가운데 운운 하는 것과는 전혀 상관이 없고 오히려 적중的中, 관중貫中하다고 할 때의 그 중이다. 『서경』에 나오는 '문제의 핵심을 잡아쥔다'고 할 때의 執中이 바로 '중하는 것[中]'이다. 아직 도달하지는 못했지만 뭔가 사안의 본질이나 핵심에 닿기 위해 갖은 애를 다 쓰는 것이 바로 '중하는 것[中]'이다.

용庸도 떳떳함과는 상관이 없고 오래 지속하는 것이다. 즉 열과 성을 다하여 어렵사리 중하게 된 것을 가능한 한 유지하는 것이 바로 '용하는 것[庸]'이다.

이제 '雍也 27'을 다시 읽어보자. 임금이 절로 임금이 되는 것이 아니다. 관대함 판단력 위엄 등을 조금씩 조금씩 갖춰나감으로써 처음에는 어설펐던 임금도 훗날 임금다운 임금이 될 수 있다. 그러면 어떻게 해야하겠는가? 임금의 덕을 배우고 익혀 최대한 자기 몸에 남도록 해야 한다. 즉 다움의 가치[德]를 찾아내어[中] 내 몸에 익혀야[庸]한다.

아마도 눈밝은 독자라면 벌써 눈치챘으리라 본다. 그렇다. 중하고 용하는 것[中庸]은 『논어』 '學而 1'에 나오는 學而時習과 정확히 통한다. 각자 자신이 갖춰야 할 다움[德]을 애써[文] 배워서 그것을 시간나는 대로 열심히 몸에 익히는 것이 바로 중하고 용하는 것[中庸]이다.

여기까지 이해한 다음에 『논어』 '泰伯 17장'을 읽어보자.

> 공자는 말했다. "(뭔가를) 배울 때는 마치 내가 (거기에) 못 미치면[不及] 어떡하나 하는 마음으로 해야하고, 또 (그것에 미쳤을 때는) 혹시 그것을 잃으면[失之] 어떡하나 두려워하는 마음으로 해야 한다."

> 子曰 學如不及猶恐失之
> 자왈 학여불급유공실지

여기서 자연스럽게 배움과 중하고 용하는 것이 만나고 있다. '내가 거기에 못미치면 어떡하나 하는 마음으로 하는 것'이 중하는 것[中]이고 '그것을 잃으면 어떡하나 두려워하는 마음으로 하는 것'이 용하는 것[庸]이다.

결국 중하는 것이나 용하는 것이나 전심전력을 기울여야지 조금만 방심해도 중하지 못하고 설사 중했다 하더라도 그것을 잃어서 용하지 못하는 것이다.

적어도 이 정도까지는 이해가 되어야 『논어』 '雍也(옹야) 27장'에서 공자가 말한 뒷 부분은 쉽게 이해할 수 있다.

(그런데) 사람들 가운데는 중용을 오래[久(구)] 지속하는 이가 드물다."

民鮮久矣
민 선 구 의

이제 핵심은 '오래[久(구)]'이다. 순간적으로는 누구나 중할 수 있고 용할 수도 있다. 그러나 그것을 오래 끌고가는 것은 쉽지 않은 것이다.

이렇게 이해하고 나면 왜 공자의 제자이자 손자인 자사子思가 공자의 사상적 맥을 잇기 위해 수많은 개념 중에서도 중용中庸을 키워드로 선택했는지 그 이유를 쉽게 알 수 있을 것이다.

2

中國의 古代文化와 『論語』

2 송용준

中國의 古代文化와 『論語』

『논어』와 같은 고전[1]을 왜 읽는가? 그 오래된 케케묵은 책이 21세기 현대를 살아가는 우리들에게 무슨 쓸모가 있을까? 흔히들 고전을 통해 삶의 지혜를 배우고, 구체적으로 『논어』를 통해 "인간관계와 리더십"에 대한 지혜를 배울 수 있다고 말하지만 그것이 어떻게 가능할 수 있을까? 고전의 저자가 자신이 처한 시대와 상황 속에서 난관을 극복하고 자신의 이상을 실현하기 위해 고민하고 선택한 "치열한 삶의 역정"을 이해할 수 있을 때 가능할 것이다. 그렇다면 『논어』에서 지혜를 얻기 위해 우리는 먼저 공자가 처했던 시대와 상황을 이해해야 할 것이다.

中華人民共和國의 세 가지 강점

1. '고전(古典)'을 사전적으로 정의하면 "시대적으로 오래된 작품이지만 시대를 뛰어넘어 오늘날에도 여전히 그 가치가 빛나는 것"이다.

(1) 넓은 면적: 960만 ㎢(대한민국의 약 45배)[2]

북위 18도(海南島 남단)－52도(黑龍江 상류): 34도

동경 74도(新疆 위그르 자치구)－135도(黑龍江省 동쪽 끝): 61도

○ 남북으로는 아열대부터 한대에 걸쳐있고, 동서로는 지구의 1/6을 차지하고 있다. 이와 같은 지리·환경적 조건이 오랜 기간 외부와의 교역에 대한 필요성을 덜 느끼게 하였음. ⇨ 하늘 아래 '唯我獨尊'이라는 中華思想이 배태됨.

〈참고〉 대한민국의 크기: 22만 ㎢

북위 33도(마라도 남쪽 끝)－43도(함경북도 온성): 10도

(방공식별구역 선포(2013) 이어도: 북위 32도, 동경 125도)[3]

동경 124도(평안북도 압록강 하구)－132도(함경북도 두만강 하구): 8도

(2) 많은 인구: 2010년 추정치 약 13억 5천만 명.(2014년 통계: 13억 6천 5백) 이 중 漢族이 약 12억 5천(92%)을 차지하고, 55개 소수민족이 약 1억(8%) 정도이다.[4] (세계 인구 69억의 약 20% / 우리나라 인구: 7천 3백만(남한 4천 9백만, 북한 2천 4백만))

(3) 유구한 역사: 王朝 성립 이후만 해도 4천 년 이상을 자랑함.(BC21~AD21)

〈참고〉 高句麗의 성립: 東明王(B.C. 37년)

---

2. 세계 전체의 면적은 5억 1천만㎢이고, 중국보다 면적이 넓은 나라는 러시아(1,700만㎢), 캐나다(1,000만㎢), 미국(980만㎢)의 3개 국가이다.

3. 참고로 독도의 위치는 북위 37도 동경 131.5도이다.

4. 소수민족 중에서는 장족(壯族)이 1,550만 명으로 가장 인구가 많고, 조선족은 192만 명이다.

中國 古代史의 繫年

(古代: 上古-漢代, 中世: 三國-五代, 近世: 宋-淸, 最近世: 中華民國 이후)

(古代) 분열에서 통일로(都市國家 ⇨ 領土國家 ⇨ 古代帝國)

好景氣로의 진행(기술의 진보, 자원의 개발, 상업의 확대)

(中世) 통일에서 분열로(三國부터 唐末·五代까지 분열과 할거의 시대, 신분제의 정착, 이민족의 대량 침입)

不景氣의 시대(황금의 역외 유출, 莊園의 발달)

夏: B.C. 21c.-B.C. 16c. 建都 安邑(山西夏縣北). 桀王과 末喜의 전설

商: B.C. 16c.-B.C. 11c. 建都 亳邑(河南商丘縣). 紂王과 妲己의 전설

B.C. 14c. 盤庚 遷都 殷(河南安陽縣小屯). 이때부터를 殷이라고도 칭함.

○甲骨文의 등장: 지금까지 발견된 甲骨文은 약 4,500여 字. 해독된 글자 수는 약 반 정도. 그 중에서 形聲字의 비중이 약 30%. 이는 갑골문이 상당히 진보된 문자임을 보여주며, 초기의 漢字가 갑골문의 형태로 발전하기까지 약 3,000년이 걸렸을 것으로 추정됨.(周金文, 秦小篆, 漢隸書, 隋唐 楷書)

〈참고〉 造字에 나타난 중국인의 사유방식: '明', '民', '老虎' 등.[5]

○조개 화폐의 등장: 조개가 장식품의 지위에서 화폐의 기능을 갖게 된 것은 商나라 중기로 추정됨. 조개를 갈아 등 부분을 편평하게 하여 무게를 줄이고 휴대하기 편하게 하였음.

---

5. '明'은 해와 달을 모아놓은 것이 아니라 '창문을 통해 들어오는 달빛'을 상형한 것이고, '民'은 야외 노동에 종사하는 노예의 저항력을 약화시키기 위해 한쪽 눈의 눈동자를 뾰족한 침으로 찌르는 모습을 상형한 것이고, '老虎'는 '늙은 호랑이'가 아닌 '호랑이'라는 뜻의 단어이다. 이는 중국어 단어가 단음절어에서 복음절어로 바뀌는 과정에서 고대 중국인이 '늙은 호랑이'를 본 적이 없으므로 송대(宋代)에 와서 '老'자를 의미 없는 접두어로 덧붙인 것이다. 참고로 '老馬'·'老牛'·'老狗'는 사람과 함께 생활했기 때문에 각각 '늙은 말'·'늙은 소'·'늙은 개'라는 뜻으로 사용되었다.

○ 하루에 2번 식사를 했음.

(大食) 아침 7시~9시　　(小食) 오후 3시~5시

漢代에 이르러 귀족을 중심으로 야간활동이 증대함에 따라 하루에 3번 식사를 하게 되었다.(저녁 7시~9시에 夜食을 했음)

周: B.C. 11c.－B.C. 256. 建都 鎬京(陜西 西安)

西周: B.C. 11c.－B.C. 770. 幽王과 褒姒의 전설

東周: B.C. 770.－B.C. 256. 平王 遷都 洛邑(河南 洛陽)

(春秋時代) B.C. 770.－B.C. 476. 周 平王 東遷 후부터 韓·魏·趙 3家가 晉을 분할할 때까지.

〈참고〉 孔子의『春秋』記事: B.C. 722.(魯隱公)－B.C. 481.(魯哀公).

○ 춘추시대 중기에 이르러 銅 화폐(刀錢, 布(鎛)錢, 環錢)가 등장했는데, 동을 조개 형태로 주조하여 액면가치가 적은 小錢으로 사용하였음.(실용가치의 중시)

○ 春秋五覇: 晉·齊·楚·吳·越.

(戰國時代) B.C. 475.－B.C. 221.

〈참고〉『資治通鑑』의 기술: B.C. 403.－B.C. 221.

○ 戰國七雄: 秦·楚·齊·燕·韓·魏·趙

秦: B.C. 221.－B.C. 206.

漢 : B.C. 206－A.D. 220

(西漢: B.C. 206－A.D. 8, 新: A.D. 9－A.D. 24, 東漢: A.D. 25－A.D. 220)

三國時代: A.D. 220－A.D. 280

晉: 265－420 (西晉 : 265－317, 東晋 : 317－420)

南北朝 : 420－589

(南朝) 宋: 420－479, 齊: 479－502, 梁: 502－557, 陳: 557－589

(北朝) 北魏: 386－534, 東魏: 534－550 / 西魏: 535－557,

北齊: 550－577 / 北周: 557－581

隋: 581－618

唐: 618－907

五代: 907－960(後梁, 後唐, 後晋, 後漢, 後周)

宋: 960－1279(北宋: 960－1127, 南宋: 1127－1279)

元: 1206－1368

明: 1368－1644

清: 1616－1911

中華民國: 1912－1949

中華人民共和國: 1949－

『論語』에 관하여

춘추시대 개관

중국의 고대사를 이야기할 때 언제부터 역사사실로 인정하여 기술할 것인지의 문제가 있긴 하지만 일반적으로는 중국 고대의 첫 왕조로 추정되는 하夏의 시대부터 언급한다. 하 왕조의 성립시기를 보통 BC 21세기로 잡으니 공교롭게도 지금 우리가 살고 있는 AD 21세기의 대척점에 있다. 그 뒤를 이어 약 500년 후인 BC 16세기에 상商 왕조가 지금의 하남성河南省 상구현商丘縣 일대인 박읍亳邑에서 일어나 존속되다가 BC 14세기에 들어와 반경盤庚이 지금의 하남성 안양현安陽縣 소둔小屯인 은殷으로 천도하여 그 때부터를 은殷 왕조라고 부르기도 한다. 상 왕조가 성립된 지 약 500년 후인 BC 11세기에 은 왕조를 대신하여 주周 왕조가 지금의 섬서성陝西省 서안西安 일대인 호경鎬京에서 일어나 번성하다가 BC 770년에 이르러 서쪽 이민족의 침입으로 유왕幽王이 죽고, 그 아들 평왕平王이 일부의 추종자들을 이끌고 동쪽으로 피신하여 낙읍(洛邑: 지금의 하남성 낙양)에 정착한 이후를 동주東周라고 부른다. 한 가지 재미있는 것은 하·상·주서주 세 왕조의 멸망과 관련하여 '걸왕桀王과 말희末喜의 설화', '주왕紂王과 달기妲己의 설화', '유왕幽王과 포사褒姒의 설화'가 있는데, 하나 같이 우매한 군주가 한 여인을 지나치게 총애하여 나라를 멸망에 이르게 했다는 내용이다. 그런 설화들을 역사상의 사실로 믿기는 어렵고, 다만 정착 왕조가 보다 미개한 서쪽 이민족의 침공을 받아 멸망했거나 동쪽으로 쫓겨 갔다는 역사 사실을 반영한 것으로 보인다.

동주 왕조는 주변에 대한 지배력을 상실하여 주변의 제후국들이 독립적으로 활동하며 서로 경쟁하는 국면이 전개되었는데, 이 동주 시기를 춘추전국시대春秋戰國時代라고 부른다. 춘추시대는 평왕이 동천한 BC 770년부터 한韓·위魏·조趙 3가家가 진晉을 분할한 BC 476년까지를 일컫고, 그 이후부터 진秦이 중국을 통일한 BC 221년까지를 전국시대라고 부른다. '춘추시대'라는 명칭은 공자가 지었다고 전해지는 노魯나라의 역사책인 『춘추春秋』가 BC 722년(노(魯) 은공(隱公))부터 BC 481년(노 애공(哀公))까지를 기록하고 있는데, 그 시기가 춘추시대와 거의 같아서 붙여진 것이고, '전국시대'는 제후국 간의 경쟁이 더욱 치열해져서 거의 매년 제후국 간의 전쟁이 끊이지 않았다는데서 취해진 명칭이다.

춘추시대는 이와 같이 주나라의 권위가 땅에 떨어지고 각국의 제후가 패권을 장악하기 위해 각축전을 벌이던 혼란기이자 변혁의 시대였다. 춘추시대 말기에 이르러 계속되는 전쟁에 지친 제후들은 전쟁의 종식을 위해 노력했는데, 그 중 주목할 만한 사건이 BC 546년, 즉 공자의 나이 5세 때에 진晉과 초楚 두 대국이 송宋나라에서 종전회담을 연 것이다. 그 후로 제후 간의 겸병전쟁은 줄어들었지만 각국의 내부에서 권신이나 세력 있는 씨족 간의 암투는 오히려 치열해졌다. 이러한 불안정과 변혁은 노예사회가 붕괴하면서 점차 봉건사회[6]로 바뀌는 과정에서 야기된 것으로 보인다.

---

6. 중국의 봉건사회는 혈연적 종법 질서를 근간으로 하고, 봉토를 매개로 공납과 군역의 의

당시 각국의 제후들은 부국강병을 위해 법사상의 도입을 필요로 했는데, 그 단적인 예를『논어』에서 찾아볼 수 있다.

〈참고〉 효제孝悌 사상과 법 사상의 충돌

13(子路). 18 葉섭公語孔子曰: 吾黨有直躬者, 其父攘양羊, 而子證之. 孔子曰: 吾黨之直者異於是. 父爲子隱, 子爲父隱, 直在其中矣.(섭공이 선생님께 말했다: 내 영내에 정직하기로 명성을 얻은 자가 있는데, 그 아비가 양을 훔쳤을 때 그가 가서 고발했습니다. 선생님께서 말씀하셨다: 우리 마을의 정직한 사람은 그와는 전혀 다릅니다. 아비는 자식을 위해서 숨겨주고, 자식은 아비를 위해서 숨겨주니, 정직이란 그 가운데 있는 것입니다.)
⇨ 섭공의 '直'이 "법을 지키고 실천하는 것"이라면 공자의 '直'은 "孝悌 인륜도덕을 지키고 실천하는 것"이었음.

관료제도의 기원과 형성

서양과 마찬가지로 중국도 고대에는 기본적으로 도시국가의 시대였으며, 이는 공자가 살았던 춘추시대 말기까지 지속된다. 도시국가 시대의 사회에는 사족士族과 서민의 계급 차별이 있었던 외에 노예가 존재하여 남자 노예를 신臣이라고 하고 여자 노예를 첩妾이라고 했다. 이들은 전쟁의 포로거나 약탈과 인신매매의 결과 노예가 된 사람들로, 그 소유자는 군주를 비롯한 지배계층이었다. 특히 군주는 많은 노예를 소유했는데, 그들 중 군주의 신임을 받아 군주의 측근에서 봉사하는 가내노예들이 관료제도의 기원이라고 할 수 있다.

후세에 관료군의 수반을 재상宰相이라고 했는데, 그 글자의 어원을 따져보면 '재宰'는 요리 당번이고 '상相'은 주인의 기거를 시중드는 자로서 모두 노예였다. 다만 두 가지 일이 모두 주인의 안전과 직결되어 있어서

무를 부과했다.

주인이 가장 신임하는 노예들이 맡았다. 또한 중국 고대의 역사를 살펴봐도 제齊나라 환공桓公을 보좌한 관중管仲은 전쟁 포로였으므로 노예 출신이라고 할 수 있고, 진秦나라 목공穆公을 보좌한 백리해百里奚는 자신을 양 5마리의 대가로 팔았었다고 했으니 이도 노예 출신이고, 상商나라 무정武丁을 보좌한 부열傅說은 그 성 '부傅'가 아이를 돌보는 일을 뜻하므로 이 역시 노예의 직무였다.

이런 사례들을 통해 추정해보면 군주의 측근에서 시중들던 노예들 중에서 유능하고 신뢰받는 자가 정치에 있어서도 고문 역할을 하며 군주의 총애를 받아 몸은 노예지만 지위가 높아지고 권력이 커지게 되자, 노예가 아닌데도 스스로 그런 무리에 투신하는 자가 나타나 그것이 관료군을 형성하기에 이르렀을 것이다. 그래서 관료들은 군주 앞에서 자신을 낮추어 '신(臣: 노예)'이라고 불렀다.

춘추시대에 이르러 각국의 제후들은 경쟁에서 살아남기 위해 유능한 관료의 등용이 절실해졌다. 이 사회적 요구에 부응하여 이상사회의 재건을 위해 힘쓸 관료를 양성할 목적으로 인재의 교육에 임한 사람이 공자이다.

〈참고〉 도시국가의 씨족제도: 성姓/씨氏/명名

성姓: 혼인에 필요한 표시이며 주로 여성에게 적용되었는데 그것은 동성 간의 혼인이 금지되어 있었기 때문이다.[7]

씨氏: 성에서 갈라져 나온 집단의 이름이다. '씨'에는 거주지에 따라 이름 붙인 것이 가장 많아서 '주周'를 비롯하여 '노魯'·'진晉'·'위衛'·'제齊' 등

7. 여자는 미혼 시절에 성(姓)으로 불리고 결혼 후에도 그 성을 그대로 쓴다. 예를 들어 주(周) 왕실 일족의 여자는 어릴 때도 성이 '희(姬)'이고 시집을 가서도 성이 '희(姬)'였다. 만일 구별할 필요가 있으면 순서에 따라서 '맹희(孟姬)'라든가 '중희(仲姬)'라고 부른다. 이렇게 원래는 고유명사였던 '희(姬)'가 춘추시대 이래 '희(姬)'성의 여자가 상류계급에 많았기 때문에 나중에는 보통명사화하여 '희(姬)'성도 아닌데 귀인의 여자를 '희(姬)'라고 부르게 되었다.

의 도시국가 이름은 그대로 그 나라 군주의 '씨'가 되었다. 다시 그와 같은 공실公室로부터 분가한 집안에서는 '맹손孟孫'·'숙손叔孫' 등 시조와 공실과의 연고 관계를 '씨'로 삼는 수가 있다. 또한 '사마司馬'·'사史'·'복卜' 등은 세습의 직업을 '씨'로 삼은 것이다.

명名: 부친이 지은 개인의 이름인데, 대개 태어나서 100일쯤 지나서 명명되었다.[8]

자字: 성장하여 성년(남자는 20세(弱冠), 여자는 15세(笄年))이 되었을 때 본명과 의미를 연관 지워서 지어주는 또 하나의 이름으로 성년 이후에는 주로 '명'보다 '자'를 사용했다.[9] 여자가 계년笄年을 지나 16세가 되면 이를 '과년瓜年'이라고 했는데, '瓜'자를 겉과 속으로 분리하면 두 개의 '八'자가 되므로 붙인 이름이다('이팔청춘'이라는 말이 여기서 비롯되었고, '瓜의 분리'라는 뜻에서 '瓜年'을 '파과(破瓜)'라고도 했다).

공자의 인재 교육

공자는 유능한 관료를 양성하기 위해 군주가 요구하는 교양, 문자, 언어, 예법, 음악, 궁술 등을 가르치고 실습시켜 수요가 있을 때 적절한 제자를 뽑아 추천했다. 제자들에 대한 교육 내용 중에서 공자가 가장 중시한 것은 예禮였다. '예禮'라는 글자는 '시示'가 '제단'을 상형한 것이라는 데서 짐작할 수 있듯이 원래는 신에게 제사지낼 때의 의식이었지만 차츰 그 범위가 확대되어 사람 상호간의 교제와 응대 방법을 포함한 실천학을 의미하게 되었다.

공자는 예와 함께 시詩와 서書를 중요한 교육 내용으로 삼았다. 시는

---

8. 고대에는 영아 사망률이 워낙 높아서 태어나자마자 이름 짓기를 꺼렸던 것 같다.
9. 공자는 모친이 '尼丘山'에서 치성을 드려 얻은 자식이므로 명(名)을 '丘'라고 했고 자(字)를 '仲尼'라고 했다.

당시의 사회에 유행한 민요 이외에 오랜 기원을 지닌 신악가神樂歌 같은 것을 포함하는데, 모두 제사나 연회 때에 음악에 맞추어 노래로 불렀던 가사이다. 또한 '서書'는 원래 문자의 서사書寫를 가르치고 배우는 것이었다. 그 당시 문자의 습득은 정치상의 중요한 일을 기록하고 동기銅器에 명문銘文을 새기기 위해 반드시 필요한 것이었다. 그와 같은 문자의 서사書寫를 연습하기 위한 지침서로 공자가 편찬한 것이 오늘날의『서경書經』이라고 믿어지고 있지만, 이에 대해서도 해결해야 할 의문점이 적지 않다.

공자가 사학私學을 열어 크게 성공할 수 있었던 것은 그가 사회의 요구에 부응하여 관료가 되는 데 필요한 실용의 학문을 제자들에게 가르치고 취직을 알선했을 뿐만 아니라 "어떻게 사는 것이 바람직한 삶인가?", "삶의 가치는 어디에 있는가?" 등의 문제를 다루는 인문교육을 병행했기 때문이다. 공자는 실용의 학문이 의미와 가치를 지니기 위해서는 인생의 이상이 뒷받침되어야 한다고 생각했다. 예를 가르칠 때에도 그는 예의 형식 속에 담겨 있는 군주에 대한 존경, 친구에 대한 신의, 죽은 자에 대한 추모의 정신을 강조했다. 고대의 기록을 문자 서사의 지침서로 삼아 익히는 데 있어서도 그것을 통해 정치의 이상과 승리자의 덕행을 배워 실제에 응용할 줄 알아야 한다고 가르쳤다. 이처럼 공자의 교육은 관료라는 일자리를 찾게 해주는 직업교육임과 동시에 내면으로 자신을 성찰하여 사람이 어떻게 살아야 하는가라는 질문을 끊임없이 던지는 인문교육이었다.

공자에 대한 평가

기본적으로 공자의 언행록인『논어』는 어느 정도 그의 진면목을 담고 있는 책임에도 불구하고 시대에 따라 해석과 평가가 달라지기도 했다. 예컨대 한漢 무제武帝 이후 봉건 왕조의 권력 기반을 다지기 위해 충효의 사상이 강조되면서 이 책이 충효를 주축으로 인륜도덕을 설명한 것처럼 인식된 측면이 있지만 공자가 말한 '충忠'은 그런 의미가 아니었다. '충'이란 군주에 대해서 뿐만 아니라 인간관계에서 상대방에게 성실한 것, 즉 진정성을 뜻하였다. 오히려『논어』에서 공자가 가장 중시한 것은 '신信'이라고 할 수 있다. '신'은 자신이 한 말에 대해 책임을 진다는 뜻을 지닌 것으로, 이것이 사회도덕의 근간이 되어야 한다고 공자는 생각했다. 또한 송宋 태조太祖·태종太宗 때의 명 재상 조보趙普는 "半部『論語』治天下"의 기치 아래 "절반의 논어로 태조를 보좌하여 천하를 평정했고, 나머지 절반으로 폐하를 보좌하여 태평성대에 이르게 했습니다"(半部佐太祖定天下, 以半部佐陛下致太平)라고 했는데, 이는 논어의 효용 가치를 높인 말이기도 하지만 노련한 정치가의 처세술일 수도 있다.(중국의 문인 관료들은 대부분 겉으로는 유가(儒家)를 표방했지만 실제로는 법(法)으로 다스렸음.)

시대와 사회가 처한 상황에 따라 위정자의 정치적 목적을 위해 공자의 사상이 이용되면서 공자가 때때로 권력자 편에 서서 민중을 억압한 것처럼 보인 결과, 중화민국(1912-1949) 초기에 북경대학을 중심으로 하여 사상혁명이 일어났을 때 진독수陳獨秀·호적胡適 등이 유교 타도를 부르짖게 되었다. 그런데도 사회가 안정되자 공자는 여전히 민중이 가장 숭배하는 성인으로 되돌아갔다. 그 후 중화인민공화국 시대에 들어와 임표林彪에 대한 비판과 아울러 공자를 배척하는 이른바 비림비공批林批孔 운동이 일어났다.[10] 중화민국 시절의 사상혁명 때 유교가 공격 받은 것은 주로 인도주의의 입장에서 유교가 강자 편에 서서 약자를 돌보지 않는다는 점 때문이었지만, 비림비공의 경우에는 주로 공자의 가르침이 구체제를 유지하는 반사회적 교리라는 점에 초점이 맞추어져 있다.[11]

그러나 요즘의 중국은 어떠한가? 사회가 나름대로 안정기에 접어들자

---

10. 1973년 말에 일어났던 사건이다.
11. 당시에 공산당은 임표가 지배계급 편에 서서 자본주의의 부활을 획책하고 있다고 비판했다.

공자에 대한 재평가가 활기를 띠면서 파편화된 인간관계의 회복을 강조한 우단于丹의『논어심득論語心得』같은 책이 정치권의 조력 하에 한때 베스트셀러가 되지 않았던가![12]

『논어』를 지배 이데올로기에 물들어 있는 상태로 읽어서는 안 된다.『논어』를 읽으며 우리는 타임머신을 타고 공자 시대로 거슬러 올라가 직접 공자와 대면할 수 있어야 한다. 실현 불가능한 상상임에 틀림없지만 적어도 우리는 그런 희망을 갖고 이 책을 대해야 할 것이다.

『논어』의 구성과 내용

공자(孔子: BC551-479)가 활약한 춘추시대 말기는 노예사회가 쇠퇴하고 신흥 봉건제가 점차 흥기하는 변혁의 시기였다. 공자가 태어나 주로 활동했던 노魯나라도 예외가 아니어서 공자는 효제孝悌 사상을 바탕으로 사회의 혼란을 바로잡고 무너져가는 영주제를 재건하려고 했다. 그렇긴 하지만 당시의 사회가 변혁의 시대였던 만큼 공자의 사상 연원도 복잡하여『논어』에 등장하는 공자 어록의 어느 한 부분만을 가지고 공자의 사상 전체를 논단하거나 단편적으로 과장해서는 안 될 것이다.

『논어』는 기본적으로 공자의 말과 행동을 기록한 책이지만 공자 제자들의 말과 행동도 일부 수록하였다.『논어』의 '논論'은 '토론'의 의미이고 '어語'는 '말씀'이라는 뜻이어서『논어』를 사전적으로 풀이하면 "스승의 말씀을 후대의 제자들이 여러 차례 토론의 과정을 거쳐 편찬한 책"이라고 할 수 있다. 책 이름을 통해 알 수 있듯이『논어』의 편찬은 대략 세 단계로 나누어볼 수 있다. 첫째, 〈학이편學而篇〉부터 〈향당편鄕黨篇〉까지의 전반부 10편은 공자 사후 그의 제자들에 의해 이루어진 것으로 보인다. 둘째, 〈선진편先進篇〉부터 〈위영공편衛靈公篇〉까지의 후반부 앞 5편은 증자曾子가 죽은

12. 이 책은 2006년에 출판되었다.

후 공자의 재전제자들에 의해 이루어진 것으로 보인다. 셋째, 〈계씨편季氏篇〉부터 〈요왈편堯曰篇〉까지의 마지막 5편은 맹자孟子 때 또는 맹자 사후 전국시대 말기에 학자들에 의해 불확실한 자료들이 추가되어 편찬된 것으로 보인다. 물론 전반부에도 후인들에 의해 삽입된 부분이 있고, 후반부에도 공자가 언급한 것이 분명하다고 판단되는 구절이 있기는 하다.[13]

공자는 노나라에서 출사하여 자신의 이상을 실현하려고 했지만 실권자와 정치적 견해가 맞지 않아 노나라를 떠난다. 그 후 제齊나라로 갔지만 역시 난관에 부딪히게 된다. 그래도 공자는 단념하지 않고 위衛나라, 송宋나라, 진陳나라, 채蔡나라 등의 작은 나라를 찾아갔지만 결과는 마찬가지였다. 결국 그는 출사의 꿈을 접고 다시 노나라로 돌아와 여생의 대부분을 교육과 고대 문헌 정리에 쏟아 중국뿐만 아니라 전 인류사회에 거대한 족적을 남겼다.

『논어』번역 실제

1.1 子曰: 學而時習之, 不亦說열乎? 有朋自遠方來, 不亦樂乎? 人不부知而不慍온, 不亦君子乎?〈학이편學而篇〉

선생님께서 말씀하셨다: 예禮를 배우고서 때를 정하여 그것을 실습하면 참으로 기쁘지 않겠는가! 뜻밖에도 나와 뜻을 같이 하는 사람이 먼 곳에서 찾아와 주니, 참으로 즐겁지 아니한가! 남들이 나를 알아주지 않아도 울분을 품지 않는다면 참으로 바람직한 인간이 아니겠는가!

---

13. 『논어』는 원래 『고문논어(古文論語)』(21편) · 『제논어(齊論語)』(22편) · 『노논어(魯論語)』(20편)의 세 갈래가 있었는데, 서한(西漢) 말년에 장우(張禹)가 이를 통합하여 오늘날 우리가 보는 『논어』를 만들어 냈다. 이것은 대략 편목은 『노논어(魯論語)』를 따랐고 『제논어(齊論語)』의 장구(章句)를 아울러 채택한 것이라고 한다.

◎다른 번역의 예

○ 성백효『**논어집주**論語集註』**전통문화연구회, 1990**(초판), **2007**(개정증보)

공자께서 말씀하셨다: 배우고 그것을 때때로 익히면 기쁘지 않겠는가? 동지가 먼 지방으로부터 찾아온다면 즐겁지 않겠는가? 사람들이 알아주지 않더라도 서운해 하지 않는다면 군자가 아니겠는가?

○ 김용옥『**도올논어**檮杌論語』**통나무, 2000.**

공자께서 말씀하시었다: 배워 때에 맞추어 익히니 또한 기쁘지 아니한가? 뜻을 같이 하는 자 먼 곳으로부터 찾아오니 또한 즐겁지 아니한가? 사람들이 알아주지 않아도 부끄럽지 않으니 또한 군자가 아니겠는가?

○ 양백준 楊伯峻『**논어역주**論語譯注』**齊魯書社, 1993**

공자께서 말씀하셨다: 배우고 난 뒤 일정한 시간 동안 그것을 실습하면 또한 기쁘지 아니한가? 뜻이 맞고 지향하는 바가 같은 친구가 먼 곳으로부터 찾아오면 또한 즐겁지 아니한가? 다른 사람이 나를 이해해주지 않아도 오히려 원망하지 않으면 또한 군자가 아닌가?

○ James Legge ***The Chinese Classics*** Hong Kong Univ. Press, 1960.

The Master said, 'Is it not pleasant to learn with a constant perseverance and application?' 'Is it not delightful to have friends coming from distant quarters?' 'Is he not a man of complete virtue, who feels no discomposure though men may take no note of him?

○ 미야자키 이치사다宮崎市定『**현대어역**現代語譯 **논어**』**암파서점**岩波書店**, 2000.**

선생께서 말씀하셨다: (예를) 배우고 때를 정하여 (제자들이 함께 모여) 실습을 하는 것만큼 즐거운 일은 없다. 벗이 (뜻밖에도) 먼 곳에서 찾아와 주는 것만큼 기쁜 일은 없다. 남이 나를 알아주지 않아도 울분을 품지 않는다. 그런 사람이 나는 되고 싶다.

주註

○'자子'는 '부자(夫子: 당시의 귀족 관료에 대한 존칭)'의 생략형인데, 여기서는 제자들이 공자孔子를 존칭한 것이므로 '선생님'으로 번역하였다.

○'학學'의 목적어는 '예禮'인데, 생략되었다. 『사기史記 · 공자세가孔子世家』에 "諸生以時習禮其家."(문하생들이 때를 정하여 그 집에서 예를 실습한다)라고 하여 '習'의 대상이 '禮'임을 명시하였다.

○'열說'은 '기쁘다'는 뜻을 지닌 '열悅'의 고자古字이다.

○'유有'는 그 다음에 전개되는 사건에 어떤 돌발성이 있음을 나타낸다.

○'붕朋'은 공자 문하에서 배우고자 멀리서 찾아온 사람을 가리킨다. 아직 문하생으로 입문한 것이 아니므로 이렇게 지칭했을 것이다.

○'인人'은 공자의 제자들을 채용할 지위에 있는 지배 계층의 사람들을 가리킨다. 이 '人'이 나중에 대립되는 이해관계를 지닌 군자와 소인의 집단을 포괄하는 개념으로 확대되었다.

〈참고〉 道千乘之國, 敬事而信, 節用而愛人, 使民以時. (學而)

子路問君子. 子曰: 修己以敬. 曰: 如斯而已乎? 曰: 修己以安人. 曰: 如斯而已乎? 曰: 修己以安百姓. 修己以安百姓, 堯舜其猶病諸! (憲問)

古之人與民偕樂, 故能樂也. (孟子·梁惠王)

○'군자君子'는 공자가 때때로 "제자들이 그렇게 되었으면 하고 원하는 바람직한 인간"을 지칭하는 말로 사용하였다.

〈참고〉 '君子'는 본래 혈통론의 개념으로 '인품이 고상한 귀족'을 가리키는 말이었지만 공자는 그 의미를 확대하여『논어』에서는 '君子'의 개념이 대략 네 가지로 나뉜다. ① 위정자 · 지도자 계층의 신분 높은 남자. ② 덕(훌륭한 인품과 감화력)이 있는 남자. ③ 바람직한 남자. ④ 단순한 2인칭 남자. 제군諸君. 『논어』에서 군자와 대립되는 이해관계를 지닌 존재로 나오는 '小人'은 노예적 신분에서 벗어나 경제적으로 새롭게 세력을 획득한 자영농민과 상인을 가리킨다.

[깊이 읽기](1) 무엇을 배우고 익히는가?

'學而時習之'에서 '學'과 '習'은 목적어를 지니는 타동사인데 '習' 뒤에는 목적어로 대명사 '之'가 있지만 '學' 뒤에는 목적어가 생략되어 있다. '學' 뒤에 명사 목적어가 생략된 것이 아니라면 '習' 뒤에 명사 목적어를 쓰고 대명사 목적어 '之'를 사용하지 않았을 것이다. 그렇다면 '學'의 생략된 목적어는 무엇일까? 『논어』의 출발이 '공자가 말한 것을 제자들이 필요한 경우에 기록해둔 것'이었음을 상기해보면 그것은 스승과 제자 사이에 암묵적으로 알고 있어서 생략해도 아무런 문제가 없는 '뻔하고 분명한 것'일 것이다. 이에 대해 미야자키 이치사다가 그의 저서 『논어』에서 설득력 있게 밝혀놓았다. 그에 따르면 공자가 '예禮'의 스승으로서 제자들에게 예를 가르쳐 제후나 귀족의 요구에 응하여 관료로 취직시켰으므로 배우고 익히는 주된 대상이 바로 '예禮'였고, 그것이 스승과 제자 사이에 뻔하고 분명한 것으로 공유되어 있었기 때문에 생략되었을 것이다. 당시는 아직 제정일치의 경향이 강한 시대였으므로 전통적인 예법을 아는 사람이 필요했을 것이다. 한나라의 사마천司馬遷이 곡부曲阜에 가서 공자의 사당에 들렀는데, 공자 사후 수백 년이 지난 당시에도 문하생들은 마치 공자 당대처럼 때를 정해서 그 집에서 예를 실습하고 있는 것을 목격했다. 그러므로 사마천은『사기』「공자세가」에 "문하생들은 때를 정하여 그 집에서 예를 실습한다"고 기록했다. 『논어』에서 '그것'을 실습한다고 한 것을 『사기』에서는 명확하게 '예'를 실습한다고 했던 것이다.

[깊이 읽기](2) 배움을 청하는 귀한 손님, '붕朋'

여기서 '붕朋'은 '오래 사귄 벗'이 아니라 공자의 제자가 되겠다고 찾아온 사람을 가리킨다. 공자 입장에서는 스스로 사학私學을 열어 제자들을 가르쳐서 관료로 취직시킴으로써 이상사회를 재건하겠다는 구체적인 목적이 있었으므로 그 목적에 동참하겠다고 사람이 찾아오는 것은 대단히 즐거운 일이었을 것이다. 그것도 가까운 데서가 아니라 공자의 소문을 듣고 멀리서 찾아왔으니 정말 즐겁지 않았겠는가! 다만 그렇게 찾아온 사람이 아직은 정식으로 제자가 된 것은 아니므로 '나와 뜻을 같이 하는 사람' 정도로 칭하여 '붕朋'이라고 했을 것이다.

1.4 曾子曰: 吾日三省성吾身. 爲人謀而不忠乎? 與朋友交而不信乎? 傳不習乎?

증삼 선생이 말씀하셨다: 나는 매일 여러 번 나 자신을 반성한다. 남의 상담에 응하면서 충분히 성의를 다했는가? 친구와 사귀면서 무책임한 말을 하지는 않았는가? 제자들에게 미숙한 지식을 전수하지는 않았는가?

주註

○ '증자曾子'는 공자의 제자 '증삼曾參'을 높여 부른 말이다.

○ '삼성三省'은 "여러 번 반성한다"는 뜻이다. 동사 앞의 '삼三'은 일반적으로 횟수가 많음을 나타내며, '3'을 뜻하는 실수가 아니다. 〈술이편述而篇〉: "三人行, 必有我師焉."(여러 사람이 함께 일을 행하면 그 중에는 반드시 내가 본받아야 할 사람이 있다.)에서도 '三'은 '여럿'이라는 뜻이다. 이 글에서 '三'이 뒤에 언급된 '세 가지' 사항이라면 "吾日省者三"으로 썼을 것이다.

○ '충忠'은 인간관계에서 상대방에게 "정성을 다하다", "성의를 다하다"는 뜻이며, "권력자에 대한 무조건적인 복종"을 뜻하는 말이 아니었다.

○ '신信'은 "자신이 한 말에 책임을 진다", "자신이 말한 것을 반드시 지킨다"는 뜻이다.

○ '전불습傳不習'을 "스승에게서 전수 받은 것을 제대로 익히지 않았는가?"라고 해석하는 설도 있다. 그러나 『논어』에서는 그런 의미일 경우, '傳而不習'으로 썼을 것이다.

1.5 子曰: 道千乘승之國, 敬事而信, 節用而愛人, 使民以時.

선생님께서 말씀하셨다: 제후의 나라를 다스림에 있어서는 사업을 신중하게 벌이는 한편 말한 것을 반드시 지키고, 비용을 절제하면서 관리를 아껴야 하고, 백성을 사역시킬 때는 농사철을 피해야 한다.

주註

○'도道'는 동사로서 '도導', '치治'의 뜻이다.

○'천승지국千乘之國'은 "전차 천 대의 군비를 갖춘 나라"라는 말이다. 천자는 만승萬乘, 제후는 천승千乘을 원칙으로 한다.

○'경사敬事'는 나라에서 벌이는 사업을 신중하게 한다는 말로, 꼭 필요한 사업만 행한다는 말이다.

○'신信'은 본래가 "자신이 말한 것을 반드시 지킨다"는 뜻이므로 여기서는 사업을 벌일 때 한 약속을 반드시 지켜 공신력을 얻어야 한다는 말이다.

○'절용이애인節用而愛人'은 사업비용을 절제해야 하지만 그것이 지나쳐 그 사업에 종사하는 관리들의 원망을 사지 말아야 한다는 말이다. 여기서 '人'은 뒤에 나오는 '民'과 대비되어 '士' 이상의 지배계층을 가리키는 말이므로 '관리'로 풀이했다.

○'사민이시使民以時'는 사업에 백성들을 동원할 때는 농사철을 피해야 세금도 제대로 걷을 수 있고, 백성들의 원망도 줄일 수 있다는 말이다.

〈참고〉 (雍也) 乘肥馬, 衣輕裘. (살찐 말 네 마리가 끄는 수레를 타고 가벼운 갖옷을 입었다.)

(衛靈公) 有馬者借人乘之. (말이 있는 사람은 그것을 다른 사람에게 빌려주어 수레를 타게 했다.)

(公冶長) 陳文子有馬十乘. (진문자에게는 말 40필이 있었다.)

알렉산더 대왕의 동정東征: BC 334년 페르시아, BC327년 인도

조(趙) 무령왕武靈王의 중산국中山國 침공: BC 305년

⇨'乘'은 원래 '네 마리 말이 끄는 수레'라는 뜻인데, 여기서 의미가 확장되어 '네 마리 말이 끄는 전차'의 뜻으로 쓰이기도 했고 숫자 '4'를 뜻하기도 했다. 사람이 직접 말을 타게 된 것은 전국시대 이후의 일이므로 그것을 뜻하는 글자 '기騎'는『논어』에 나오지 않는다.

1.7 子夏曰: "賢賢易色." 事父母能竭其力, 事君能致其身, 與朋友交, 言而有信. 雖曰未學, 吾必謂之學矣.

자하가 말했다: "덕행을 중시하고 겉모양을 중시하지 말라"라는 옛말이 있다. 이것은 부모를 섬길 때는 있는 힘을 다할 수 있어야 하고, 군주를 섬길 때는 목숨을 바칠 수 있어야 하며, 친구와 사귈 때는 자신이 한 말에 대해 책임을 진다는 말이다. 그런 사람이라면 비록 배운 적이 없다고 해도 나는 반드시 그가 이미 배움의 의미를 깨달은 사람이라고 단언하겠다.

○"賢賢易色"을 어떻게 볼 것인가에 대해서 수많은 학설이 존재한다. 漢·魏 古注의 해석에 따르면 "현인을 존중하는 마음을 여색과 바꿀 수 있듯이 하라. 즉 好色之心으로 好賢하라"이다. 이 해석을 뒤에 나오는 문장과 연결시켜 보면 "현인을 존중하는 마음으로 부모를 섬길 때는 있는 힘을 다해야 한다"가 되는데, "부모를 섬기는 마음으로 현인을 존중하라"라고 말하는 것보다 설득력이 부족하다. 일본의 미야자키 이치사다는 이것을 자하가 옛말을 인용한 것으로 보고 "도마뱀의 색은 현현히 주변에 따라서 변한다는 옛말이 있다."('易(역)'을 '蜴(척: 도마뱀)의 借字로 보았음)로 풀이하였다. 자신의 처지가 부모를 섬기는 자식일 때와 군주를 섬기는 신하일 때와 친구를 사귀는 벗일 때 그 처지에 따라 처신을 달리해야 함을 비유한 말로 본 것이다. 그러나 이 풀이는 "인간의 도리"를 언급한 세 가지 이야

기와 의미상의 관련성이 적다. 그래서 이 말을 부부 관계에 대한 언급으로 보고 "아내에 대하여 품덕을 중히 여기고 용모를 중히 여기지 않는다"고 풀이하기도 한다. 이것은 부부 관계, 부모와 자식의 관계, 군신 관계, 친구 관계로 이어져 일관성이 있어 보이지만 "賢賢易이色"을 뒤의 말과 똑같이 자하가 직접 한 말로 보기에는 문장 구조와 어조에 차이가 많다. 그래서 여기서는 이 구절을 자하가 옛말을 인용한 것으로 처리하고 번역은 위와 같이 하였다.

1.8 子曰: 君子不重則즉不威위, 學則不固. 主忠信, 無友不如己者, 過則勿憚탄改.

선생님께서 말씀하셨다: 제군들이여, 중후하게 처신하지 않으면 위엄이 없고, 배워야 고루해지지 않는다. 진정성과 신뢰의 확보에 주력하고, 자신만 못한 사람을 벗으로 삼지 말고, 잘못이 있으면 고치는 것을 꺼리지 마라.

주註

○'군자君子'는 여기서 공자가 제자들을 지칭한 말이다.

○'학즉불고學則不固'를 "배워도 공고하지 않다"로 풀이하기도 한다. 그러면 "중후하게 처신하지 않으면 위엄이 없고, 배워도 공고해지지 않는다" 정도가 될 것이다.

○'불여기자不如己者'는 진정성과 신뢰의 측면에서 자신만 못한 사람이라는 뜻이다.

[참고 사항]

여기서 '군자君子'가 삼인칭으로 쓰여서 "군자란 이러이러한 사람이다"

라는 식의 문장이라면 문미文尾에 판단을 나타내는 조사 '也'가 덧붙었을 것이다.

1.12 有子曰: 禮之用, 和爲貴. 先王之道, 斯사爲美. 小大由之, 有所不行, 知和而和, 不以禮節之, 亦不可行也.

예를 실행함에 있어서는 타협이 중요하다. 고대 현명한 군주의 정치는 이 점에서 훌륭하였다. 큰 일 작은 일을 가리지 않고 모두 예가 규정한 대로 따르면 막히는 곳이 있게 마련이다. 이와는 반대로 타협의 중요성을 알아 타협에만 의존하고 예로써 그것을 절제하지 않는다면 이 또한 안 될 일이다.

주註

○'斯爲美'의 '사斯'는 '禮之用, 和爲貴.'를 가리키고, '小大由之'의 '之'는 '禮'를 가리키고, '以禮節之'의 '之'는 '和'를 가리킨다.

[깊이 읽기] 공자는 왜 예를 말하면서 '화和'를 강조했을까?

공자에게는 예의 외형보다 그 내용인 예의 참된 뜻이 중요했다. 예의 정신에서는 '和'(남과 나의 의견 절충을 통한 합의)가 중요한 위치를 차지하고 있으므로, 공자는 여기서 예의 외형을 '예禮'로 보고 예의 정신을 '화和'로 보아 이 양자를 대립시켜 예를 실제로 실행할 때의 교훈을 말한 것으로 보인다.

1.15 子貢曰: 貧而無諂첨, 富而無驕교, 何如? 子曰: 可也. 未若貧而樂道, 富而好禮者也. 子貢曰: 詩云: "如切如磋차, 如琢탁如磨마." 其斯사之謂與? 子曰: 賜사也, 始可與言詩已矣. 告諸저往而知來者.

자공이 여쭈었다: 가난해도 부자에게 아첨함이 없고, 부유해도 가난한 사람에게 교만하지 않다면 어떻습니까? 선생님께서 대답하셨다: 괜찮지만 가난한 중에도 인간적인 삶의 길을 찾아 만족하고 부유한 중에도 겸손한 삶을 좋아하는 것만은 못하다. 자공이 다시 여쭈었다: 『시경』에서 "뼈나 뿔을 잘라낸 다음에 다시 정교하게 다듬고, 옥석을 쪼고 나서 다시 정교하게 갈듯이 (인생 공부를) 한다"고 말한 것이 아마 이런 것을 두고 한 말이겠지요? 선생님께서 말씀하셨다: 사야, 너는 이제 나와 더불어 시경을 토론해도 되겠다. 하나를 가르쳐주니 열을 아는구나.

주註

○ 중국에서 전해오는 대부분의 텍스트에는 '빈이락貧而樂' 뒤에 '도道'가 없는데, 황간본皇侃本과 일본에 전해오는 사본에는 '道'가 있어서 이에 따랐다.

○ "如切如磋, 如琢如磨."는 『시경·위풍衛風·기욱淇奧』의 첫머리에 나오는 말로서, '절차탁마切磋琢磨'는 뼈·뿔·상아·옥과 같은 재료로 기물을 만들 때 먼저 대충 외형을 만든 다음에 아름답게 다듬고 새기는 네 가지 방법을 뜻한다.

○ '기其'는 추측을 표시하는 부사이다.

○ '사지위斯之謂'는 '謂斯'의 도치형식인데, 이와 같이 강조를 위해 목적어를 동사 앞에 놓는 경우, 목적어와 동사 사이에 결구조사 '之'를 쓴다. '斯'는 앞에서 공자가 한 말을 가리킨다.

○ '사賜'는 자공子貢의 이름이다.

○ '저諸'는 '之'와 같은 대명사로서, 2인칭으로 사용되어 '사賜'를 가리킨다.

○ '왕往'은 여기서 이미 알고 있는 일을 비유하고, '래자來者'는 아직 알지 못하는 일을 비유한 것이다.

[깊이 읽기] '절차탁마 切磋琢磨'의 진정한 뜻은 무엇인가?

자공과 공자의 대화에서 자공이 말한 것은 비유하자면 먼저 대충 외형을 만든 것이고('절(切)'과 '탁(琢)'), 그것을 공자가 아름답게 다듬었다는 뜻으로서('차(磋)'와 '마(磨)'), 인생 공부의 길이 그만큼 심오하다고 자공이 느끼고서 『시경』구절을 인용하여 말한 것이다.

2.4 子曰: 吾十有五而志于學, 三十而立, 四十而不惑, 五十而知天命, 六十而耳順, 七十而從心所欲, 不踰유矩구.

선생님께서 말씀하셨다: 나는 열다섯에 학문의 길에 들어서기로 뜻을 세웠고, 서른에는 자신감을 갖게 되었고, 마흔에는 앎을 바탕으로 미혹됨이 없게 되었고, 오십에는 인간 능력의 한계를 깨달았고, 예순이 되어서는 무엇을 들어도 화를 내지 않게 되었고, 일흔이 되어서는 무엇을 하건 그다지 애쓰지 않아도 도를 넘어서는 일이 없어졌다.

주註

○'十有五'는 '十五'와 같다. '유有'는 '우又'와 같은데, 옛날에는 자리수와 단위수 사이에 '有'를 주로 사용했고 '又'는 사용하지 않았다.

○'립立'은 '독립獨立'으로서, 자신감을 갖게 되었다는 말이다.

○『논어』〈자한편子罕篇〉과 〈헌문편憲問篇〉에 '知者不惑'이란 말이 나오므로 여기서도 '不惑'을 '앎을 바탕으로 미혹됨이 없게 되었다'로 번역하였다.

○'이순耳順'과 '불유구不踰矩'는 공자가 체력과 기력이 쇠퇴해 가는 것을 느끼면서 자신의 삶과 인간관계에 대한 자각을 언급한 말일 것이다. 그렇게 볼 때 '耳順'은 "남과 나의 화해와 소통을 통해 마음의 평화를 얻게 되었다"는 뜻이고, '不踰矩'는 "자연과의 화합을 통해 정신적 자유를 획득하게 되었다"는 말일 것이다.

[깊이 읽기] "천명을 안다"는 것은 무슨 말인가?

'지천명知天命'을 직역하면 '천명을 알다'인데, 그 구체적인 내용에 대해 미야자키 이치사다가 "공자의 일생을 그린 포물선의 정점은 천명을 알게 되었던 오십 세 때일 것이다. 이 천명이 문제인데 공자에게 하늘[天]은 아직 정의를 집행하는 신이 아니었다. 하늘은 전혀 알 수 없는, 두려운 힘을 가진 존재였다. 아무리 인사人事를 다해도 무언가 알 수 없는 원인 때문에 생각대로 일이 되지 않는다. 그것은 바로 천명天命, 곧 하늘의 작용 때문이었다. 그러나 그렇다고 해서 노력을 멈출 수는 없다. 성패를 뛰어넘은 분투가 공자가 최후에 도달한 각오이고 실제로 그 이상의 인생관은 생각할 수 없는 것이 아니겠는가?" (『논어』)라고 해설한 것이 설득력이 있어서 여기서도 "인간 능력의 한계를 깨달았다"라고 번역하였다.

2.15 子曰: 學而不思則罔망, 思而不學則殆태.

선생님께서 말씀하셨다: 배우기만 하고 스스로 생각하지 않으면 자신의 세계를 열 수 없고, 생각만 하고 배우지 않으면 위험하다.

주註

○'망罔'은 그물 안에 갇혀 있게 된다는 말인데, 바꾸어 말하면 스승의 학문 세계라는 보이지 않는 벽 안에 갇혀 있어서 자신의 세계를 열어 나갈 수 없다는 말이다.

○우리는 배움을 통해서 인류가 오랜 기간 쌓아온 문화유산의 현재 수준까지 비교적 단기간에 도달할 수 있게 된다. 그와 같은 '배움'의 존재 이유를 무시하고 순전히 자신의 힘만으로 무언가를 이루려고 한다면 비록 성공한다고 해도 많은 시간과 정력을 낭비하게 될 위험이 있다. '태殆'는 바로 그 위험성을 지적한 말이다.

〈참고〉 **子曰: 溫故而知新, 可以爲師矣.(爲政)** 선생님께서 말씀하셨다: 옛것을 연구하여 거기서 새로운 지식을 끌어낼 수 있다면 스승이 될 수 있다. ⇨ 여기서 '溫故'는 '學'의 과정이고, '知新'은 '思'의 결과이다. 따라서 이 말은 '思'를 통해 '知新'할 수 없다면 '學'은 결실이 없는 것이므로 '學'과 '思'를 통해 자신의 세계를 열어 나가는 것이 중요하다는 점을 강조한 것이라고 이해할 수 있다.

2.17 子游曰: 事君數삭, 斯辱矣. 朋友數삭, 斯疏矣.

자유가 말했다: 군주를 섬기는 데 집요하면 화를 입게 되고, 친구를 사귀는 데 집요하면 멀어지게 된다.

주註

○'삭數'의 본뜻은 '빈번하다'이다. 여기서는 '집요하다'로 번역하였다.

○'삭數'을 '수'로 읽고 '따지다', '꾸짖다'로 풀이하기도 한다.(유월(俞樾)『논어평의(論語平議)』)

3.5 子曰: 夷狄적之有君, 不如諸夏之亡무也.

선생님께서 말씀하셨다: 문화가 발달하지 못한 오랑캐의 나라에도 군주가 있다고 한다. 지금은 오히려 중원의 나라들이 군주 없는 상태에 빠져 있다.

주註

○'之'는 주어와 술어 사이에 놓여 명사구나 절이 되게 하는 결구조사이다.

○'不如'는 여기서 '…와 같지 않다'는 뜻이지, '…만 못하다'는 뜻이 아니다.

[깊이 읽기] "군주 없는 중원의 나라들이 군주가 있는 오랑캐 나라보다 낫다"는 것인가?

이 장은 "군주 없는 중원의 나라들이 군주가 있는 오랑캐 나라보다 낫다"는 해석도 있지만 〈자장편子張篇〉에 "紂之不善, 不如是之甚也."(은나라 왕 주가 폭정을 했다고 해도 세간에서 말하는 만큼 심한 것은 아니었다)의 용례가 있으므로 위와 같이 번역했다. 〈자한편子罕篇〉 14장에서 공자가 구이九夷에 살고 싶다고 한탄한 것과 같은 맥락으로 보인다.

3.16 子曰: 射不主皮, 爲力不同科, 古之道也.

선생님께서 말씀하셨다: 사냥을 할 때는 사냥감의 많고 적음을 따지지 않고, 힘겨루기를 할 때는 등급을 나누어 한다. 이것이 예로부터의 오랜 관례이다.

[깊이 읽기] "射不主皮"는 무슨 뜻인가?

이 문장의 일반적인 해석은 "활을 쏘는 데 과녁을 뚫는 것을 중시하지 않는 것은 각 개인의 힘이 다르기 때문이다. 이것이 옛날의 활쏘기 규칙이었다"이다. 그러나 여기서 '사射'는 '사례射禮'가 아니라 사냥터에서 활을 쏘아 사냥을 하는 행위를 가리키고, '피皮'는 사냥의 주목적인 모피를 가리킬 것이다. 공자의 뜻은 사냥할 때 모피의 획득에 너무 집착해서는 안 된다는 데 있었을 것이다. '위력爲力'이란 씨름, 달리기, 높이뛰기 등의 스포츠일 것이다.(미야자키 이치사다 『논어』 참고)

3.22 子曰: 管仲之器小哉! 或曰: 管仲儉乎? 曰: 管氏有三歸, 官事不攝섭, 焉得儉? 然則管仲知禮乎? 曰: 邦君樹塞색門, 管氏亦樹塞門, 邦君爲兩君之好, 有反坫점, 管氏亦有反坫, 管氏而知禮, 孰不知禮?

선생님께서 말씀하셨다: 관중은 그릇이 너무 작구나. 어떤 사람이 물었다. 관중이 너무 검소하다는 말씀입니까? 선생님께서 말씀하셨다: 관중은 백성들에게서 많은 물품세를 거두고 하인에게는 한 가지 일밖에 시키지 않았는데 어찌 검소하다고 하겠는가? 그 사람이 다시 물었다: 그러면 관중은 예를 아는 사람입니까? 선생님께서 말씀하셨다: 제후의 문에는 나무를 세워서 안이 보이지 않게 하는데 가신인 관중도 나무를 세웠다. 또 제후끼리 회견할 때 술잔 받침대로 반점이라는 것을 놓는데, 관중도 똑같이 반점을 놓았다. 관중이 예를 안다고 하면 누군들 예를 알지 못하겠는가?

주註

○ '三歸'에는 ① 이성異姓의 세 여자를 아내[正妻]로 맞아들였다는 설. ② 집을 세 군데 가지고 있었다는 설. ③ 돈을 보관하는 창고. ④ 세금을 많이 거두었다는 설 등이 있는데, 여기서는 양백준楊伯峻이 주장한 ④에 따라 번역하였다.

○ '官事不攝'의 '官'은 '臣'과 같은 의미이고, '臣'은 가내 노예였다. '攝'은 두 가지 이상의 일을 겸임한다는 말이다.

4.7 子曰: 人之過也, 各於其黨. 觀過, 斯知仁矣.

사람의 잘못은 각기 그 부류가 있다. 그 사람이 저지른 잘못을 관찰해 보면 그 사람됨을 알 수 있다.

주註

○ '各於其黨'의 '於'는 '在'와 같고, '당黨'은 '류類'와 같다.

○ 여기서 '仁'은 '人'과 같다. 『후한서·오우전吳祐傳』에서는 이 문장을 인용하면서 '人'으로 썼다.

5.7 子曰: 道不行, 乘桴부浮于海, 從我者, 其由與? 子路聞之喜. 子曰: 由也好勇過我, 無所取材.

선생님께서 말씀하셨다: 나의 정치적 이상이 실행되지 않는지라 뗏목을 타고 바다로 나간다면 나를 따를 자는 아마도 유자로 한 사람이겠지? 자로가 그 말을 듣고 기뻐하니 선생님께서 말씀하셨다: 유의 용기는 나를 능가하는구나. 어디서 그런 용기가 나오는지 모르겠다.

주註

○'유由'는 공자의 제자 중유仲由로, 자가 자로子路이다.

[깊이 읽기] '無所取材'를 어떻게 볼 것인가?

'無所取材'는 '材'를 ①글자 그대로 '목재'로 해석해서 "뗏목 만들 목재를 구할 데가 없다." ②'재裁'로 보고 '재량하다'로 해석해서 "적당히 멈출 줄을 모른다." ③'재哉'로 보고 '감탄을 나타내는 어기사'로 해석하여 "달리 취할 바가 없구나." 등의 풀이가 있는데, 이 문장이 공자가 자신의 정치적 이상을 실현할 수 없어서 세상을 등지고 해외로 나갈 결심을 한다고 했을 때, 그런 참담한 경우에도 자신을 끝까지 추종할 사람이 '자로'라고 추켜세운 것임을 감안하면 '材'를 '哉'로 보고 "無所取(勇)哉"(어디서 그런 용기를 취했는지 알 수 없구나)로 해석하여 자로의 용기를 높이 평가한 것으로 보고 싶다.

5.20 季文子三思而後行. 子聞之, 曰: 再, 斯可矣.

계문자는 무슨 일이나 여러 번 생각한 후 실행에 옮겼다. 선생님께서 그 말을 듣고 말씀하셨다: 두 번 정도로 좋(았)을 것이다.

[깊이 읽기] 공자의 맞춤형 교육

공자가 개인의 특성에 따라 맞춤형 교육을 실시했음을 감안해보면 이 글이 계문자季文子 개인을 겨냥해 한 말일수도 있고, 생각과 실행에 대한 일반적인 상황을 언급한 것일 수도 있다. 후자라면 생각을 여러 번 하면 경우에 따라서는 제1감이 주는 직관의 힘이 사라져 오히려 정확한 판단이 흐려질 수도 있고, 실행에 옮겼을 때 발생할 수도 있는 불리함이 갈수록 크게 부각되어 타이밍을 놓치고 추진력이 위축될 가능성이 있다.

5.24 子曰: 孰謂微生高直? 或乞醯혜焉, 乞諸저其鄰而與之.

선생님께서 말씀하셨다: 누가 미생고를 우직하다고 했는가? 어떤 사람이 식초를 달라고 하자 미생고는 이웃에서 얻어서 그에게 주었다고 하더라.

○『莊子』,『戰國策』등의 책에 尾生高가 신의를 지킨 이야기가 기재되어 있다. 그는 한 여자와 다리 밑에서 만나기로 약속했다. 약속 시간이 되었는데도 여자는 나타나지 않았다. 때마침 물이 불어 그대로 있으면 익사할 것이 뻔했는데도 그는 약속을 지키기 위해 버티고 있다가 결국 익사하고 말았다는 이야기다. '微'와 '尾'는 古音이 서로 가까워 통용해서 썼다. 이 때문에 많은 사람들은 微生高가 바로 尾生高라고 생각한다. '微生高'와 '尾生高'가 동일인이라면 이 말은 공자가 '信'의 미덕을 굳게 지킨 미생고를 위해 변호한 말일 가능성이 크다.

6.3 哀公問: 弟子孰爲好學? 孔子對曰: 有顔回者好學, 不遷怒, 不貳過. 不幸短命死矣, 今也則亡무, 未聞好學者也.

애공이 물었다: 제자 중에 누가 학문을 좋아합니까? 선생님께서 대답하셨다: 안회라는 제자가 학문을 좋아했습니다. 언짢은 일을 당해도 스스로 소화하여 남이 알게 하지 않았고 같은 잘못을 두 번 반복하지 않았습니다. 불행히도 단명하여 죽고 말아 지금은 없습니다. 이후 그만큼 학문을 좋아하는 사람을 이제껏 본 적이 없습니다.

[깊이 읽기] '불천노不遷怒'를 어떻게 이해해야 할 것인가?

'불천노不遷怒'를 '다른 사람에게 화풀이하지 않다'로 풀이하기도 하는데, 그런 정도를 공자가 안회의 미덕으로 애공에게 내세웠을 것 같지는 않다. 안회가 수양이 깊어서 언짢은 일을 당해도 그것을 스스로 소화하여 남이 알게 하지 않았다는 뜻일 것이다.

6.18 子曰: 質勝文則野, 文勝質則史, 文質彬빈彬, 然後君子.

선생님께서 말씀하셨다: 실질이 있어도 문식이 따르지 않으면 투박하고, 문식만 내세우고 실질이 없다면 허황되다. 문식과 실질을 함께 갖추어 조화를 이루어야 교양 있는 군자라고 할 수 있다.

주註

○'사史'는 실질적인 내용은 없으면서 겉모양만 그럴듯한 상태를 가리킨다.

○'빈빈彬彬'은 두 가지가 적절히 섞여서 조화와 균형을 이룬 모양이다.

6.23 子曰: "知者樂요水, 仁者樂요山." 知者動, 仁者靜. 知者樂. 仁者壽.

선생님께서 말씀하셨다: "지자는 물을 좋아하고, 인자는 산을 좋아한다"는 말이 있다. 지자는 움직이는 것을 좋아하고 인자는 정적인 것을 좋아한다. 지자는 삶을 즐기고 인자는 천수를 누린다.

○ '壽'는 보통 '장수하다'로 새기는데, 仁者라고 해서 다 장수한 것은 아닐 것이다. 그보다는 인자가 삶의 본질에 충실한 사람이라는 측면에서 '하늘이 부여한 수명'을 다 누린다는 뜻일 것이다.

7.12 子曰: 富而可求也, 雖執鞭之士, 吾亦爲之. 如不可求, 從吾所好.

선생님께서 말씀하셨다: 부가 추구할만한 것이라면 시장에서 문을 지키는 사람 노릇이라도 기꺼이 했을 것이다. 부가 추구할만한 것이 아니라면 내가 좋아하는 것을 하겠다.

주註

○ '이而'는 주로 문장 중간에 사용되는 가정이나 조건을 표시하는 접속사이다.

○ '집편지사執鞭之士'는 '채찍을 든 사람'이라는 말인데, 『주례周禮』에 따르면 두 부류가 있었다. 한 부류는 천자나 제후가 출입할 때 2-8명이 가죽 채찍을 들고서 행인들에게 길을 비키도록 했고, 또 한 부류는 시장에서 문을 지키는 사람으로 손에 가죽 채찍을 들고서 질서를 유지했다. 여기서는 '부'와 관계 지워 후자로 번역하였다.

8.7 曾子曰: 士不可以不弘毅의, 任重而道遠. 仁以爲己任, 不亦重乎? 死而後已, 不亦遠乎? 〈태백편泰伯篇〉

증자가 말했다: 지도층 인사는 강인한 의지가 없으면 안 되나니 임무는 막중하고 갈 길은 멀기 때문이다. 인의 실현을 자신의 임무로 삼았으니 그 책임이 막중하지 않겠는가? 죽은 뒤에야 끝날 것이니 그 길이 멀지 않겠는가?

주註

○'사士'는 원래 무기를 들고 전쟁에 참여할 권리와 의무를 지닌 지배계층 남자를 가리키는 말이었다. 여기서는 현실에 맞게 '지도층 인사'로 번역하였다.

○'홍의弘毅'는 '강의強毅'와 같아서 '굳센 의지', '강인한 의지'라는 뜻이다.

○'이已'는 '그치다', '그만두다'라는 뜻의 동사로 사용되었다.

9.14 子欲居九夷. 或曰: 陋, 如之何? 子曰: 君子居之, 何陋之有?

선생님께서 동방의 오랑캐 나라로 가서 살고 싶다고 하자 어떤 사람이 말했다: 그곳은 누추할 텐데 어쩌려고 그러십니까? 선생님께서 말씀하셨다: 제군들이 함께 있어준다면 무슨 누추함이 있겠느냐?

주註

○'구이九夷'는 '회이淮夷'로 본래 노나라가 차지하고 있던 땅이었는데, 주공周公이 무력으로 그들을 항복시킨 적이 있다. 구이는 실제로 회수淮水와 사수泗水 사이에 흩어져 있었으며, 북쪽으로는 제나라, 노나라와 인접한 동방의 오랑캐 나라였다.

○'何陋之有'는 '有何陋'의 강조를 위한 도치 구문이다.

〈참고〉 유우석劉禹錫 〈누실명陋室銘〉 山不在高, 有仙則名. 水不在深, 有龍

則靈. 斯是陋室, 惟吾德馨. 苔痕上階綠, 草色入簾靑. 談笑有鴻儒, 往來無白丁. 可以調素琴, 閱金經. 無絲竹之亂耳, 無案牘之勞形. 南陽諸葛廬, 西蜀子雲亭. 孔子云: "何陋之有?"

9.22 子曰: 苗而不秀者有矣夫, 秀而不實者有矣夫.

선생님께서 말씀하셨다: 싹이 나서 자라도 꽃이 피지 않는 것이 있고, 꽃이 피었어도 열매를 맺지 못하는 것이 있다.

주註

○ '수秀'는 곡식에 꽃이 피는 것을 가리킨다. 따라서 이것을 '이삭'이라고 번역하기도 한다.

[깊이 읽기] '묘苗'와 '수秀'와 '실實'의 관계

이 장은 싹이 나서 결실에 이르기까지 여러 단계와 과정이 있으며, 어느 것 하나 소홀히 할 수 없다는 말이다.

10.3 君召使擯빈, 色勃발如也, 足躩곽如也. 揖所與立, 左右手, 衣前後, 襜첨如也. 趨추進, 翼익如也. 賓退, 必復命曰: 賓不顧矣.

선생님께서 군주의 명을 받아 빈객을 접대할 때는 긴장한 얼굴로 발걸음을 빨리하셨다. 함께 서있는 동료와 인사할 때는 왼쪽에 서있는 사람에게는 손을 왼쪽으로 돌려서 읍하고 오른쪽에 서있는 사람에게는 손을 오른쪽으로 돌려서 읍하는데, 옷자락이 앞뒤로 흔들리는 것이 흐트러지지 않고 반듯했다. 종종걸음으로 걸으실 때는 날개를 펼친 듯이 경쾌하게 걸으셨다. 빈객이 돌아간 뒤에는 반드시 복명하여 "손님이 돌아보지 않을 때까지 배웅했습니다"라고 말씀하셨다.

주註

○'빈擯'은 빈객을 접대하다는 뜻으로, '빈儐'과 같다.

○'발여勃如'는 갑자기 안색이 바뀌는 모양, 긴장하는 모양이다.

○'곽여躩如'는 발걸음이 빠른 모양이다.

○'좌우수左右手'는 손을 좌우로 옮기는 것인데, 왼쪽을 향하여 읍하고 다시 오른쪽을 향하여 읍한다는 말이다.

○'첨여襜如'는 옷자락이 가지런한 모양이다.

○'익여翼如'는 새가 날개를 편 것처럼 균형이 잡힌 모양이다.

○'빈불고賓不顧'는 보통 "손님이 뒤돌아보지 않고 잘 가셨습니다"로 해석하는데, 그보다는 "손님이 돌아보지 않을 때까지 배웅했습니다"가 자연스럽다. 손님은 떠날 때 배웅하는 주인에게 몇 번이고 돌아보면서 인사하는 것이 예의이며, 또 손님이 멀어져가서 마지막 인사를 할 때까지 배웅하는 것이 주인의 예의이다. 따라서 그 과정을 담아 번역하는 것이 자연스러울 것이다.(미야자키 이치사다『논어』참고)

10.10 食不語, 寢不言.

식사할 때 말을 하지 않고, 잠자리에 들어서서도 말을 하지 않으셨다.

[깊이 읽기] 공자는 왜 식사 때 말을 하지 않았는가?

요즘에는 식사 때가 대화의 자리라서 이 말을 수긍하기 어렵게 되었지만 옛날에는 음식 자체가 매우 귀한 것이었으므로 경건하게 음식을 먹느라고 말을 삼갔을 것이다.

11.16 子貢問: 師與商也孰賢? 子曰: 師也過商也不及. 曰: 然則師愈與? 子曰: 過猶不及.

자공이 여쭈었다: 사師와 상商 둘 중에서 누가 낫습니까? 선생님께서 말씀하셨다: 사는 지나치고 상은 부족하다. 자공이 말했다: 그럼 사가 나은 겁니까? 선생님께서 말씀하셨다: 지나친 것은 부족한 것과 마찬가지이다.

주註

○'사師'는 전손사(顓孫師: 子張)이고, '상商'은 '복상(卜商: 子夏)이다.

13.2 仲弓爲季氏宰, 問政. 子曰: 先有司, 赦사小過, 擧賢才. 曰: 焉知賢才而擧之? 子曰: 擧爾所知, 爾所不知, 人其舍諸저?

중궁염옹이 계씨의 집사가 되어 정치에 대해 여쭈었다. 선생님께서 말씀하셨다: 실무자들 앞에서 솔선수범하고, 그들의 작은 과실은 눈감아주고, 우수한 인재를 선발해 써라. 중궁이 말했다: 어떻게 우수한 인재를 식별하여 선발합니까? 선생님께서 말씀하셨다: 먼저 네가 알고 있는 사람을 선발해라. 그렇게 하면 네가 알지 못하는 인재는 남이 추천해줄 것이다.

주註

○'유사有司'는 일을 직접 맡아 하는 실무자를 가리킨다.

○'기其'는 '기豈'와 같고 '저諸'는 '之乎'의 합음으로, '人其舍諸'를 직역하면 "다른 사람들이 어찌 인재를 버려두겠느냐?"이다.

[깊이 읽기] 인재 선발 방법

인재 선발 방법에 대한 중궁의 질문에 공자가 그렇게 대답한 것은 남들은 그가 자신이 알고 있는 사람들 중에서 어떤 사람을 선발하는지를 눈여겨 본 다음에 그 눈높이에 맞추어 사람을 추천할 것이므로 우수한 인재를 알아보는 안목을 먼저 길러야함을 강조한 말이다.

13.3 子路曰: 衛君待子而爲政, 子將奚해先? 子曰: 必也正名乎! 子路曰: 有是哉, 子之迂也! 奚其正? 子曰: 野哉, 由也! 君子於其所不知, 蓋闕궐如也. 名不正, 則言不順. 言不順, 則事不成. 事不成, 則禮樂악不興. 禮樂不興則刑罰不中. 刑罰不中, 則民無所錯조手足. 故君子名之必可言也, 言之必可行也. 君子於其言, 無所苟而已矣.

자로가 말했다: 위나라 군주가 선생님께 부탁해서 국정을 맡긴다면 무엇을 먼저 하시겠습니까? 선생님께서 말씀하셨다: 반드시 명분을 바로잡겠다. 자로가 말했다: 그럴 수 있습니까? 세상물정 모르는 말씀이십니다. 어떻게 그런 것을 바로잡으시겠습니까? 선생님께서 말씀하셨다: 덜렁대지 말거라, 유야! 네 자신이 모르는 것에 대해서는 입을 다무는 법이다. 명분이 바르지 않으면 정책에 조리가 서지 않는다. 정책에 조리가 서지 않으면 국가사업이 제대로 되지 않는다. 국가사업이 제대로 되지 않으면 교육이 제대로 시행되지 못한다. 교육이 제대로 시행되지 못하면 재판이 공정성을 잃는다. 재판이 공정성을 잃으면 백성들은 손발을 어디에 두어야할지 모를 정도로 불안에 휩싸일 것이다. 그러므로 위정자는 명분을 세워 정책을 입안하고, 입안된 정책은 반드시 실행해야 한다. 그러나 그 정책은 신중한 검토를 거쳐서 입안되어야 한다.

주註

○ '위군衛君'은 위나라 출공出公을 가리킨다. 그는 할아버지인 영공靈公이

죽었을 때 영공에게 쫓겨난 아버지 괴외蒯聵를 불러들이지 않고 자신이 왕위에 올랐다. 공자는 이를 명분에 어긋나는 행위로 보았다.(〈술이편〉 15장 참고)

○ '子之迂也'를 직역하면 "선생님의 현실에 어두움이여"이다.

○ '궐여闕如'는 '빼놓고 말을 하지 않다'는 뜻이다.

○ '언불순言不順'의 '言'은 '정책'의 뜻이다. 〈헌문憲問〉: "子張曰: 書云: '高宗諒량陰암, 三年不言', 何謂也?"(자장이 여쭈었다: 『서경』에 "은나라 고종이 부친상 중에 있을 때 초막에서 기거하면서 3년 동안(신하들에게) 정책을 하달하지 않았다"고 하는데, 무슨 뜻입니까?)

○ "교육이 제대로 시행되지 못하면 재판이 공정성을 잃는다"는 말은 백성들이 시비와 선악에 대한 판단력을 지닐 수 있도록 교육 받아야 공정하게 재판할 수 있다는 말이다. 이 편 30장의 "子曰: 以不教民戰, 是謂棄之.(선생님께서 말씀하셨다: 훈련을 받지 않은 백성을 전쟁으로 내모는 것을 일러 그들을 버리는 것이라고 한다)를 참고할 만하다.

○ '조錯'는 '조措'와 같으며, '두다'는 뜻이다.

○ '구苟'는 미봉책을 써서 어물어물 넘어간다는 뜻이다.

13.4 樊번遲請學稼가. 子曰: 吾不如老農. 請學爲圃포. 曰: 吾不如老圃. 樊遲出. 子曰: 小人哉, 樊須也! 上好禮, 則民莫敢不敬. 上好義, 則民莫敢不服. 上好信, 則民莫敢不用情. 夫如是, 則四方之民襁강負其子而至矣, 焉用稼?

번지가 농사짓는 법을 가르쳐달라고 청했다. 선생님께서 말씀하셨다: 노련한 농부가 나보다 나을 것이다. 또 채소 재배법을 가르쳐 달라고 청했다. 선생님께서 말씀하셨다: 채소 전문가가 나보다 나을 것이다. 번지가 물러난 뒤 선생님께서 말씀하셨다: 번지는 소인이구나. 위정자가 예절을 좋아하면 백성은 자연히 그를 존경하게 된다. 위정자가 정의를 좋아하면 백성은 자연히 그를 믿고 따르게 된다. 위정자가 신의를 중시하면 백성도 자연히 진정으로 부응하게 된다. 그렇게 되면 사방의 백성이 자식을 등에 업고 달려올 텐데 직접 농사를 배울 필요가 있겠느냐?

주註

○'언용가焉用稼'를 직역하면 "농사짓는 법을 배워서 어디에 쓰겠는가?"이다.

[깊이 읽기] 농사를 가르쳐달라고 한 번지를 공자는 왜 소인으로 평가했을까?

공자가 사학(私學)을 열어 제자들을 가르친 것은 사회의 요구에 부응하여 관료를 양성하여 이상사회의 재건에 투입하기 위해서였다. 번지의 요청에 공자가 그렇게 대답한 이유를 이해하려면 이 점을 염두에 두어야 한다. 즉 위정자가 직접 농사를 짓는다면 자신의 의식주를 해결하는 정도에 그치겠지만, 예절과 정의와 신의를 중시하면 농사를 짓고 사는 백성들이 주위로 몰려들 것이니 그 편이 백성들을 더 위하는 것임을 지적한 것이다. 공자 스스로 9. 6에서 "나는 젊었을 때 비천했으므로 비천한 일이라도 무엇이든 할 수 있게 되었다"라고 말했듯이 농사를 배울 필요성 자체를 부정했다기보다는 훌륭한 관료가 되기 위한 덕목의 학습이 우선임을 강조한 것이다. 직접 농사를 짓는 것에 대한 공자의 생각을 〈헌문편〉 5장에서 엿볼 수 있다.

14.4 子曰: 有德者必有言, 有言者不必有德. 仁者必有勇, 勇者不必有仁.

선생님께서 말씀하셨다: 영향력이 있는 사람은 반드시 말이 있지만 말이 있는 사람이 반드시 영향력을 갖춘 것은 아니다. 어진 사람은 반드시 용기가 있지만 용기 있는 사람이라고 해서 반드시 어진 것은 아니다.

[깊이 읽기] 덕德의 함의

'덕德'은 함의가 매우 크고 넓어서 정확하게 개념을 파악하기가 쉽지 않다. 여기서는 앞뒤 문맥을 고려하여 '좋은 의미에서의 영향력'이라고 보았다.

14.11 子曰: 孟公綽작爲趙魏老則優, 不可以爲滕등薛설大夫.

선생님께서 말씀하셨다: 맹공작은 진晋나라의 명문세족인 조씨나 위씨의 가신이 되기에는 충분하지만, 등나라나 설나라 같은 소국이라도 한 나라의 대부가 될 기량은 지니고 있지 않다.

주註

○'맹공작孟公綽'은 노나라의 대부로,『좌전·양공襄公 21년』에 그와 관련된 이야기가 있고,『사기·중니제자열전仲尼弟子列傳』에 보면 공자가 그를 존중했다고 한다.

○'조위趙魏'는 당시 강대국인 진晋나라의 명문세족 조씨와 위씨를 가리킨다. 실제로 조趙, 위魏, 한韓 삼가三家는 제후로 책봉된 후 BC376년에 진晋나라를 분할하여 세 제후국이 되었는데, 이 사건을 계기로 춘추시대와 전국시대를 구분하기도 한다.

○중국 고대 대부의 가신家臣을 칭할 때 '노老' 또는 '실로室老'라고 했다.

○'등설滕薛'은 지금의 산동성 등현滕縣의 서남쪽과 동남쪽에 있던 작은 제후국 등나라와 설나라이다.

[깊이 읽기] 국정 담당자에게 필요한 덕목은 무엇인가?

맹공작은 욕심이 없고 청렴결백하여 공자가 존중했다고 한다. 그러나 능력이 대단치 않아서 명망은 높지만 할 일이 별로 없는 가신이 되기에는 충분하지만 비록 작은 나라일지라도 국정을 담당하는 대부로는 부적합한 인물이었는데, 그런 그가 노나라 같은 대국의 대부가 된 것을 비판한 말로 보인다.

14.34 或曰: 以德報怨, 何如? 子曰: 何以報德? 以直報怨, 以德報德.

어떤 사람이 말했다: 호의로써 원망에 답하면 어떻겠습니까? 선생님께서 대답하셨다: 그러면 무엇으로 호의에 답할 것인가? 평심으로써 원망에 답하고 호의로써 호의에 답하고 싶다.

[깊이 읽기] 『논어』의 도가사상

『노자』63장에 "호의로써 원망에 답하라"報怨以德 라는 말이 나오는 것으로 보아 공자 당시에 이미 그와 같은 발상이 있었거나 후대의 도가사상이 논어의 편집과정에서 섞여 들어갔을 것이다.

15.8 子曰: 可與言而不與之言, 失人. 不可與言而與之言, 失言. 知者不失人, 亦不失言. 〈위영공편衛靈公篇〉

선생님께서 말씀하셨다: 속에 있는 말을 나눌 수 있다고 판단했으면서도 털어놓고 이야기하지 않는다면 그 사람을 잃게 된다. 속에 있는 말을 해서는 안 되겠다고 판단했으면서도 털어놓고 이야기하면 실언한 것이다. 지혜로운 사람은 사람을 잃지 않으며 실언하지도 않는다.

[깊이 읽기] 말과 인간관계

이 장은 말과 인간관계에 대한 공자의 통찰력 깊은 말로 보인다.

15.28 子曰: 衆惡오之, 必察焉. 衆好之, 必察焉.

선생님께서 말씀하셨다: 모두가 그를 나쁘게 말하더라도 반드시 자신의 눈으로 확인하고, 모두가 좋게 말하더라도 반드시 자신의 눈으로 확인하라.

15.31 子曰: 吾嘗終日不食, 終夜不寢, 以思, 無益, 不如學也.

선생님께서 말씀하셨다: 내가 일찍이 종일토록 먹지 않고 밤새워 사색에 빠졌지만 결국 얻는 것이 없었고, 배우는 것만 못하였다.

[깊이 읽기] 공자가 말한 "思不如學"의 의미
〈위정편〉 15장에서 공자가 말한 "배우기만 하고 스스로 생각하지 않으면 자신의 세계를 열 수 없고, 생각만 하고 배우지 않으면 위험하다"(學而不思則罔, 思而不學則殆)를 감안해볼 때 '思'를 무가치하게 본 것이 아니라 '學'을 바탕으로 한 '思'를 강조한 것으로 보인다.

16.1 ……丘也聞有國有家者, 不患寡而患不均, 不患貧而患不安. 蓋均無貧, 和無寡, 安無傾. 夫如是, 故遠人不服, 則修文德以來之.

내가 듣기로 "나라나 영지를 지배하는 사람은 인구가 적은 것을 걱정하지 말고 부담이 공평하지 못한 것을 걱정하라. 가난한 것을 걱정하지 말고 편안하지 못한 것을 걱정하라"는 말이 있다. 생각해보면 부담이 형평에 맞으면 빈곤은 생기기 어렵다. 평화가 계속되면 인구는 늘어나고 불안의 씨앗이 제거되면 망할 위험이 없어진다. 세상의 이치가 그런 것이므로 먼 이국을 품에 안으려면 스스로 문교를 통한 감화력을 발휘하여 그들 스스로 수교하러 찾아오도록 한다.

16.7 孔子曰: 君子有三戒. 少之時, 血氣未定, 戒之在色. 及其壯也, 血氣方剛, 戒之在鬪. 及其老也, 血氣旣衰, 戒之在得.

선생님께서 말씀하셨다: 제군들은 평생 세 가지를 경계하라. 젊을 때는 정서가 불안정하므로 이성 관계에 주의해야 한다. 장년이 되면 기력이 왕성해지므로 싸움을 주의해야 한다. 노년이 되면 기력이 쇠하므로 노욕을 경계해야 한다.

[깊이 읽기] 노욕이란 무엇인가?

노욕은 자신의 지위와 권력에 걸맞은 역할을 해내지 못하게 되면 물러나야 하는데, 물러나지 않고 계속 지위나 권력을 차지하고 싶어 하는 욕심을 말한다.

17.9 子曰: 小子何莫學夫詩? 詩, 可以興, 可以觀, 可以群, 可以怨. 邇이之事父, 遠之事君. 多識於鳥獸수草木之名.

선생님께서 말씀하셨다: 너희들은 반드시 『시경』시를 배우도록 하라. 시를 배우면 연상력을 기를 수 있고, 인정과 풍속에 대한 관찰력을 향상시킬 수 있으며, 공동 작업을 위한 협동력을 익히고, 정의감을 기를 수 있다. 가까이는 부모를, 멀리는 군주를 섬길 때에 도움이 되며 시에 나오는 새 · 짐승 · 초목의 이름을 많이 알게 된다.

[깊이 읽기] '흥興, 관觀, 군群, 원怨'에 대한 풀이

'흥興, 관觀, 군群, 원怨'에 대한 풀이는 여러 가지 견해가 있다. 흥興은 시경 육의六義 중의 하나인 '흥興'으로 보아 '연상력'으로 풀이했고, '관觀'은 인정과 풍속을 살필 수 있는 능력으로 보았고, '군群'은 공동 작업을 할 수 있는 협동력으로 보았고, '원怨'은 위정자를 원망하고 풍자할 수 있는 능력이라는 뜻에서 '정의감'이라고 보았다.

17.13 子曰: 鄕原德之賊也.

선생님께서 말씀하셨다: 시비를 가리려 들지 않는 무골호인은 덕을 해치는 사람이다.

주註

○ '향원鄕原'은 '향원鄕愿'과 같아서 매사에 시비를 제대로 따지지 않고 주변사람들에게 영합함으로써 온 고을 사람들이 호인이라고 칭송하는 위선적인 사람을 가리킨다.

17.20 孺유悲欲見현孔子, 孔子辭以疾. 將命者出戶, 取瑟슬而歌, 使之聞之.

유비가 선생님을 뵈려고 찾아왔으나 선생님께서는 병을 핑계로 거절하셨다. 분부를 받든 사람이 선생님의 방에서 나가자마자 선생님은 슬瑟을 끌어당겨 타시면서 유비가 들을 수 있도록 큰 소리로 노래를 부르셨다.

주註

○ '유비孺悲'는 노나라 사람으로, 애공哀公이 그를 공자에게 보내어 상례

喪禮를 배우게 했다고 한다.

[깊이 읽기] 공자가 자신을 찾아온 유비를 만나주지 않은 이유

나를 찾아온 사람이라면 누구에게나 교육의 기회를 주어야 한다고 주장한 공자가 병을 구실로 자신을 찾아온 유비를 만나주지 않고 나서 노래를 불러 그것이 핑계였음을 알렸으니 이는 공자가 유비에게 무엇인가를 일깨워주기 위해서였을 것이다. 무엇인가가 무엇인지는 확실치 않다. 다만 공자가 직접 유비를 만나기에는 부적절한 무엇인가가 있었을 것이다. 『맹자·고자告子 하』에서 "가르치는 데에도 많은 방식이 있으니, 내가 탐탁하게 여기지 않아서 가르치지 않는다면 그 역시 가르치는 것이다"(教亦多術矣. 予不屑之教誨也者, 是亦教誨之而已矣)라고 한 것을 참고할 만하다.

19.3 子夏之門人, 問交於子張. 子張曰: 子夏云何? 對曰: 子夏曰, 可者與之, 其不可者拒之. 子張曰: 異乎吾所聞. "君子尊賢而容衆, 嘉善而矜不能." 我之大賢與, 於人何所不容? 我之不賢與, 人將拒我. 如之何其拒人也?

자하의 제자가 자장에게 교제에 필요한 마음가짐이 무엇인지 물었다. 자장이 말했다: 자네의 스승 자하는 무엇이라고 하던가? 그가 대답했다: 스승께서는 좋은 사람을 골라 교제하고 그렇지 못한 사람은 피하라고 했습니다. 자장이 말했다: 내가 선생님한테 들은 것과는 다르네. 선생님께서는 "제군들은 현자를 존경함과 동시에 대중을 포용하고 선인을 칭찬함과 동시에 부족한 인간을 가여워하라"고 가르치셨다. 만일 내가 대 현인이라면 어떤 사람이라도 포용하지 못할 리 없을 것이고, 만일 내가 어리석은 사람이라면 상대방에게 배척당할 것이다. 내가 어떻게 다른 사람을 거절할 수 있겠는가?

주註

○'其不可者拒之'의 '其'는 일반적인 사람을 가리키는 인칭대명사이다.

[깊이 읽기] 자하는 왜 자장과 견해를 달리 했을까?

자하의 제자가 자장에게 물은 것은 '교제'에 관한 것인데, 자장이 대답한 것은 '포용'에 대한 것이어서 자하와 자장의 견해가 다른 것처럼 되어버렸다. 자하의 제자가 자하에게 '포용'에 대해 물었다면 자장과 견해를 달리 하지 않았을 지도 모른다.

공자의 유산

(1) 인문학 위주의 교육관을 확립했다.

(2) 학문의 목적을 관료로 하는 가치관을 확립했다.

(3) 충효忠孝의 도덕관념이 자리를 잡으면서 '以德治國'이 중국의 의식형태가 되었다.

이와 같은 유산이 중국의 문화구조를 결정했다.

(1) 重文輕武와 重文輕理.

(2) 重當官, 輕産業.

(3) 重道德, 輕宗教.

공자는 현실 속에서 실패를 거듭하여 자신의 이상을 실현하는 것이 불가능하다는 것을 알면서도 좌절하지 않고 죽을 때까지 이상을 추구했던 사람이었다. 굳이 비유하자면 돈키호테 같은 인물이지만 다른 점은 자신의 이상을 실현하기 위해 죽을 때까지 제자를 양성했다. 따라서 우리는 공자의 인생경력과『논어』를 통해 그가 얼마나 감동적으로 자신과 제자들을 사랑했는지 알 수 있다.

'仁'이란 무엇인가?

『논어』에는 이에 대한 구체적인 설명이 없지만 정리해보면 다음과 같다.

〈顔淵〉 樊遲問仁. 子曰: 愛人. (사람을 사랑하는 것이다.) ⇨ '仁'은 기본적으로 '인간애'이다.

〈雍也〉 夫仁者, 己欲立而立人, 己欲達而達人. (인자는 자신이 일어서려고 할 때 남을 먼저 세워주고, 자신이 도달하려고 할 때 남을 먼저 도달하게 해준다.) ⇨ '仁'은 나보다 남을 먼저 생각하는 마음이다.

〈里仁〉 惟仁者, 能好人, 能惡人. (오직 어진 사람만이 좋아해야할 사람을 좋아하고 미워해야할 사람을 미워할 수 있다.) ⇨ '仁者'는 통찰력과 판단력을 지녀야 한다.

※'仁'은 사랑의 사회적 실천의 측면이 강조된 개념으로 보이며, 통찰력과 판단력을 기르기 위해 '學'과 '思'를 중시했다.

〈泰伯〉 子曰: 學如不及, 猶恐失之. (배움이란 영원히 따라가지 못할 듯한 것이며, 따라가도 놓쳐버릴 것만 같은 것이다.)

〈참고〉 '사랑'에 대해 여러 가지 정의가 있겠지만 "상대방의 행복을 통해 나의 행복을 이루겠다는 마음가짐"일 것이다. 그러나 상대방의 행복이 무엇인지, 어떻게 해야 상대방이 행복해질 수 있는지를 알아야 사랑을 실천할 수 있을 것이다. 우리는 누군가를 사랑하게 되면 그 사람에게 지대한 관심을 갖게 된다. 상대방의 행복에 관한 정보를 알기 위해서일 것이다.

그렇지만 정보를 아무리 많이 확보해도 정보를 제대로 처리할 수 있는 통찰력과 판단력이 뒷받침되지 않으면 사랑의 실천은 공허한 것이 될 것이다. 어떤 측면에서 보면 인문학은 "사랑의 실천을 위한 통찰력과 판단력을 기르는 훈련 과정"이라고 할 수 있다.

3

직업으로서의 인류학: 실천에서 실천으로

3 전경수[1]

직업으로서의 인류학: 실천에서 실천으로

〈요약〉

본고는 정년퇴임에 즈음한 저자의 자전적인 회고성 엣세이이다. 인류학이 하나의 직업으로서 인식되어야 하는 바탕에 관한 논의를 하기 위해서 학문이라는 문제를 화두로 시작하였다. '직업으로서의 인류학'이라는 명제는 새로운 비젼의 인류학을 지향하고 있지만, 그 방법은 전통적이고 전형적인 현지작업에 기초한 사실 발견에 있다는 점을 재확인하고 있다. 소위 과학적 방법의 소산물로서 지식이라는 것의 한계는 그것을 공유하는 사람들의 제한성에 발견된다. 지식을 생산한 사람들끼리만의 과학이라는 틀 속에서 진행되는 지식의 생산과 소비는 궁극적으로 지혜로부터 출발한 것이라는 인식을 확인하고 싶다. 인류학자가 현지작업을 통하여 발견하고 만들어내는 지식이라는 것은 주민들과 제보자들의 삶 속에 배태되어 있는 것이고, 그 삶이라는 것이 문화라고 이해해온 인류학적 틀을 재고한다면, 지혜로부터 문화의 모델이 등장한다고 말할 수 있다. 따라서 문

---

1. 中国 贵州省 贵阳市 花溪区 贵州大学 东盟研究院 全京秀

화를 논의하는 인류학은 근본적으로 사실에 입각한 현지작업에 기초한 것이고, 그 핵심은 인류학자가 생산하는 지식이 아니라 주민들의 삶으로부터 현현된 지혜라고 생각한다. 필자는 이러한 류의 인류학적 전개를 위하여 지혜인류학이라는 구도를 제안하는 바이다.

학문, 직업, 지혜인류학, 사실, 현지작업

서: 탈무드의 眞學問과 성리학의 僞學問

대학진학을 위한 정보도 없고, 아무 것도 모르고 망설이던 시절, 고등학교의 선생님들께선 나에게 육군사관학교로 진학하라는 강력한 권고가 있었는데, 그에 대해서 선고장께서 펄쩍 뛰시던 일이 생각난다. "우린 고향이 함경도라, 군인과 정치는 안 된다"고 강변하셨다. 나는 상과대학을 생각하였지만, 아버님께선 "굶어죽지 않는다. 학문을 해라" 하시면서 제안하신 대안이 "고고학"이었다. 그래서 문리과대학의 고고인류학과에 진학하게 되었다. 대학을 졸업해도 일자리가 없이 노는 룸펜들이 수두룩한 시절이었기에 대학을 "우골탑"이라고 조롱하던 시절이었다.

열심히 땅을 판 덕에 한 동기생은 나에게 "열성고고학"이란 별호까지 붙여주었다. 4년간 정말 열심히 땅을 파고 토기 파편들을 접착제로 붙이면서 도면을 그리고 돌아다녔지만, 졸업을 앞두고 남은 것은 회의뿐이었다. 내가 갈 길이 고고학은 아니라는 생각이 깊었다. 내가 공부가 모자라서, 학문이란 것의 기초에 대해서 잘 모른 결과의 회의였던 것 같다. 아버님을 설득하기 위해서 3년간의 군대시절이 흘러갔고, 나는 "죽은 사람보다는 산 사람에 대한 공부가 낫겠습니다. 죽은 사람은 아무리 물어도 대답을 하지 않습니다. 대답을 잘 하는 살아있는 사람에 대한 공부가 낫겠습니다"라고 대안을 내었고, 그렇게 해서 인류학 전공의 길을 걷게 되었다. 물론 이러한 과정에서 은사님들의 지도와 편달이 절대적으로 작용하였다.

학문으로는 밥 먹기가 어렵다는 인식이 팽배하였던 시절의 얘기다. 대학에서 연마한 공부를 배경으로 확실한 직업을 획득하는 것과 밥 먹는 것 사이에 무슨 상관관계가 있는 것인가? '학문–직업–밥'의 삼자가 구성하는 연결구도에 대한 검토로 본고를 시작하려고 한다. 간단한 문제부터 해결하는 것이 좋겠다. '직업–밥'의 연결에 관해서는 의문의 여지가 없다. 직업을 갖게 되면, 직업을 통해서 금전이 생길 것이고, 금전이 밥을 마련하는 기초가 된다. '학문–직업'의 구도는 어떤 성격인가? 이것은 지독히도 성리학적 사상에 기인한 것이라고 생각된다. 조선시대 성리학적 구도의 '학문'이란 것은 글을 읽는 것이고, 그것을 배경으로 과거급제를 통하여 입신양명이 가능하였기 때문에, 일단 입신양명의 길을 틀 수 있도록 하는 '학문'은 출세의 바탕이 되었던 문화적 배경을 읽을 수 있다. 입신양명이 칼 만하임류의 지식사회학에서 지적하는 일종의 被制約性gebundenheit을 구성하는 요소임에 틀림없다. 지나치게 흑백논리를 적용해서 죄송하긴 하지만, 그것은 일종의 僞學問이라고 말할 수밖에 없다. 그것은 탈무드에서 말하는 학문("학문은 내 몸을 장식하는 제목으로 생각하거나 먹고 살기 위한 수단으로 생각해서는 안 된다") 즉 眞學問과는 다른 차원임을 알 수 있다.

이러한 구도 속에서 바라보면, '학문–직업'은 확실한 연결고리를 형성하는 것이고, '학문–밥'도 연결이 가능하다. 그러나 압축적 근대화를 경험하면서, 학문의 의미는 변질되었다. 학문에는 입신양명이 가능한 학문이 있고, 그렇지 못한 학문의 분야도 있다는 것이 확인되었다. "학문이 밥 먹여주나?"는 의문에서 확인된 "밥"은 사실상 입신양명과 연결된 직업이란 것의 문제인 셈이다. 그런데, 그 질문에 회의적인 물음을 하게하는 "밥"은 입신양명과는 관계없는 분야의 학문을 지칭하고 있다는 생각이 든다.

성리학의 학문으로 물든 세계에 탈무드를 배경으로 한 학문이 근대라는 이름과 함께 수입된 지 어언 한 세기가 넘었다. 이제 분명 우리는 양자의 대결구도를 분명히 인식하고, 성리학類의 학문을 압도하는 탈무드類의 학문을 지향하는 입장을 분명히 해야 할 때가 온 것 같다. 위학문과 진학문을 구분해야 하는 과제가 우리 앞에 놓여 있다는 점을 명심하는 것이 이 땅에서 학문하는 사람들의 대전제가 되어야 한다고 생각한다.

고고인류학과를 비롯하여 문리과대학의 많은 전공분야들은 입신양명과는 관계없는 것들이었기 때문에, 문리과대학의 학생들이 입신양명을 위한 각종 고시공부에 매진하는 것도 60년대와 70년대 대학의 풍속도였고, 이러한 경향은 지금도 더욱더 강화되어 진행 중이다. 문리과대학 대부분의 학과들은 교직과정이수라는 것을 통하여 중등학교교원이 되는 방법도 있었으나, 고고인류학과에는 그것도 "해당무"였다. 선고장께서 대학 진학을 앞둔 나에게 "굶어죽지 않는다"라고 하신 말씀은 '학문을 해도 밥은 먹을 수 있다'는 자신감을 나에게 심어주신 것임에 분명하다. 그것이 탈무드류의 학문이었음을 새삼 느끼게 되고, 나는 그 말씀을 평생의 일념으로 공부라는 것을 하였다. 물론 당시 어른의 말씀에는 일말의 呪力까지 포함되었던 것이라고 생각한다. 학문을 해도 밥을 제대로 먹을 수 있기를 바라는 기원의 마음이 함께 실려 있었을 것이라고 생각된다. 결과적으로 입신양명을 전제로 하지 않은 학문을 해도 밥을 먹는 데는 지장이 없다는 점을 확인하고 싶다. 그리고 나도 지난 33년간 학생들에게 그 말씀을 되풀이하였다.

그러면, 학문(眞學問을 말함)이란 무엇인가? 그것이 무엇이길래, 그토록 많은 사람들이 연연하기도 하고, 기피하기도 하는 것인가? 학문은 우리의 삶에 어떤 중대한 준거틀의 내용을 담고 있는 것임에는 분명하다고 생각한다. 간략하게 "학문이란 무엇인가?"에 대해서 나의 생각을 정리하기로 한다. 교회도 정부도 거부하였던 톨스토이(Leo Tolstoy, 1828-1910)는 "학문은 이제 게으른 성찰에 대한 면허증으로 전락하고 말았다"〈인생이란 무엇인가〉라고 갈파하면서, "'과학을 위한 과학'이란 것은 불합리한 개념이다. 학문은 의미가 없다. 왜냐하면 그것은 우리에게 있어서 유일하게 중요한 문제인 다음과 같은 질문, 즉 '우리는 무엇을 해야 하는가?', '우리는 어떻게 살아야 하는가?'에 대해 어떤 대답도 주지 못하기 때문이다"라고 주장하였다(Poincare 1908: 16). 톨스토이의 反學問論을 넘어서서, 수학자 앙리 뽀엥까레(Henri Poincare, 1854-1912)는 "건전한 일, 인간을 보다 선량하게 하는 일을 저버리지 않도록 하기"(Poincare 1908: 26)를 학자들에게 주문하였다.

톨스토이의 질문은 "학문이 밥 먹여주나?"라는 질문과도 일맥상통하는 점이 있다. 짜르 시대 러시아의 인생살이에 대한 경험이 축적된 톨스토이의 입장도 이해할 수 있다. 그러나 막스 베버(1864-1920)와 톨스토이를 대립시키면, 학문을 대하는 두 가지 관점이 있다는 점을 인정하게 되는 것 같다. 그래서 베버류의 입장을 계승하는 나는 톨스토이의 도전적인 반학문 증언에 대해 감히 도전하고자 하며, 그 도전의 가능성이 인류학으로부터 실천될 수 있다는 점을 논의하고자 한다. 베버는 1917년 11월 7일 행한 〈직업으로서의 학문〉이란 기념비적 강연에서 서구의 근대화를 '합리화 및 세계의 탈주술화 과정'으로 풀이하는 지평 위에서 '학문하는 것'의 의미를 논한다. "학문은 오늘날에는 우리 자신에 대한 자각과 사실관계의 인식에 이바지하기 위해 전문적으로 행해지는 '직업'이지, 救援財와 계시를 주는 예견자나 예언자로부터 받는 은총의 선물이 아니며 또한 세계의 의미에 대한 현인과 철학자의 반성의 일부분도 아니다"(Weber 1917: 51)라고 하였다. 즉 학문이 초점을 맞추고 있는 것은 "사실관계의 인식"에 있으며, 그러한 인식에 입각한 "사회적 사실 social fact"이 에밀 뒤르껭(1858-1917)의 과제였음을 이해할 수 있다.

베버는 이 문제에 다가가기 위해서 '학자의 요건'(외적, 내적)을 차례로 따지고, 이어서 주지주의화, 혹은 합리화의 과정을 통해 마침내 "탈주술화Entzauberung된 세계"에서 학문 행위의 가치 혹은 의미는 무엇이냐는 문제로 나아간다. 베버는 직업으로서의 학문의 길을 가려는 당시 독일 학생들에게 그 길이 얼마나 험난한지를 두 가지 측면에서 말한다. 첫째는 학자의 길을 갈 때 감수해야만 하는 어려움, 즉 금권주의와 정치권력이라는 학문외적 상황이 제공하는 학문하기의 어려움을 말한다. 둘째는 근대에서 학문 자체가 처한 위기상황을 말한다(Weber 1917: 219). 학문 성취의 극은 가장 엄격한 전문화임에도 불구하고, 방법상 부적절한 과정을 통해서 전문화를 시도하게 되는 경향에 대한 프란츠 보아스(Boas 1919)의 저항을 되새길 필요가 있다. 제1차 세계대전 과정에 스파이 역할로 참전하였던 학자들의 행위에 대한 보아스의 경고와 보아스에 대한 "反아메리칸"이라는 애국주의적 낙인 과정이 학계를 뒤흔들었던 경험이 있다. 그러한 사상적 반성 위에서 막스 베버의 〈직업으로서의 학문〉이라는 강연이 이루어진 것이라고 이해해야 한다.

베버는 톨스토이를 통해 이 문제를 우회적으로 고찰한다. 톨스토이는 죽음이 더 이상 근대인에게 의미 있는 현상이 아니라고 말했다. 근대인은 진보의 과정 속에 편입되어있고, 진보 속에 있는 자 앞에는 계속 또 다른 진보가 놓여있게 된다. 누구도 자신의 죽음의 시점에서 스스로가 진보의 절정에 있다고 말할 수 없게 되면서, 근대인에게 죽음이란 삶에서 무의미한 사건이 되어 버렸다. 죽음이 의미가 없기 때문에 생활 자체도 의미가 없게 되는데, 생활이 스스로 무의미한 진보를 통해 죽음을 의미 없는 것으로 낙인찍는 것이다. 진보주의자로서 톨스토이의 한계는 분명해진다. 현실세계에서의 진보보다는 현실세계의 현상과 그 현상에 대한 이해verstehen가 합리성과 탈주술화의 추구양식이라고 생각하였던 베버는 확실히 톨스토이보다 한 걸음 더 나아갔음을 알 수 있다. 베버는 학문의 연구 결과가 '알 가치가 있다'는 의미에서 중요하다고 보는 전제가 일종의 '선택'의 문제라는 점을 강조한다(Weber 1917: 226). "선택"이란 학문 과정을 통해서 획득

가능한 지식을 지칭하는 것이라고 생각된다. 칼 만하임의 지식사회학이 사상적 뿌리를 두고 있는 베버의 존재를 발견하게 된다.

"탈주술화된 세계"를 위한 '선택'은 '실천'의 바로 전 단계를 말한다. '선택'으로서의 지식이 위치하는 다음 단계의 실천은 어떤 것이어야 하는가? 나는 이것이 지혜라고 생각한다. 클리퍼드 기어츠에 의해서 "지방적 지식local knowledge"이라고 풀이되었던 살아가는 방식으로서의 지혜는 근본적으로 실천이라는 장르의 소산물이다. 바닷가에서 살아가는 방식으로서의 지혜, 사막에서 살아가는 방식으로서의 지혜, 툰드라에서 살아가는 방식으로서의 지혜, 치료를 위해서 초자연과 대화를 하는 방식으로서의 지혜, 이 모든 지혜들이 과학을 한다는 사람들의 "과학적 지식"에 대해서 "지방적 지식"으로 탈바꿈하는 과정에서 실천이 삭제되어 버렸음을 알 수 있다. 환언하면, 살아가는 방식으로서의 지혜가 과학화되는 과정에서 실천이 누락되었음을 알 수 있다. 이 대목에서 과학화의 과정은 누구를 위한 것인가? 라는 질문을 하지 않을 수 없다. 지혜의 재발견이 이 질문에 대한 해답을 제공할 수 있다고 생각한다. 인류학자들의 도전이 기다리고 있는 지점이다. 인류학자가 진행하는 작업과정에 필연적으로 등장하는 구도를 생각해볼 필요가 있다.

인류학자라는 연구자와 대상으로서의 제보자 사이의 차이는 무엇인가? 연구자가 지혜의 소유자인 제보자로부터 획득한 지혜를 과학화하는 과정을 거치면서 과학적 지식이 생산되었다는 점을 우리는 잘 알고 있다. 실천적인 지혜로부터 연구자가 선택하는 과정에서 실천이 사라지면서 과학적 지식이 생산된 결과물의 하나를 우리는 논문이라고 한다. 이러한 과정에서 연구자와 제보자 사이에는 어떤 본질적인 차이가 있는가? 레비-스트로스가 구조의 개념을 구성하는 과정에 지층구조를 동원하였던 사실이 있다. 레비-스트로스가 관심을 가졌던 지층이라는 구조는 정적인 상태의 인식에 기반하고 있지만, 나의 논의는 동적인 상태의 지층과 지질을 생각한다.

암석을 분석하는 지질학자가 지하로부터 획득한 암석을 실험실로 가지고 들어가서 분석이라는 과정을 통하여 획득해온 암석에 대한 지식을 축적하는 과정을 우리는 연구라고 말할 수 있다. 암석이 지하에 매장되어 있을 때에 그 암석은 토양을 생산하고 물과의 결합을 통해서 지구적 과정의 실천을 하고 있는데, 그 암석을 지질학자가 실험실로 이동시키는 과정의 과학화를 경유하면서 실천이라는 맥락으로부터 유리되는 경험을 하고 있음에 대해서 인식할 수 있다. 과학화를 통과한 암석에 대한 지질학적 지식이 산업이라는 과정으로 이전되면서, 또 다른 실천이 이루어질 수 있는 근거를 마련하는데 지질학자의 기여를 생각하게 된다. 과학화의 과정에서 잠시 중단되었던 실천이 재현되는 지질학적 과정을 보면서, 나는 인류학적 과정의 문제점에 대해서 생각하게 된다. 레비-스트로스의 구조인류학이 제보자에 대해서는 일언반구도 없는 이유를 알 수 있다.

인류학의 과제: 文化라는 事實

논리적 사고의 표현인 글쓰기에 동원되는 용어로서 "六何原則"이 있다. "누가, 무엇, 언제, 어디서, 어떻게, 왜"라는 여섯 가지의 질문을 정리하는 것이 논리적 글쓰기의 기본이라는 생각이 지배하고 있다. "누가?"는 문장의 주체를 이름이고, "무엇?"은 문장의 객체를 말한다. 모든 질문은 그 질문으로서의 완결성을 "왜?"에 두어야 한다. "왜?"가 논리적 사고의 종결이라는 점을 선행시킨 다음에, 주체와 객체 사이의 관계를 설정하는 방식의 전개가 다음에 이어지는 세 가지의 질문들이다. 단순한 설명이 허락된다면, 주체와 객체 사이의 관계를 "언제?"에 집중하여 사고를 하는 사람들이 역사학자들이고, 그 관계를 "어디서?"에 집중하는 사람들이 지리학자들이라고 생각한다. 그에 대해서 인류학적 사고의 논리는 "어떻게?"라는 질문에 집중한다고 생각한다. "어떻게?"라는 것을 어떻게 생각해야 하는가? "어떻게?"라는 질문은 인간관계의 전개과정을 구체적으로 나열하는 방식으로 해답을 구할 수 있다. 이러한 차원에서 본다면, 사회학자도 정치학자도 심리학자도 경제학자도 모두 "어떻게?"라는 질문을 어떻게 해결할 것인가에 대하여 고민을 하는 사람들이다. 그리고 우리 모두는(학자들은) 구체적으로 나열된 인간관계의 전개방식이 "왜?" 나타나게 되었는가 하는 질문을 풀어내는 작업에 몰입하게 된다.

인류학사에 전개된 전제에는 식민주의라는 현상이 있다. 이것은 인류학이라는 학문의 학문적 특수성으로 자리 잡았다. 탄압과 착취 그리고 점령이라는 과정의 말단에서 시작한 인류학이라는 학문은 그 자체가 "제국주의의 사생아"라는 별명을 얻기도 하였다. 인류학은 학문이라는 탈을 쓰고 적극적인 전쟁협력도 경험하였다. 환언하면, 학문이라는 탈의 내연 확장 인류학응용과 학문이라는 탈의 외연 확장 지역연구이 인류학 속에서 전개되었음은 부정할 수 없는 인류학사의 내용이다. 인류학적 방법론 특히 현지작업을 통한 자료 구성의 핵심적인 방법론으로서 자리를 잡은 "자성 reflexivity이라는 것은 자신을 스스로 돌아보는 것 즉 자기조회 self-reference의 과정이라고 말할 수 있다. 사회적인 연구의 맥락에서 자성은 연구 생산물이 연구자와 연구수행과정에 의해서 영향을 받는 문제들을 가장 즉각적이고 명백한 수준에서 조회해보는 것이다"(Davis 1999: 4). 자성은 과거의 인류학을 미래로 이전시키는 축으로서 작동하고 있으며, 퓨전과 무경계의 상황이 전개되는 과정에서 "學"의 경계를 짓는 "門"을 벗어나는 인류학에 대하여 선봉의 채찍을 들이대고 있다. 이러한 분위기에 조우하기 위한 인류학의 중심 개념인 "문화"에 대한 자성도 요구된다.

사실상 문화개념은 인류학이란 하나의 학문이 독점하기에는 너무나 크다는 점도 인정해야 한다. 그래서 우리는 반복적으로 "왜"라는 질문을 되풀이한다. 문화란 인류학자들이 그려낸 사실의 모델이기 때문에, "왜, 문화를 이해하는가?"를 반복하게 되며, 그렇게 하는 것이 당연하다고 생각된다. "왜, 문화를 이해하는가?"에 대한 과거의 질문에 대한 해답은 궁극적으로 관리management에 자리를 잡고 있었다고 요약된다. 문화차이를 어떻게 관리할 것인가 하는 것이 과거 문화론의 핵심이었음을 부정할 수 없다. 그 질문과 해답의 원류는 진실로 식민주의와 제국주의에 뿌리를 두고 있었다. 인류학이란 학문이 시작하는 시대적 배경으로부터 잉태된 질문의 틀이 그대로 전승되고 있는 것이다. 씻어도 씻어도 앙금처럼 남아있는 인류학이란 학문의 원죄인 제국주의적이고 식민주의적 사상으로부터 탈각하지 않는 한 인류학은 미래가 없다. 진정한 인간의 모습을 보고자 하는 학문이 정립되는 순간 과거의 인류학은 퇴출될 수밖에 없다.

이제 인류학이 전개해야할 미래의 문화론은 어떤 것이어야 하는가? "왜 문화를 이해해야 하는가?"의 질문에 대한 답은 共生commensalism이라고 생각한다. 모두가 함께 살아가기 위해서 문화를 이해한다는 것이 인류학의 궁극적인 목적으로 자리 잡지 않으면, 인류학은 그 소명을 다 할 수 없게 될 것이다. "모두"라는 영역은 환경을 구성하는 분야에까지 확대되기를 요구한다. 열역학의 제1법칙과 제2법칙이 지배하는 영역 내에서, 사실이라는 현상을 바라보는 모델로서의 문화 개념을 주축으로 한 인류학이 기여해야 하고 기여할 수 있는 방향은 공생이라고 생각된다.

제국주의의 질곡 속에서 어렵사리 살아온 이 땅의 사람들이 공생을 언급하는 것이 하나의 사치로 들릴 수도 있다. 제국주의와 식민지배의 반동작용으로 강력한 민족주의를 표방하는 한국 사회에서 공생을 앞세운 인류학을 한다는 것은 메아리 없는 허공의 외침일 수도 있다. 뼈저리게 당한 만큼 되갚음을 하지 않으면 살아남기 힘든 극한의 경쟁 속에서, 그리고 냉전이 사라진 21세기 지구촌에서 유일하게 냉전구도가 남아있는 한반도의 상황을 직시하면, 공생은 공허한 허상으로 들릴 수도 있다.

그러나 "百見而不與一行"을 기본정신으로 하여 터득한 觀問參與(後註 1)의 인류학적 방법을 생각한다면, 얘기는 달라질 수밖에 없고, 달라져야 하는 이야기의 발신지는 한반도일 수 있다는 생각이 든다. 줄곧 가진 자의 입장만을 취한 사람들은 가져보지 못한 사람의 입장을 이해함에 있어서 한계가 있다. 당해본 자만이 당해본 자의 입장을 이해하게 된다. 제삼세계의 구렁텅이에서 튀쳐나온 성공신화를 달성한 한반도의 사람들은 당해본 자의 입장과 그 반대의 입장 양쪽을 어느 정도는 겸비하고 있다. 여태까지 당했으니, 이제 당한 만큼 앙갚음을 해보자는 식으로는 뽀엥까레의 주문을 수행할 수가 없다. 단일민족신화라는 사상감옥에 갇혀서는 결코 사실을 볼 수가 없다.

에드워드 타일러 이래 인류학자들에 의해서 창안되었던 "primitive"의 구도로는 더 이상 인류학 하기가 어려운 입장에 놓여있음을 우리는 실감하고 있다. 냉전이 해소되고 글로벌 상황에 돌입하면서, 내부의 문제가 복잡해지고, 그에 대한 요구로 인류학이 변신할 수 있는 기회가 도래하였다는 생각이 든다. 지금 우리의 동료들은 국제적 이주와 노동이동, 국제적 혼인, 상품과 경영의 국제화 차원에서 에쓰노그래피 작성을 위한 작업들을 하고 있고, 경계가 없는 삶의 전방위적 모습을 그려내려는 노력들을 하고 있다. 빈곤지역의 구제활동에 참여하는 인류학자들이 있는가 하면, 지구환경 차원의 생태학적 문제를 해결하려는 작업에 동참하는 인류학들이 있다. 보건과 의료 분야의 욕구 확장은 점점 더 인류학자들의 적극적 참여를 기대하고 있다. 또 다른 한편에서는 전장에 동원되어 정보수집의 전선에서 활약하는 인류학자들이 미국 중앙정보국의 HTS Human Terrain System 이라는 프로그램에 의해서 고용되고 있는 현실도 외면할 수 없다.

다양한 삶의 모습을 그려내는 것을 목적으로 하였던 민족학적인 입장의 평면성이 복잡다단한 삶의 입체성에 의해서 재조명되는 과정에서 나온 진정한 반성이 말리노브스키의 트로브리안드 에쓰노그래피에 대한 재발견과 그것을 계승한 클리퍼드 기어츠류의 "real people doing real things"(Geertz 1973)라는 표현이라고 생각한다. "real people"과 "real things"가 배경으로 하고 있는 것은 뒤르껭류의 事實이며, 인류학이 존재해야 하는 진정한 이유를 묻는 비수에 대해서 즉답으로 나와야 하는 것은 사실에 근거한 문화론이라고 생각한다.

플라톤의 '동굴벽 그림자'는 인류학의 대상인 "참된 실재가 꿈틀거리는 생활"을 대신할 수 없다. '동굴벽 그림자'의 비유가 내포하고 있는 문제점을 지적하는 인류학자는 "real people doing real things"를 표현하기 위하여 삶의 실재에 참여하는 현지작업의 실천을 수행한다. 실험실로서의 "field"가 아니라 "참된 실재가 꿈틀거리는 생활"의 현장이라는 차원의 "field"를 선택하는 것이 인류학자의 직업이다. "참된 실재"와 조우할 수 있는 기회를 포착한다는 점에서 현지작업은 천우신조적serendipitious이라는 점을 명심하게 된다. 그렇기 때문에 인류학자의 현지작업은 대표성이라는 문제보다는 전형성을 추구하게 되며, 전형성을 추구하는 점에 대해서 자신감을 가지는 것이 중요하다.

현지작업fieldwork의 재발견

"인류학은 인간의 생활과 그 생활이 내포하고 있는 문화들, 사람들, 습관들에 대해서 알고, 이해하고, 가치를 부여하기 위한 모든 기회 제공을 직업으로 한다"(Schafft 2004: 253). 그러한 활동을 하는 장이 대학이 되었든 무역회사가 되었든 국회가 되었든 아니면 협동농장이 되었든 그 장소는 문제가 되지 않는다. 인류학을 전공한 젊은이들이 국제기구로부터 시작해서 기업 그리고 관공서에 이르기까지 광범위한 조직에서 인류학적 아이디어를 실천하는 세상이 현재의 지구촌이라는 점을 확인할 필요가 있다.

방송사의 직원으로서 근무하는 인류학자에 의해서 다큐멘타리를 만드는 일도 진행되고 있고, 빈민촌에 들어가서 아동교육에 헌신하는 인류학자도 있다. 인류학자가 실천하는 장은 삶이라는 점을 다시 한 번 재확인할 수 있다. 한국사회 내부에 형성되어 가고 있는 타자의 문제와 그에 대한 인식차원의 지적변화, 이에 대한 인식의 변화가 밥그릇의 원천이 된다. 따라서 문화이해가 관리를 위한 수단이 되어서는 곤란하며, 공생을 지향하는 이념으로서의 문화 개념이 정립되어야 함을 역설하고자 한다.

약 40년 전에 작고한 사회학자 오갑환 교수는 "사회학이 추구하는 바는 인간적 제약이 허용하는 한도 내에서 최대한의 순수한 지각행위를 하는 것이다. 훌륭한 첩자는 실재하는 현상을 보고한다. …그런 의미에서 사회학자는 일종의 첩자라고 할 수 있다. 사회학자의 할 일이란 사회현상에 관한 정확한 보고를 하는 일이다"(오갑환 2012. 10. 5: 852)라고 주장하였다. 나는 오 교수가 언급한 "사회학자"라는 자리에 인류학자를 대입시켜도 무방하다고 생각하며, "정확한 보고" 즉 사실을 알아내기 위한 인류학자의 현지작업은 한 치의 소홀함이 있어서도 안 된다는 점을 역설하고자 한다. "인류학적"이라는 정체성을 구현하기 위한 최대의 무기이자 최후의 보루가 현지작업임을 재삼 강조하는 것은 아무리 강조해도 지나치지 않는다. 그것은 문화인류학뿐만이 아니라 다른 하위분야인 체질인류학과 고고학에서도 마찬가지로 적용되어야 한다.

제보자주민의 지혜로부터 인류학자의 선택에 의해서 지식으로 전환된 과정의 역방향을 생각하고 싶다. 학자가 생산한 지식으로부터 지혜로의 환원 구도를 생각하는 것이 근본적으로 실천을 해결하는 해답이 된다고 생각한다. 지질학자와 암석의 관계를 인류학자와 제보자의 관계로 치환하는 것은 불가능하다. 왜냐하면, '지질학자=암석'의 구도는 존재가 불가능하지만, '인류학자=제보자'의 구도는 항상 어디에서나 가능하다. 인류학자가 제보자의 위치에서 역할을 할 수도 있고, 제보자가 인류학자의 역할을 담당할 수도 있다. 따라서 지혜로부터 전환된 지식은 언제든지 다시 지혜로 환원될 수도 있고, 환원되지 않으면 안 되는 경우도 발생할 수 있다. 살아가는 방식으로서의 지혜에 내재되어 있는 실천성praxis이 항상 지식의 배경에 도사리고 있음에 대한 이해가 지식에 대한 이해의 과제였음을 알 수 있고, 그것이 베버의 "이해verstehen" 개념이 영어의 "understanding"을 초월하고 있음을 증언한다. 지혜란 궁극적으로 살아남기를 목적으로 하여 축적된 긴 시간과 실천이 담긴 실체라는 점에서 지식과는 다른 차원의 문제라고 지적할 수 있다.

나의 친구는 대만의 원자력발전소에서 나온 핵폐기물이 란유蘭嶼라는 조그만 섬의 폐기장에서 녹아내리면서 섬주민인 야미Yami들의 건강과 생명을 위협하는 과정의 연구를 하고 있다. 녹아내린 세슘과 같은 방사능 물질이 쿠로시오黑潮 난류를 타고 북상하는 자연 조건에 부합되면, 오키나와와 큐슈 그리고 제주도와 한반도는 자연스럽게 대만 핵폐기물의 영향을 받을 수밖에 없다. 조그만 섬 사람들의 일상생활을 연구하는 인류학자는 더 이상 고립된 섬의 생활에만 안주할 수 없는 전지구적 상황에 직면함을 외면할 수 없다. 국가권력과 거대자본의 유착구도에 대항하는 실천이라는 문제를 심각하게 생각하지 않으면 안 되는 상황에 직면한 인류학자의 고민은 실천의 방식에 있다고 생각한다. 선택에 안주할 수 없는 위험사회의 요인이 증가하는 상황에서 인류학자의 선택은 선택의 차원을 넘어서 실천에 이미 돌입되었다는 점을 이해하지 않으면 안 된다. 그 실천은 근본적으로 인간의 문제를 고민하는 지혜로부터 시작되고, 실천의 동력을 지혜로부터 얻을 수 있다고 생각한다. 제삼의 선택은 없으며, 선택으로부터 발생한 지식은 이 차원을 감당하기 불가능하다. 유일한 대안은 살아남은 결과를 실천 그 자체로서 보여준 지혜일 수밖에 없다. 인류사의 전개과정에서 장구한 進化의 시간이 그것을 대변하기에 충분한 증거라고 생각한다.

"넓고 긴 역사적 간극에서 본다면, 솔 탁스Sol Tax의 행동주의자적 인류학은 프란츠 보아스의 문화전쟁*Kulturkampf*' 으로서의 인류학, 또는 보다 더 멀게는, 에드워드 타일러가 지향하였던 민족학에 대한 '개혁적 과학'을 공명하는 셈이다"(Stocking 1995a: xiv, 370). 즉 인류학은 개혁적 과학이라고 말할 수 있으며, 인류학자의 직업은 기본적으로 개혁적 성향을 구비해야함을 예시하고 있다. 스탁킹에게 묻고 싶다. 그러면 개혁은 무엇으로 할 수 있는가? 개혁으로 개혁할 수는 없지 않은가? 대상이 무엇이든지 간에 개혁이라는 힘을 발휘하기 위해서는 어떤 도구의 동원이 가능한가? 그 개혁이 가능한 장이 삶이고, 인류학자의 앞에는 삶이 현지작업의 대상으로 존재한다.

이제 한 막을 내려야 하는 마당에 인류학을 위한 반성과 변명을 해야겠다. 먹고 사는 문제에 연연했던 시절에 학문이라는 것을 직업으로 선택했던 명분은 그야말로 명분을 위한 명분이었다. 소위 순수학문을 한다는 위세인지 객기인지도 어느 정도 작용하였다고 생각되지만, 그것은 상당히 부풀어진 가식이기도 하였다. 그래서 막걸리의 취함으로 정지용의 〈白鹿潭〉을 되뇌이면서 허세를 잊으려는 또 다른 허세를 부린 적도 있었다.

세상도 변하고, 삶의 양식도 변했다. 십년이면 강산도 변한다고 했는데, 네 번이나 변한 강산인 셈이다. 그동안 우리의 삶에 가장 큰 변화를 가져온 부분이 국제화라고나 할까 세계화라고나 할까. 이 변화의 부분을 인류학과 접목시키면 '직업으로서의 인류학'이라는 구도를 만들어낼 수 있다는 자신감이 생긴다. 지난 40년 동안 그것은 항상 가능성으로만 존재한다고 믿었다. 영원한 가능성으로만 존재하는 것은 사실 허망하기도 한 것이지. 그런데, 이제 와서 보니, 그것은 나도 모르는 사이에 하나의 현실이 되어 있다는 것을 알게 되었다.

미국유학 시절, 하루는 지도교수를 만나려고 면담시간을 넘어서 기다리고 있는데, 그분이 느즈막히 나타나셨다. 하시는 말씀이 "심리학자를 만나고 오느라고 늦었다"고 했다. 나는 연구주제와 관련된 만남이려니 생각을 했는데, 그것이 아니고, 아침에 일어나서 기분이 좀 좋지 않았기 때문에 심리학자와 상담을 하고 왔다고. 물론 상담을 했으니, 일정량의 대금도 지불하였다고 했다. 그때부터 나는 심리학은 그렇게 하는 학문이라고 생각하게 되었고, '직업으로서의 심리학'은 당연한 것으로 여겼다. 친구들 중에 경영컨설팅으로 먹고 사는 경우가 있다. 경영학이 직업인 셈이다. 건축학이 직업인 것처럼 인류학도 직업인 현실 속에 우리는 살고 있다. 근자에 소식을 듣자니, 서울대학교병원은 아랍세계의 병원을 수주하여 경영해야 하는 과정에 돌입했다고 한다. 과연 아랍 문화를 제대로 알지 못한 상태에서 진료가 가능할까? 여성 환자에 대해서 남성 의료진이 어떻게 대해야하는지에 대한 기본적인 문화적 차이를 간과한 상태에서 진료 행위가 가능할까? 자칫 잘 못 하면, 죽어가는 사람 살려놓고 감옥에 가야 하는 일이 발생할 경우가 생길 수 있다. 진료 행위의 선행 조건으로서 존재하는 문화이해의 문제에 대해서 병원 경영자들은 심각한 고민에 빠지게 될 것이다. 그러한 문제의식조차 없다면, 아예 언급할 가치도 없다.

인류학이 직업이다. 국제화와 세계화가 진행되고 있는 상황에서, 문화차이가 발생하는 곳이라면, 문화차이가 현안문제가 되어 있는 현장이라면, 어느 곳에서든지 인류학자에게 컨설팅을 받아야 하는 상황 속에서 우리는 살고 있다. 인류학을 공부한 사람이 인생살이에 적극적으로 기여할 수 있는 방안이 문화차이에 대한 문제의식의 확인과 그로 인한 인생살이의 폐해를 줄이는 해결사의 역할을 해야 하는 시대가 이미 도래하였다. 소위 "다문화"라는 용어로 다가온 우리의 삶에 인류학자가 다가서지 않으면 안 되는 상황이 되었다. 동시통역사가 필요하게 된 것과 마찬가지로 어떤 이름으로든 인류학 전공자가 역할을 해야 할 현장이 이미 등장하였다. 그 이름이 '문화통역사'이든, '문화소통사'이든, '다문화컨설턴트'이든. 인류학 전공자가 개척하지 않으면 안 되는 일상생활이 우리 앞에 이미 전개되어 있다.

유감스러운 일이지만, 대학교수라는 기득권자들이 안주하는 경향이 누적되면서, '감이 떨어져서 입안에 들어오기를 기다리는' 멍청한 일이 진행되고 있음도 부인할 수 없다. 더 이상 수동적인 자세는 용납되지 않는다. 인류학자는 삶의 현장이라는 그 어떤 곳에라도 적극적으로 뛰어들어야 하는 정신으로 무장해야 한다. 토속지에쓰노그래피 작성을 위해서 현지연구를 하던 그 방법은 일상적인 삶의 현장에 그대로 적용되기를 기다리고 있다. '지역이 학교이고, 주민이 교사'라는 정신으로 삶의 현장에 나아간다면, '직업으로서의 인류학'은 실천되는 것이다.

지혜의 재발견

우리가 모두 공부한답시고 뒤집어쓴 격식들이 얼마나 많은가? 박사가 그 격식을 쫓아다닌 증명서의 하나라고 생각된다. 선비께서 생존 시에 저에게 이런 말씀을 하셨다. "박사를 했으면 됐지. 왜, 또 밤샘이냐?", "(아버님을 향하여) 여보, 당신 말 따라 하다가 애 잡게 됐어요." 어머님께서는 나의 행동거지가 안쓰러워서 그런 말씀을 푸념삼아 하신 것임에 분명하지만, 그 이면에는 벗겨도 벗겨도 감출 수밖에 없는 냉소가 자리하고 있다는 생각을 하게 되었다. 어머님께서도 당신의 그 푸념이 결코 냉소일 수 있다는 가능성을 전혀 생각지도 못하는데 문제의 심각성이 더욱더 크지 않을까? 알아듣지도 못하는 꼬부랑말을 하나도 아니고 몇 개씩 주워섬기면서, 여기 쑤시고 저기 쑤시고 돌아다니며, 공부한답시고 하는 것이 도대체 무슨 짓을 하고 있는 것이냐? 해가 서쪽에서라도 뜰 듯이 휘돌아 친 인생이 환갑 앞두고도 고작 그것이냐? 이런 냉소가 아닐까?

나는 사회과학은 존재하지 않는다고 믿는다. 예전에 학문이라는 영역에 과학과 인문학의 두 범주만 있었다. 물론 해방직후 서울대학교가 '국립'으로 개업할 당시 문리과대학이 3학부로 나뉘면서 "사회과학부"라는 것이 존재하였던 흔적이 문서로 남아 있다(전경수 1999). 그리고 1975년 서울대학교는 종합화라는 이름의 실험대학으로서 "사회과학대학"이란 것을 도입하였는데, 실험의 과정과 결과도 보지 않고 전국적으로 "사회과학대학"이란 것이 우후죽순으로 돋아난 것이 이 땅에서 전개된 대학실험의 과정이다. 말만 실험대학이지, 제대로 실험도 하지 않고, 먼저 안착해버린 것이 "사회과학"이라는 단어라고 생각할 수밖에 없다. 이제는 제대로 실험을 해볼 기회마저 박탈당하고 만 셈이다.

사회과학이란 놈은 박쥐같은 놈이라고 생각한다. 새도 아니고, 쥐도 아닌 박쥐를 연상해보자. 과학의 전유물인 계량이라는 수단으로 해결할 수 없는 사람의 문제에 대해서 과학적 방법으로 풀어보겠다고 나선 것이 사회과학이라고 생각된다. 사실, 사람을 상대로 하여 무엇을 알아낸다는 것 자체가 알량한 짓이라는 생각을 완전히 배격할 수도 없다. 계량으로 하면 사람도 모조리 실험실과 비이커 속에 가둘 수 있다고 시작한 것이 사회과학이 아닌가? 사실 그렇게 할 수 있다고 하더라도 하지 말아야할 것을 이미 저질러 버린 자들이 사회과학자들 아닌가? 그렇게 할 수도 없으면서 그렇게 할 수 있다고 덤벼들고 있는 사람들이 사회과학자들이라는 것은 다 아는 사실 아닌가? 특히 정책 쪽에 줄 선 사회과학자들이 더욱더 그러한 성향을 보이고 있음은 외면할 수가 없다.

사회과학이라는 놈이 목소리를 높이기 시작하니까, 약삭빠른 자들이 과학을 '자연과학'으로 만들어 버리고 말았다. 과학이면 과학이지. 자연과학이 무슨 개뼈다귀 같은 소리인가? 자연이란 것을 어떻게 구획해 낼 수 있는가? 자연의 소리? 계곡에서 들리는 물소리, 이것은 자연인가? 예술인가? 쏘프라노 조수미의 목소리를 듣는 당신의 귀는 자연을 듣고 있는가? 예술의 영역에 들어가 있는가? 눈으로 보는 쪽빛의 빛깔은 예술의 길로 가고 있는가? 자연의 길로 가고 있는가? 만들어진 자연이란 틀이 혼돈의 주범인 셈이다. 왜, 예술과학이라는 말을 안 하는지 모르겠다. 아예 "과학"에 물든 자들이 인문학까지 싸잡아서 과학화하는데 열들을 올린다. "인문과학"? 환장해도 유분수지. 하여튼 말 좀 한다는 자들이 모여서 사람 사는 틀을 모조리 뒤 흔들어 놓은 것이다. 틀이 흔들리니 사람이 제정신을 차릴 수가 있을까? 모두 돌아버려서 어느 한구석 조용한데가 없다. 가짜가 설치니 세상에 조용한 구석이 없다.

메트로놈으로 측정해내면 그것은 과학이고, 눈을 지그시 감고 감상을 하면 그것은 예술인가? 이런 식으로 주변의 현상을 인식하는 것이 옳다고 주장하는 사람들이 옹립해놓은 것의 일부가 '지식사회학'이라는 틀일 것이다. 그럴듯한 말로 '존재'와 '가치'라는 인식론상의 틀을 정해놓고, 갈래치기를 하는 것이다. 그 틀 속에 들어간 먹물들끼리는 그렇게 해서 통하는지 몰라도, 대부분의 사람들은 그러한 틀과는 상관없이 살아간다. 문제는 그러한 틀을 정치가들을 꼬드겨서 온 동네로 퍼지게 함으로서, 모두가 잘 모르는 틀에 힘을 실어주어서 한쪽으로 모는 것이다. 무엇인지 잘 모르는 틀이 엄습하게 되면서 삶은 힘들어진다. 칼 만하임이 만들어낸 그 지식사회학이라는 모델이 시작하는 출발점에 대해서 나는 문제제기를 하고 싶다. 일단 그 모델 속으로 들어가면 문제는 없어 보인다. 그 모델이 지정한 코스로만 가면 되는데, 사실상 그 모델이 지정한 코스로 가는 것도 그쪽과 코드가 맞는 훈련이 필요한 것이다. 그러니, 그러한 훈련을 경험하지 못한 대부분의 사람들은 그 모델과는 상관없이 살아간다고 생각하는 것이다.

만하임이 '발명'해낸 그 지식knowledge, 그것이 현상으로부터 분리가 가능한 것인가? 분리가 가능하다는 전제에서 지식사회학의 틀은 시작하는 것 아닌가? 인식론이라는 얘기다. 그런데, 미안하지만, 나는 그 지식이라는 것이 딛고 있는 현상으로부터 그 지식은 분리불가하다는 생각을 한다.

그렇게 시작하는 지식은 개별화이다. 지식사회학자가 발명해낸 지식이다. 대단하다. 정말로. 그러나 나는 그 지식 발명의 출발점에 사기극이 개입되었다고 생각한다. 현상으로부터 분리 불가능한 것을 분리해내기 위해서 지식이라는 틀을 가공한 것이라고 생각한다. 그 현상은 무엇인가? 인류학자가 관심 있는 현상은 사람들의 삶이다. 삶으로부터 지식이 분리가능한가? 아니다. 불가능하다.

예를 하나 들어보자. 동아시아의 오랜 전통 속에서 나타난 현상들 중의 하나로서 '풍수'라는 것이 있다. 그것은 동아시아 사람들의 삶이라는 현상이다(Yoon 2006). 어느 산골로 다니다보면, '동수'라는 것이 마을마다 있다. 마을 앞이 허하기 때문에 나무를 심어서 좀 앞가림을 해야 사람이 살 수 있는 동네를 지킬 수 있다는 얘기이다. 오랜 동안 그러한 곳에 살아온 사람들의 경험이 축적된 결과로 만들어진 것이다. '동수'나 '풍수'는 지식인가? 아니다. 축적된 경험의 결과로 형성된 삶이란 현상이다. 우리는 그러한 경우에 대해서 지혜wisdom라고 이름해 왔다. 지식이란 것이 삶의 현상으로부터 분리되어 나온 개별적이고 분석적인 모형이라면, 지혜라는 것은 삶의 현상을 재현해내는 집단적이고 총체적인 모형이라고 생각한다. 지혜의 근저에는 실천이라는 과정이 개입되어 있음을 알 수 있다. 인간을 지칭하는 단어로 '호모 사피엔스'라고 있다. 사람에 대해서 총체적인 지칭으로서 '지혜로운'이라는 형용사를 붙여준 것의 의미를 생각해볼 필요가 있다.

'동수'에 얽힌 얘기를 들은 사람이 그 속에 담긴 '과학적' 지식을 발견해 내는 순간, '동수'는 이미 과학이라는 신화가 부여해둔 미신이라는 딱지로부터 홀가분해진다. '풍수'도 마찬가지고, '침'도 마찬가지의 지위 변동의 경험을 하고 있는 중이다. 내가 여기서 알량하게 자민족중심주의를 펴거나 소위 동양문화우수론을 주장하자는 것이 아니다. 만약 그렇게 하면, 인류학자로서는 제로일 수밖에. 이러한 종류의 지혜들은 사람이 살아온 곳에서는 무수히 많이 존재하였다. 에스키모에도, 아마존에도, 마사이 마라에도…. 내가 동아프리카의 마사이 동네에서 살아본 적이 있다. 1995년 여름이었다. 그때 나이로비에서 몸바사로 나가는 고속도로를 질주하다가 엄청난 탱크롤리에 받혀서 저승 갔다 온 적도 생각난다.

그쪽 사람들은 소가 없으면 인생이 없어진다. 모든 것은 소로부터 나온다. 그 시절 마사이 동네에서 나는 소오줌으로 아침에 가글을 했다. 건기이기 때문에 물이 없는 곳이다. 소오줌으로 머리와 얼굴을 뒤집어쓰면 그것이 세수이고 샤워였다. 사실 그래야 진드기나 쇠파리 같은 벌레도 몸에 잘 달라붙지 않는다. 소오줌으로 가글을 왜 하냐구? 그쪽은 사반나 기후대라 밤낮의 일교차가 크다. 그래서 소들이 밤에 추위를 타지 않도록 하기 위해서 연료로 소똥을 밤새 태운다. 부드럽고 부드러운 소똥재가 바람에 날리면, 자다가 한 하품과 코골이 덕분에 아침에 일어나면 입안에 그 재가 텁텁하다 못해 반죽처럼 뭉친다. 씻어야 한다. 그것을 씻을 수 있는 것은 소오줌 밖에 없다. 아주 건조한 곳이라 썩는 구석이 없으니, 그럭저럭 할만하다.

집단성이 강한 지혜라는 현상은 때로는 굉장히 지역구속적이기도 하다. 어떤 한 지역에서의 지혜는 다른 지역에서는 도저히 지혜일 수 없기도 하다. 그러한 경우에 지식이라는 분석 모형으로 풀어내어서 어느 부분이 다른 지역에서 적용이 가능한 지를 가늠해볼 수는 있을 것 같다. 그럴 경우에는 '존재'의 차원이냐, '가치'의 차원이냐부터 따져보는 작업이 필요할 것 같다. 나는 집단적인 지혜가 개별적인 지식으로 전환되는 그 포인트에 대해서 관심이 있다. 지식에 관심이 있다면, 반드시 그 전 단계에서 지혜의 본질과 의미에 대해서 논의를 해 보아야 한다는 생각을 한다. 내가 오늘 주접을 떠는 것은 바로 이 부분에 관한 관심 때문이다. 그래서 과도하게 칼 만하임과 '지식사회학'을 매도하는 소리도 하였다. 지식사회학의 틀을 배운 나도 연구한답시고, 자료수집한답시고, 이리저리 돌아다니면서 인터뷰도 하고 觀問參與도 한다. 그래서 지식을 만들어내는 작업에 동조를 해왔다. 쓰레기 같은 지식도 꽤도 많이 만들어서, 이제 생각해보면 미안하기 짝이 없다.

그런데, 인류학자들이 현지작업을 하기 위해서 대상으로 하는 것은 누군가의 삶이다. 누군가의 인생살이에 대해서 관찰하고 질문하고 때로는 참여도 하여 문화를 설명하기 위한 자료를 수집한다. 인류학자들의 대상은 삶이고, 삶은 곧 실천이라는 점을 생각하면, 인류학자는 처음부터 실천에서 시작하여 실천에서 종지부를 찍는다고 생각된다. 베버가 말한 바의 학문적 선택이라는 것이 인류학자에게 오면, 그 선택의 내용이 곧 바로 실천이 되는 셈이다. 이 점이 인류학자를 인류학자답게 만드는 전환점이라고 생각한다. 실천을 실천하는 것이 인류학자의 직업인 셈이다. 따라서 실천을 선택할 수밖에 없는 인류학자의 직업은 실천인 셈이다. 환언하면, 삶을 살아가는 사람이라면 누구든지 간에 인류학자가 될 수 있다. 지혜로 살아가는 삶을 실천하는 사람에게 인류학자의 길은 열려있는 것이다. 억지로 지식이라는 장르를 넘나들 필요가 없이, 지혜로운 삶에 충실하는 것이 최선의 현지작업이 된다. 현지작업의 의미는 지혜의 재발견에 있다는 점을 새삼스럽게 느끼게 된다.

지식과 지혜 사이에서 방황하게 되면, 다음과 같은 일도 벌어질 수 있다. 내가 만든 지식이라고 하여, 지적재산권을 챙기는 일에도 관심을 갖게 된다. 사실, 내가 '만든' 지식들은 어느 분들의 지혜, 삶의 지혜를 배워서 얻은 것이고, 그것들을 무슨 모형이다, 무슨 이론이다 하여 재단하여 지식화 작업을 해온 것이다. 원자재는 나의 것이 아니었다. 그런데도 그 원자재인 지혜를 소유하였던 분들에게는 한 푼 어치의 재산권도 되돌려드리지 못하였다. 원자재의 소유권에 대해서는 지식이라는 이름으로 그리고 지식을 '만든' 사람 저작자 이라는 이름으로 원자재의 소유권을 무시하기가 일쑤이다. 이런 날강도가 어디 있을까? 남의 지혜를 귀동냥하여 자신의 지식으로 만들어서 개인의 잇속을 챙기는 탕자! 깊이 반성하는 바이다.

결어: 지혜인류학 선언

선고장께서 일깨워주신 위학문과 진학문의 구분이 기초가 되어서, 나는 학문을 직업으로 삼는 길에 비교적 쉽사리 접어드는 행운을 얻었다. "죽은 사람에 대한 공부고고학"을 피해서 "대답을 잘 하는 산 사람에 대한 공부인류학"를 하겠다는 나의 설득에 동의를 해주신 선고장께 이제 와서 한 말씀 고백을 드리지 않을 수 없다. 나의 결정을 지금에 와서 깊이 있게 후회한다고. 왜냐하면, "대답을 잘 하는 산 사람"들로부터 얻어들은 말에는 거짓말이 포함되어 있음을 알게 되었고, 더더욱 분명하게 깨닫게 된 것은 "죽은 사람은 결코 거짓말을 하지 않는다"는 점이 뼈저리게 느껴진다.

학문이란 이름으로 포장된 수많은 종류의 거짓말들이 난무하는 세상이 우리 앞에 전개되고 있음을 알아차릴 때, 우리는 학문의 의미를 새롭게 받아들이게 된다. 사실을 중시하는 것이 학문이라는 점을 재확인할 때, 거짓말에 대항하는 최선의 방법이 학문, 그것도 위학문이 아닌 진학문이라는 점을 되뇌이고 또 되뇌여야 할 것이라고 천명한다. 그것이 진학문을 하는 유일한 길이라는 점을 재삼 다짐해야할 것이라고 생각한다. 학문을 업으로 하는 사람을 학자라고 한다. 자신이 신뢰하는 사상을 신봉하고, 그 사상을 정당하고 이성적이고 합리적으로 상속하는 일을 하는 사람이 학자다. 따라서 학자란 일종의 사상상속자인 셈이다. 그 사상이란 사실에 대해서 철저한 입장이라는 점을 말하고 싶다. 그렇지 않으면, 그것은 지식사회학의 먹이거리인 '존재자체에 내재된 제약성'(seinsverbundenheit)((K. マンハイム´M. シエーラー 1973. 1. 30: 152)의 하나가 되어 버린다.

한국에서 진행되어 온 인류학은 아직도 진화의 초보단계에 있다고 생각한다. 현재와 미래를 위해서 기본적인 틀을 제대로 갖추는 작업이 필요하다. 기본적인 틀이란 프란츠 보아스에 의해서 제시된 바 있는 네 가지 하위분야(체질인류학, 사회인류학, 고고학, 언어인류학)를 문화의 개념에 집중시켜서 연구하는 인류학을 말한다. 체질인류학을 제외한 나머지 셋이 문화인류학의 우산 속으로 엮일 수 있기 때문에, 체질인류학과 문화인류학의 영역을 명확하게 자리 잡고, 전체적인 통합을 이루는 방향으로 진화하는 것이 하나의 분명한 틀이 된다. 그렇지 않으면, 예상 가능한 세상사의 여러 가지 조건들에 의해서 인류학이란 학문은 이 땅에서 퇴출될 수도 있다. 특별한 조건이나 사정을 앞세워서 속단하는 것은 진화의 역동성을 망각함으로서 미래의 가능성을 훼철할 수 있고, 가능성 훼철은 곧바로 직업 찬탈로 이어지게 될 것이다. 직업으로서의 인류학은 가능성에서 출발한다는 점을 강조하고 싶다.

융합이 대세인 시대에 왜 인류학이 전면에 나서지 못하는가? 프란츠 보아스란 조상이 제시한 틀이 있고, 그 틀이 세계적인 주류의 인류학적 경향으로 엄연하게 존재함에도 불구하고, 그것을 외면하는 것은 한국 인류학의 미래를 어둡게 만드는 요인으로 작동하고 있다. 해방직후 선학들께서 새로운 분위기 속에서 "朝鮮人類學會"라는 틀을 제시하였을 때(1946년 4월), 그분들이 "人類學"을 선언하였음에 대해서 숙고할 필요가 있다. 그것은 프란츠 보아스류의 인류학이었다. 그 틀은 개인의 아집이나 이해관계가 개입될 여지가 없는 인류학이었음을 다시 한 번 되새기게 된다. 인류학이야말로 융합이 실천가능한 학문이라고 말할 수 있다. 우선적으로 연구와 교육을 통하여 인류학내의 하위분야들 간의 긴밀한 연대가 필요하다. 내가 언급한 인류학의 진화방향은 인류학이라는 학문이 소통하고 있는 세계적인 주류이기도 하다. 현재 특별히 합리적으로 내세울 방안이 없다면, 한 개인이나 소집단의 의도에 의해서 인류학의 방향을 좌지우지하는 것보다는 세계적인 주류를 따르는 것이 하나의 방안이 된다. 세계적인 주류의 인류학적 방향이 하나의 사실이다. 나는 사실을 신봉한다.

Karl Mannheim을 대표로 하는 지식사회학은 存在自體에 內在된 被制約性Seinsverbundenheit, 즉 이론이나 사고양식의 사회적 피제약성을 연구주제로 하며, 사람들의 삶에 제약을 가하는 각종 이론이나 사고양식에 의한 현상을 연구하는 것이라고 말할 수 있다. 그 대표적인 것이 이데올로기이며, 이데올로기 폭로와 밀착되어 있는 지식사회학은 사실상 시대적 산물의 하나라고 생각해야 한다. 〈자본론〉과 〈공산당선언〉이 지식사회학적 행동의 호례라고 생각된다. 병폐를 안은 자본주의의 이데올로기를 폭로하는 지식인들의 행동에 대한 분석이 필요한 시대가 1920년대였고, 그 후예들이 제국주의와 국가독점자본주의의 독재에 멍든 사회의 이데올로기들을 폭로하는 대열에 합류한 것이 20세기 후반을 소모하는 시간이 필요했다면, 21세기는 여태까지 쌓아올린 혁명의 과정에서 파생된 지혜들을 정밀하고도 정치하게 정리하여 거칠어진 삶의 행로를 닦아야 하는 노력을 요구하고 있다. 20세기가 지식의 대결을 실천하는 구도였다면, 21세기는 지혜의 융합을 실천하는 장을 기다리고 있다.

팽배한 이데올로기의 위력하에서 발휘되었던 제약성의 압력하에서 살아온 삶의 과정에서 발현된 슬기로움인 지혜를 연구주제로 하는 것이 지혜인류학이다. 허무를 무대로 하는 니체의 지식도, 실존을 앞세운 사르트르의 지식도 근본적으로 대결구도의 실천이었음을 상기한다면, 허무와 실존이 어떻게 융합할 수 있는 지에 대해서 일상적인 삶의 차원에서 머리를 맞대어 보는 과정이 조심과 忌憚의 전략이 작동하는 상대성이다. 지식의 압력에 대응하는 방식으로서의 상대성이 과정에 개입된 전략임을 알 수 있고, 그 상대성이란 관점의 역할에 의해서 지식압력의 틈바구니에서 지혜가 발현되는 것이다. 편협이나 허위도 궁극적으로 상대성의 작동에 의한 조심과 기탄의 과정에 의해서 걸러질 수밖에 없다.

물론 그 과정은 때로는 생명을 앗아가기도 하고 일시적 암흑을 초래하기도 하지만, 지식압력의 강도가 커지면 커질수록 지혜발견의 임계치는 높아질 수밖에 없다는 점은 발명과 혁명이 반복되는 인류사로 증명되고 있다. 삶의 위기 속에서 지혜가 소생하는 현장이 그것을 증명하고도 남음이 있다. 그것을 읽어내는 작업을 하는 사람이 인류학자이며, 그 결과물을 말리노브스키는 토속지ethnography라고 부르자고 제안하였던 것이다. 사람은 被制約性Gebundenheit으로만 살아가는 존재가 아니라는 점을 지혜가 역설하는 것이며, 그러한 과정에 개입된 상대성과 지혜의 관계를 연구하는 것이 지혜인류학이라고 말할 수 있다.

나는 지식사회학을 버리고, 지혜인류학으로 이동한다. 지혜인류학이란 말은 이 세상에서 내가 처음 사용하는 신조어다. 이 세상에 어느 누구도 사용하지 않는 말이다. 그런다고 누가 잡아갈까? 잡아가도 겁 안 난다. 이십 대에 '서빙고'에 잡혀가서 이주일간 죽도록 맞고 살아본 적도 있는 나다. 나도 새로운 그럴듯한 것 하나 만들어서 어떤 사람들 골치 아프게 해 볼 생각이다. 왜, 나만 나에게 잘 맞지 않는 남의 격식을 뒤집어쓰는 고생을 해야 하나? 이렇게 하는 목적은 지혜라는 원자재의 주인들에게 지적재산권을 돌려주기 위한 논의의 필요성을 제안함이다. 지난 40년 넘도록 인류학 공부하느라고 관문참여란 것을 해보니, 이제사 그런 생각이 든다.

과학적인 차원에서 그런 생각이 드는 것이 아니라 윤리적인 차원에서 그렇다. 윤리 없는 과학이 인간사를 그르치고 있다는 것을 알았기 때문이다. 얼마나 깊이 뼛골 깊이 '아케데믹 콜로니얼리즘'에 시달렸으면 이런 생각을 다 해볼까? 이러한 자성이 최소한도 이 땅에서 미래의 학문을 하는 목적이고 자세라고 생각한다. 정리되지 않은 너절한 생각, 용서 바란다.

後註

* 본고는 2014년 5월 28일 서울대학교박물관 강당에서 행한 필자의 정

년퇴임기념 강연(서울대학교 인류학과 주최) 원고를 일부 수정한 것이다.

1. 觀問參與라는 단어는 필자가 조어한 것이다. 흔히 인류학자들이 현지에서 하는 현지작업의 방법으로서 "參與觀察"이라는 단어를 사용하지만, 그것은 인류학자들의 작업과정을 정확하게 전달하는 용어가 아니다. 영어의 "participant observation"을 번역한 "參與觀察"이란 단어를 재고할 필요가 있다. 진정으로 참여하는 행위와 진정으로 관찰하는 행위가 과연 동시에 진행될 수 있는 것인가? 인류학자들이 하는 작업을 순서대로 곰곰이 생각해보면, 먼저 관찰하고, 관찰과정에서 질문이 발생하고, 제보자들에게 질문을 하고, 그러한 과정이 어느 정도 정돈이 되고 나면 가능한 것이 참여일 수 있다. 물론 인류학자가 현지에 등장하는 것 자체를 참여라고 말한다면, 에쓰노그래피 자체에 대한 논의가 완전히 달라질 수밖에 없다.

참고문헌

오갑환 2012. 10. 5 "직업으로서의 사회학", 오갑환박사 유고집. 서울: 역민사. pp. 849-854.

전경수 1999. 한국인류학 백년. 서울 : 일지사.

Boas, Franz 1919 "Scientists as Spies", The Nation 109(#2824) : 797.

Borofsky, Roberts 2002 "The Four Subfields: Anthropologists as Mythmakers", *American Anthropologist* 104(2) : 463-80.

Davis, Charlotte A. 1999 *Reflexive Ethnography*. London : Routledge.

Durkheim, Emile 1897(1952) *Suicide: A Study in Sociology*, translated into English into by John A. Spaulding and George Simpsons, edited with an Introduction by George Simpson. London: RKP.

Geertz, Clifford 1973 *The Interpretation of Cultures*. New York : Basic Books.

Poincare, Henri 1908 Science et Methode. [吉田洋一 譯 1953 科學と方法. 東京 : 岩波書店. 38刷(2007)].

Schafft, Gretchen 2004 *From Racism to Genocide: Anthropology in the Third Reich*. Urbana: University of Illinois Press.

Stocking, George W. 2000 "'DO GOOD, YOUNG MAN': Sol Tax and the World Mission of Liberal Democratic Anthropology", *Excluded Ancestors, Inventible Traditions*, ed. by Richard Handler. Madison, WI: University of Wisconsin Press. pp. 171–264.

Weber, Max 1917 직업으로서의 학문. [이상률 번역 1994. 8 문예출판사].

Yoon, Hong-key 2006 *The Culture of Fengshui in Korea: An Exploration of East Asian Geomancy*. Lanham, MD: Lexington Books.

K. マンハイム'M. シエ_ラ_(秋元律郎, 田中清助 譯) 1973. 1. 30 知識社會學(現代社會學大系 第8卷). 東京: 青木書店.

4

‘현실은 꿈이다’, 그 서사적 표징과 수행

4 이강옥

'현실은 꿈이다', 그 서사적 표징과 수행

서론

꿈은 현실과 대척의 자리에 있는 현상이면서도 사람의 삶에서 매우 중요한 구성요소이다. 우리는 일상생활 중에 꿈을 비롯한 허구, 가상들을 아주 다채롭게 경험한다. 더 넓게는 사람의 다양한 문화 영역은 꿈과 관련이 있다고 할 수 있다. 그런 점에서 꿈 현상을 잘 이해하고 활용하는 것이 매우 소중하다. 이 일을 잘 하게 된다면 삶에서 유발하는 많은 문제들을 해결할 가능성이 크다.

우리는 꿈과 관련하여 두 가지 다른 경험을 하고 산다. 먼저 잠을 자면서 꿈을 꾼다. 또 착각이나 환상 등 꿈에 준하는 경험도 일상적으로 한다. 다음으로 시간의 차원에서 과거를 꿈인 양 경험한다. 흘러간 옛날 일을 꿈결의 일처럼 기억하는 것이다. 지금의 '현실' 경험도 세월이 흐른 뒤에는 꿈결의 일과 다를 바 없어질 것이다.

먼저 잠을 자면서 경험하는 꿈을 생각해보자. 우리는 잠을 자면서 꿈을 꾸다가 잠에서 깨어나면서 꿈도 중단하게 된다. 더 정확하게 말하면 잠에서 깨어나면서 꿈을 기억하게 된다. 이때 우리의 태도는 다음과 같은 것이다.

①참 나쁜 것을 꿈꾸었는데 그게 꿈이어 다행이다.
②참 좋은 것을 꿈꾸었는데 그게 꿈이어 허망하다.
③참 좋은 것을 꿈꾸었는데 그건 꿈이라도 해도 좋다.

이와 같은 실재 꿈 경험에 대한 태도가 과거 현실 경험을 기억할 때에도 비슷하게 나타난다. 그 느낌은 다음 3가지 정도로 나눠질 수 있다.

①힘들었던 날들이 꿈결같이 지나가서 다행이다.
②참 좋았던 날들이 꿈결같이 지나가서 허망하다.
③참 좋았던 날들은 지금 생각해도 꿈만 같이 좋다.

분명 우리는 이렇게 꿈을 다채롭게 경험하는데도 불구하고 꿈에 대한 인식은 보통 ①과 ②쪽으로만 쏠린다. 특히 현실이 꿈인 듯하다는 느낌은 우리가 일상적으로 거듭 갖게 되는 것인데, 그 느낌을 그냥 "세월이 빠르다." 혹은 "삶이 허망하다."는 부정적 기분으로 나아가게 내버려둔다. 그러나 오히려 삶의 덧없음 같은 감정을 극복하는 계기로 그런 느낌을 활용할 수도 있다.

그런데 "꿈이어서 다행이다."라거나 "지난날이 꿈결 같다."는 말은 지금 이곳 현실은 엄연히 존재하는 것이지 꿈은 아니라는 것을 전제로 한다. 그러나 충격적이게도 지금 이곳의 현실이 꿈이 아니라는 증거는 없다. 지금 이곳의 현실 경험도 꿈속의 것일 수 있다. '현실은 꿈이다.'는 은유이면서도 직서일 수도 있다. '현실이 꿈이다'는 메시지는 불가의 가르침 중에서도 중요한 부분이라 할 수 있다. '현실은 꿈이다.'는 이 철칙을 한 순간도 놓쳐서는 안 된다고 한다. 그러나 현실에 안주하고 있는 사람들이 그런 가르침을 수용하기는 쉽지 않다. 사람들은 이런 가르침에 대해서 일단 저항부터 하게 된다. 그들은 여전히 상식과 타성에 매몰되어 있기 때문이다.

이와 관련하여 장자莊子의 위대한 우언을 떠올릴 수 있다. 호접지몽胡蝶之夢으로 지칭되는 이 우언은 동아시아 문화권에서 상식이 되었지만 그 함의가 진지하게 성찰되지는 않는다. 장자가 자다가 꿈을 꾸었는데 꿈속에서 나비가 되어 훨훨 날아다녔다. 그러나 자기가 장자임을 의식하지는 못했다. 깨어나 보니 자기가 장자였다. 익숙한 현실을 당연하게 생각하는 사람이라면 이 단계에서 사유를 멈출 것이다. 그리고 자기가 인간인 것에 안도의 숨을 내쉴 것이다. 그러나 장자는 그런 관습과 타성에 머물지 않았다. 인간 장자가 진짜이고 곤충 나비가 가짜라는 것을 입증할 수 있는가? 오히려 나비가 진짜인데, 인간 장자가 된 꿈을 꾸었다고는 볼 수 없을까?[1] 이런 질문을 시작한 것이다.

우리가 깨어있다는 증거가 없다면, 우리는 깨어있다고 믿고 있을 따름이라고 하겠다. 여기서 온갖 인간 중심의 분별적 사유가 시작된다. 분별적 사유 혹은 양분법적 사고는 관점에 따라서는 우리 불행의 출발이면서 우리 현실을 꿈으로 만드는 출발이 되었다. 우리가 생각하는 현실이란 우리 망념이 만들어낸 꿈이다. 우리는 끊임없이 우리가 꿈속에 있다는 것을 환기하고 인식하고 인정해야 한다. 그것이 몽관夢觀 혹은 꿈 수행이다.

'현실은 꿈이다'를 인식차원에서 확인하기

---

1. 昔者, 莊周夢為蝴蝶, 栩栩然蝴蝶也, 自喻適志與, 不知周也。俄然覺, 則蘧蘧然周也。不知周之夢為蝴蝶與, 蝴蝶之夢為周與? 周與蝴蝶, 則必有分矣。此之謂物化(〈齊物論〉『장자익(莊子翼)』, 『한문대계』 9, 1977, 46~47면)

현실은 현상이지 실체가 아니다

현실은 꿈이나 가상과 다를 바 없다. 현실은 속임수로 점철되어 있다. 깨달은 상태에서 보면 현실이 꿈인 것이 명백하게 보인다. 그 근거는 육근六根의 원리에 대한 통찰이다. 사람은 안이비설신의眼耳鼻舌身意를 통하여 세계를 지각한다. 그런데 그게 정확한 것이 아니다. 사람은 언제나 눈, 귀, 코, 혀, 몸, 뜻으로써 세계를 지각하되, 있는 그대로의 세계를 지각하고 받아들이지 않는다. 언제나 분별심이나 편견을 갖고 세계를 받아들인다. '아름다운' 모양과 '추한' 모양, '좋은' 음악과 '혐오스런' 소음, '좋은' 향기와 '나쁜' 똥 냄새, '맛있는' 음식과 '역겨운' 물질의 맛...등등의 이분법으로 받아들인다. 현실 자체는 그 자체로 존재할 뿐 사람이 분별하는 것처럼 나누어져있지 않다.

이렇게 분별심을 경계한 것은 분별심이 사람으로 하여금 세상을 있는 그대로 혹은 세상의 가치를 보지 못하게 하기 때문이다. 더 나아가 분별심을 가진 우리가 현실이라고 생각하고 있는 것은 왜곡되고 부정확한 우리의 육근을 통하여 우리 식으로 재구성한 것일 따름이다. 있는 그대로 정확하게 재구성되지 않았다는 점에서 우리의 현실은 꿈이요, 가상이요, 허구요, 속임수인 것이다.

더 근본적인 것은 환幻을 진眞이라 착각하는 것이다.

> 사대四大를 자기의 상相이라 망령되이 인식하고, 육진六塵에서 연緣한 영상影像을 자기 마음心의 상相이라 여기니, 비유하건대 저 병든 눈[病目]이 허공에서 꽃과 제2의 달을 보는 것과 같으니라. 선남자야! 허공에는 꽃이 없는데, 눈이 병든 자가 어리석게도 꽃이 피었다 집착하나니, 그렇게 망령되이 집착하는 고로 그 허공에 자성이 있다고 현혹될 뿐 아니라 실제 꽃이 자라난 곳까지 잘못 보나니, 이로 말미암아 망령되이 생사生死에 나뒹군다. 이런 고로 무명無名이라 한다.

妄認四大, 爲自身相, 六塵緣影, 爲自心相, 譬彼病目, 見空中華, 及第二月, 善男子, 空實無華, 病者妄執, 由妄執故, 非唯惑此虛空自性, 亦復迷彼實華生處, 由此妄有輪轉生死, 故名無明(함허득통 주, 《원각경》, 64-65면)

이처럼 무명無明에서 벗어나지 못하는 사람들은 꿈을 만들어내고는 그 꿈을 현실이라 착각하는 것이다.

실재한다는 것은 실제로 존재한다는 것이다. 그러나 감각은 어떤 존재의 현존을 지시하지 않는다. 다시 말해서 우리는 감각을 통해 어떤 것의 성질을 확인할 수 있을 뿐 그 어떤 것이 존재한다는 것을 확인할 수 없다. 가상현실 속의 사과는 사과의 속성을 가지고 있고 우리의 감각은 그것을 확인할 수 있다. 그러나 그 사과는 존재하는 것이 아니다. 감각의 레벨에서 볼 때 가상과 현실은 전혀 구분되지 않는다.[2]

그런 점에서 우리가 현실이라고 생각하는 것은 현상만을 지칭한다. 우리 눈에 보이고 우리 귀에 들리고 우리 코에 맡아지는 세상은 현상일 따름이다. 실체가 없는 현상은 실제로 존재하는 것이 아니다.

미혹함으로 인해 생사에 윤전輪轉함을 보지만 각상覺相을 원조圓照하여 생사生死하는 바와 미혹을 일으키는 바를 반추하기에 이르면, 생사가 자취가 없을 뿐 아니라 미혹함도 역시 체體가 없게 되어, 마치 사람이 꿈을 꿀 적에 갖가지 물건들을 보다가가도 깨어나서는 그 물건들을 얻을 수 없으며 그 꿈조차 자취가 없은 것과 같다. 꿈과 물

2. 조용현, 『보이는 세계는 진짜일까?』, 우물이 있는 집, 2006, 93면.

건이 모두 생겨나는 곳이 없기 때문이다. 또한 병이 든 눈으로 허공을 바라보면 허공 중에 꽃이 생겨났다가 병이 나으면 꽃이 사라짐을 보는 것과 같으니, 비록 허공의 꽃이 생겨나고 사라짐을 보기는 하지만 그 허공 중의 꽃은 본래 난 곳이 없고 또 가는 곳도 없다. 생사의 윤전이란 정녕 꿈의 경우와 같고 또 허공 꽃의 경우와도 같아서 만일 그 근원을 추구해가면 실로 난 곳이 없는데도 불구하고 다만 망계妄計로 나는 것을 보고 멸하는 것을 보는 고로 생사에 윤전한다고 설명하는 것이다.[3]

무릇 상相이 있는 것은 다 허망하다. 온갖 상相이 상相 아닌 줄 알면 여래如來를 보게 될 것이다.[4]

우리 눈에 보이는 세상은 우리의 업식業識을 의지해서만 존재한다. 세상은 그것 자체로 있지 못하고 업식에 의지해있기 때문에 본래 있다고 할 수 없다. 업식이 사라지면 세상도 사라진다. 그것은 꿈에서 깨어나면 꿈 속에서 그렇게 소중하게 여기던 보물도 사라지는 것과 같다.

일체 유위법有爲法은 꿈이나 환상과 같고 거품과 그림자와 같으며 이슬과 번개와도 같다. 응당 이렇게 볼 지어다.(一切有爲法 如夢幻泡影 如露亦如電 應作如是觀)(『금강경』〈應化非眞分〉)

---

3. 因迷, 見有輪轉生死, 及其圓照覺相, 而反推其所以生死, 所以起迷, 則非唯生死無蹤, 迷亦無體, 如人作夢, 見種種物, 及至於醒, 物不可得, 夢亦無蹤, 夢與物, 皆無生處故也. 亦如病眼, 望空, 空中花起, 病若得差, 見花還滅, 雖於空花, 見起見滅, 彼空中花, 本無生處, 亦無去處, 生死輪轉, 正如夢境, 亦如空花, 若推其原, 實無生處, 但以妄計, 見生見滅, 是故, 說名輪轉生死(함허득통, 김탄허 현토역해, 〈〈현토역해 원각경〉〉, 교림, 71-72면)
4. 凡所有相 皆是虛妄 若見諸相非相 卽見如來(『금강경』〈如理實見分〉)

일체 유위법이 꿈이나 환상, 거품이나 그림자와 같은 까닭은 일체 유위법이라는 것이 여러 가지 조건의 결합에 의해서만 생겨나기 때문이다. 분별적 세상에 존재하는 모든 유위법 즉 모든 존재는 그것 자체로 독립적으로 존재하지 못하고 다른 것과의 관계 속에서 다른 것에 의지하여 존재하기 때문에 실체나 자성이 없는 것이다. 『대승기신론』은 마음 혹은 망심妄心에서 모든 존재가 만들어진다고도 하였다.

> 세간의 모든 경계는 다 중생의 무명無明에서 비롯된 망심妄心에 의지해서 유지된다. 그래서 일체의 사물과 현상은 거울 속 형상처럼 얻을 수 있는 실체가 없다. 오로지 마음만이 허망하다. 마음이 생기면 온갖 사물과 현상이 생겨나고, 마음이 없어지면 온갖 사물과 현상이 사라진다.[5]

이처럼 이 세상 모든 사물과 현상이 오직 마음이나 망념에 의존해서만 존재한다면, 이 세상 모든 사물과 현상은 꿈 속의 것이 꿈을 꾼다는 조건 없이는 존재할 수 없는 것과 같다. 그런 점에서 이 세상에서의 살아가기는 꿈 꾸기와 다름없다.

꿈속의 존재나 현실의 삼라만상이나 다 실체는 없고 현상으로만 존재한다. 그런 점에서 삼라만상 혹은 현실은 꿈과 같은 것이다.

분별심의 극복

사람은 깨어 있다가 잠이 들고 잠이 들면 꿈을 꾼다. 꿈을 꾸다가도 잠에서 깨어나면 현실로 돌아온다. 잠에서 깨어났을 때 느끼는 '개운함' 혹

---

5. 世間一切境界 皆依衆生無明妄心 而得住持 是故一切法 如鏡中像 無體可得 唯心虛妄 以心生則種種法生 心滅則種種法滅故; 이홍우, 『대승기신론 통석』, 김영사, 2006, 362면)

은 '맑음'은 육체적인 것이면서도 정신적인 것이다. 그중 정신적인 개운함이나 맑음은 있는 그대로의 세상을 꿰뚫어 아는 명징한 의식이 회복된 상태라기보다는 양분법을 구사하는 분별심의 회복을 가리킨다. 그런 점에서 사람이 깨어나 현실생활을 시작한다는 것은 분별심의 재가동을 뜻한다.

잠은 현실과 꿈의 관계에서 세 가지의 심각한 문제를 유발한다. 먼저 잠을 자는 것은 꿈을 꾸게 만든다. 꿈은 명백히 잠이라는 조건에 의해 잠시 만들어진 것에 지나지 않는데 꿈을 꾸고 있는 사람은 꿈이 마치 실재하는 것인 양 집착한다. 둘째, 잠을 깨는 과정은 현실을 꿈과는 완전히 다른 실재로 착각하게 하고 거기에 집착하게 한다. 셋째, 잠은 자고 깨어나는 과정을 반복되게 함으로써 꿈과 현실을 구분하게 만드는 분별심을 일으킨다. 꿈과 현실의 분별은 사람이 일으키는 분별심의 원천이다.

이것이 수행에서 잠을 경계하는 가장 근본적인 이유라 할 수 있다. 불교수행의 용맹정진에서 며칠이고 잠을 자지 않는 것도 이와 관련될 것이다. 『장개경障蓋經』에서 사람의 마음에 번뇌를 일으키게 하고 지혜를 약하게 하는 다섯 가지 장애와 덮개[障蓋]를 거론하면서[6] 수개睡蓋 혹은 수면

6. 이와 같이 나는 들었다. 어느 때 부처님께서 사위국 기수급고독원에 계셨다. 그 때 세존께서 모든 비구들에게 말씀하셨다. 다섯 가지 장애[障]와 덮개[蓋]가 있어서, 마음에 번뇌를 일으키게 하고 지혜를 약하게 한다. 그것은 막고 걸리는 물건으로, 밝음이 아니요 바른 깨달음이 아니어서 열반으로 나아가지 못하게 한다. 어떤 것이 그 다섯 가지인가? 탐욕개(貪欲蓋)·진에개(瞋恚蓋)·수면개(睡眠蓋)·도회개(掉悔蓋)·의개(疑蓋)를 이르는 말이다. 이러한 다섯 가지 개(蓋)는 은폐하고 덮어서 마음에 번뇌를 일으키게 하고 지혜를 약하게 한다. 그것은 막고 걸리는 물건으로, 밝음이 아니요 바른 깨달음이 아니어서 열반으로 나아가지 못하게 한다.(如是我聞 一時。佛住舍衛國祇樹給孤獨園 爾時。世尊告諸比丘。有五障.五蓋。煩惱於心。能羸智慧。障閡之分。非明.非正覺。不轉趣涅槃。何等為五。謂貪欲蓋.瞋蓋.睡眠蓋.掉悔蓋.疑蓋。如此五蓋。為覆為蓋。煩惱於心。令智慧羸。為障閡分。非明.非等覺。不轉趣涅槃: 장개경(障蓋經) 七覺偈五蓋七覺, 『잡아함경』 2, 동국역경원, 2006)

개睡眠蓋를 부각시킨 것도 이런 차원으로 이해한다.

잠이 분별심을 일으킨다는 점이야말로 용맹정진에서 잠을 기피하는 이유라 하겠다. 잠을 자고 꿈을 꾸다 깨어나는 과정의 반복이 사람의 분별심을 부추긴다면, 잠을 자지 않는 훈련은 분별심을 극복하는 데 결정적인 도움을 주는 것이다.

사람의 본성은 분별심과는 거리가 멀다. 그럼에도 불구하고 자고 깨어나는 과정을 습관적으로 계속 하면서 꿈과 현실을 전혀 다른 것으로 착각하고 분별하게 되었다. 잠들어 꿈을 꾸다가 잠에서 깨어나는 과정은 결국 우리 본성을 망각하게 하고 분별심을 갖게 한다고 할 수 있다.

이처럼 잠들었다 깨어나는 것이 분별심을 조장하지만, 역설적으로 꿈의 경험은 분별심을 넘어서게도 한다. 남효온南孝溫 선생은 〈수향기睡鄕記〉에서 온갖 꿈의 세계를 유람하고 돌아와서는, "드디어 마음이 홍몽鴻濛의 앞에서 노닐고 매미가 탁예濁穢한 가운데에서 허물을 벗음으로써 나의 시비是非를 일으킬 짝이 없어지고 나의 비교하려는 마음을 이룰 물건이 없게 되었다."(遂心游於鴻濛之先, 蟬蛻於濁穢之中, 無耦起我是非, 無物遂我較心)고 하였고, "수향에서 돌아왔을 때에 노비는 쳐다보며 욕하고 실인室人은 자리를 다투고 친척은 기뻐하지 않고 벗들은 공경하지 않았다. 내가 기뻐하고 경하하며 천군天君에게 고하였더니, 천군이 좋다고 하였다. 내가 공경히 이에 기록하노라"고 하였다. 상상할 수 있는 온갖 꿈을 경험하는 것은 현실에서의 분별심이 얼마나 부질없는 것인가 확인하게 하고 마침내 그 분별심을 넘어서게 하는 것으로 기술했다. 그러나 이것 역시 서사적 허구에서나 가능한 일이었다.

그렇다면 '현실'에서 분별심을 완전히 버리는 것이 가능할까? 최소한의 사려분별은 필요하지 않을까? 이런 상식적인 이의를 제기하게 된다. 사실 세속에서 살아가는 사람들이 한순간이라도 분별심을 일으키지 않고 살아가기는 쉽지 않다. 그런 점에서 분별심은 필요악이다. 분별심은 어떤 전제를 붙일 때 인정된다. 그 전제란 궁극적인 무분별無分別이다. 분별심은 무분별 혹은 원圓을 이루기 위한 것일 때 인정된다. 그것은 마치 문자를 통하여 불립문자不立文字를 주장하는 것과 같다. 『화엄경』에서 말한, '선분별善分別'이 '무분별'이다.'라거나 『원각경』의 함허당涵虛堂 득통得通의 주에 '먼저 분별하고난 뒤에 원圓을 이룰 수 있다.'[7]는 가르침과 같다. 분별심은 무변별이나 원圓으로 가는 수단 혹은 과정으로서만 그 의의를 인정해줄 수 있다.

현실이 꿈이라는 비유를 통한 인식의 전환

보통 사람은 자기 현실이 꿈이라고 생각하기가 쉽지 않다. 그렇기 때문에 인식의 전환을 도우기 위하여 비유를 활용한다. 특히 '꿈 속의 꿈'의 비유가 빈번하다. 원효의 〈대승육정참회大乘六情懺悔〉는 '꿈 속의 꿈' 비유를 완벽하게 보여준다.

원효는 먼저 직서법으로 핵심을 이야기한다.

> 안으로는 여섯 감각을 세워 놓고 그것에 의지하여 식識을 일으키고內立六情 依而生識 밖으로는 육진六塵[8]을 지어서 실제로 존재한다고 집착하여外作六塵 執爲實有 그 모두가 자기 마음이 지어낸 것임을 알지 못한다不知皆是 自心所作 환상 같고 꿈 같아서 영원히 존재하는 것이 없는데如幻如夢 永無所有 그런 가운데 멋대로 남녀 등의 상을 구분하고(於中橫計 男女等相) 온갖 번뇌를 일으켜서는 스스로 얽매여起諸煩惱 自以纏縛 오래도록 괴로움의 바다에 빠진 채 건져 달라 하지도 않으니長沒苦海 不求出

7. 欲得成此圓, 先須方於圓, 是也. 經中, 先列凡賢聖位, 而結之以如來曰: "一切障礙, 卽究竟覺." 如儒典, 先擧諸賢, 統之以夫子曰: "無可無不可." 此所以先方而後圓者也.(『원각경』, 교림, 2011, 18~19면)

8. 여섯 가지 감각의 대상인 색(色), 성(聲), 향(香), 미(味), 촉(觸), 법(法)

要 가만히 생각하면 참으로 괴이한 일이라 靜慮之時 甚可怪哉

우리가 객관 대상이라고 보는 육진六塵은 실제로 존재하는 것이 아니라 우리 식(識-혹은 마음)이 만들어낸 환상과 같고 꿈과 같은 것이어 영원히 존재하는 것이 아니다. 객관 대상을 실제로 존재한다고 착각하는 데서 온갖 분별망상과 번뇌가 일어난다. 그런데 사람은 그 분별망상과 번뇌에 고통받고 있음에도 불구하고 거기서 벗어나려고 발버둥치지도 않는다. 원효에게는 그게 참 괴이한 일이라고 하였다. 원효는 이런 진술을 실감나게 하기 위해 더 또렷한 비유를 제시한다.

비유컨대 잠 잘 때 수개睡蓋[9]가 마음을 덮어서猶如眠時 睡蓋覆心 제 몸이 큰물에 떠내려가는 것을 보고妄見己身 大水所漂 그게 꿈꾸는 마음이 빚어낸 것임을 알지 못하고不知但是 夢心所作 정말로 자기가 물에 빠진 줄 알고 큰 두려움을 일으킨다謂實流溺 生大怖懅 미처 그 꿈에서 깨어나지 못한 때에 또 다른 꿈을 꾸니未覺之時 更作異夢 그러면 내가 보는 것은 꿈이지 현실이 아니라 한다謂我所見 是夢非實 심성이 총명한고로 꿈 속의 꿈에서는心性聰故 夢內之夢 자기가 물에 빠져도 두려움을 일으키지 않는다卽於其溺 不生其懅 그러나 아직 제 몸이 침상에 누워 있다는 사실을 알지 못하니而未能知 身臥床上

여기서 두 개의 꿈이 설정되었다. 사람이 잠을 자다가 꿈(꿈A)을 꾸는데, 그 꿈에서 채 깨어나기 전에 또 꿈(꿈B)을 꾸는 것이다. 두 번째의 꿈(꿈B)이

9. 수개(睡蓋): 잠이 사람의 마음에 작용하는 장애. 마음에 번뇌를 일으키고 지혜를 약하게 하여 깨달음을 방해하는 5가지 덮개[蓋] 중 하나. 이는 다음의 장개경(障蓋經)에 바탕을 둔다.(각주 7) 참조)

'꿈속의 꿈'이다. 꿈B는 꿈A 속 사람에 의해 자각된다. 그래서 꿈B의 내용이 아무리 무서운 것이라 할지라도, 꿈A 속 사람은 꿈B를 두려워하지 않는다. 자기가 꿈을 꾸고 있다는 사실을 자각하기 때문이다. 그러나 꿈A도 꿈B와 다를 바 없는 꿈이다. 꿈A 속 사람은 자기도 꿈 속 인물이라는 사실을 알지 못한다. 그래서 꿈A와 자기 자신이 실제로 존재한다고 착각하는 것이다. 그것이 '아직 제 몸이 침상에 누워 있다는 사실을 알지 못하'는 단계이다.

원효는 꿈A야말로 중생들의 현실이라고 설명한다.

> 머리를 흔들고 손을 내저으며 완전히 깨어나려고 애를 쓰라 動頭搖手 勤求永覺 완전히 깨어났을 때 앞의 꿈을 돌이켜 생각하면 永覺之時 追緣前夢 물도 물에 떠내려가던 몸도 다 실제로 존재하는 것이 아니며 水與流身 皆無所有 다만 본래 침상에 고요히 누워 있었다는 것을 보게 될 뿐이다. 唯見本來 靜臥於床

> (인생의) 긴 꿈도 또한 그러하니 長夢亦爾 무명으로 덮인 마음이 망령되이 육도 六道[10]를 지어내고 無明覆心 妄作六道 여덟 가지 고통[11]을 겪는다 流轉八苦 안으로는 여러 부처님의 불가사의한 훈습에 말미암고 內因諸佛 不思議薰 밖으로는 여러 부처님의 큰 자비의 원력에 의지하여 外依諸佛 大悲願力 믿음과 이해에 가까워지리라 髣髴信解 나와 중생은 我及衆生 오직 (인생의) 긴 꿈을 허망되게도 실재하는 것이라 여길 따름이니 唯寢長夢 妄計爲實

---

10. 육도(六道): 지옥, 아귀, 축생, 아수라, 인간, 천상 등 여섯 가지 윤회의 길
11. 팔고(八苦): 생로병사(生老病死)의 4고에다, 사랑하는 것과 헤어지는 고통인 애별리고(愛別離苦), 싫어하는 것과 만나는 고통인 원증회고(怨憎會苦), 구하여도 얻지 못하는 고통인 구불득고(求不得苦), 오음(五陰) 즉 오온(五蘊)에 대한 집착에서 생기는 고통인 오음성고(五陰盛苦) 등 4고를 추가한 것이다.

요약하자면, 밖으로 보이고 안으로 느껴지는 모든 것은 스스로의 마음이 지어낸 것으로 그림자나 꿈과 같은 것이다. 그럼에도 불구하고 보통 사람은 거기에 집착하여 온갖 상대적인 것을 분별하여 갖가지 번뇌를 일으킨다. 스스로를 결박하는 업을 지어 오래도록 고통의 바다에 빠져 있으면서도 거기서 벗어나려 하지 않는다.

원효는 나의 감각기관인 육정六情과 감각의 대상이 되는 육진六塵이 그림자나 꿈과 같은 줄을 알지 못하는 데서부터 나의 죄업이 비롯된다고 보았다. 그래서 육정과 육진을 잘 다스리기만 하면 죄업은 사라진다. 육정과 육진을 잘 다스리면, 모든 것이 꿈과 같은 줄을 깨닫게 된다는 것이다. 아예 죄업이란 것이 성립되지 않게 된다. 그것을 단계별로 설명하면 이렇다.

①잠을 자다가 자기 몸이 큰물에 떠내려가는 꿈을 꾸고는 실제로 자기가 떠내려간다고 착각하고는 매우 두려워한다.

②꿈 속에서 또 다른 꿈을 꾸고는, '내가 지금 보고 있는 것은 꿈일 뿐 현실이 아니다'라 생각한다. 그래서 큰물에 빠진 것도 두려워하지 않는다.

③그러나 제 몸이 언제나 침상 위에 누워있다는 사실을 깨닫지 못한다. 부지런히 몸을 움직여 완전히 깨어나기 위해 노력해야 한다.

④완전히 깨어나서 보면, 큰물과 떠내려가던 몸 모두 존재하지 않은 것이다. 오직 보이는 것은 고요한 침상 위에 누워있는 본래의 모습뿐이다.

번뇌와 죄업으로 고통스럽게 살아가는 우리의 현실은 꿈일 따름이다. 현실은 깨고 보면 실체가 없는 꿈에 불과하다. 원효는 그 꿈에서 깨어나기 위한 노력을 참회라고 보고, 그 참회의 끝이 해탈이라 보았다.

'현실은 꿈이다'를 경험하고 내면화하기

〈매트릭스〉의 가상현실과 현실

〈매트릭스1〉(워쇼스키 형제, Laurence Larry Wachowski, Andrew Andy Wachowski)은 가상과 현실 간의 관계를 생생하게 보여준다. 인공두뇌를 가진 컴퓨터(AI: Artificial Intelligence)가 사람의 뇌세포에 '매트릭스'라는 프로그램을 입력하였다. 그 내용은 1999년의 가상현실이다. 사람은 그 매트릭스 프로그램에 따라 평생 1999년의 가상현실을 살아간다. 사람의 뇌는 그 컴퓨터의 철저한 통제를 받게 되어 사람이 보고 느끼는 것들은 항상 그들의 검색 엔진에 노출되어 있고, 사람의 기억 또한 그들에 의해 입력되고 삭제된다. 이러한 가상현실 속에서 진정한 현실을 인식할 수 있는 사람은 거의 없다. 이 상태는 모든 사람이 꿈을 꾸고 있는 것과 같다. 반면 매트릭스 밖은 가상현실이란 꿈에서 깨어난 사람들이 살아가는 곳이다. 모피스Morpheus를 지도자로 한 해커들은 통제 컴퓨터의 인큐베이터에서 탈출해서, 인류의 구원자로서 유능한 컴퓨터 프로그래머인 토머스 앤더슨Thomas Anderson을 찾는다.

앤더슨은 자기가 살아온 세계가 컴퓨터에 의해 만들어진 가상 세계에 지나지 않는다는 것을 깨닫고는 엄청난 충격을 겪는다. 앤더슨이 보게 된 실재의 세계는 컴퓨터가 지배하는 삭막하고 쓸쓸하고 잔인한 세계다.

이런 〈매트릭스〉의 세계관은 불교와 상당 부분 상통한다. 가령 가상세계의 '네트워크'는 불교의 연기緣起를 연상한다. 어떤 존재도 자기만의 고유한 본성을 갖지 않는다는 제법무아諸法無我 사상은 더 구체적으로 네트워크와 대응될 수 있다.[12] 세상의 존재들이 자기 것이라고 '착각'하는 특징이나 속성은 모두 존재 사이의 관계의 네트워크 속에서만 성립되는 것이다. 나는 '내 것 아닌 것'으로 구성되는 것이다. 연기에 의해 잠시 형성된 세

---

12. 오윤희, 『매트릭스, 사이버스페이스 그리고 선』, 호미, 2003, 223~227면.

상 현실은 곧 깨어나게 마련인 꿈과 같은 것이다. 사람들은 자기가 살아가는 세상이 연기에 의해 잠시 형성된 것임을 모르고 거기에 집착한다. 그처럼 영화 〈매트릭스〉에서 뉴욕 사람들 역시 자기들이 몸담고 있는 뉴욕 맨해튼이 가상공간이라고는 결코 생각하지 않고 그곳에서의 향락적 삶에 궁극의 의미를 부여한다. 뉴욕 사람들은 그곳에서의 삶이 가상적인 것이고 꿈속의 것이라 누가 말해준다 한들 절대 수긍하지 않는다. 그 점은 다음과 같은 장 보드리야르의 통찰을 통해 이해할 수 있다.

> 디즈니랜드는 〈실제의〉 나라, 〈실제의〉 미국 전체가 디즈니랜드라는 사실을 감추기 위하여 거기 있다(마치 감옥이 사회 전체가 그 평범한 어디서고 감방이라는 사실을 감추기 위하여 거기 있는 것과 약간은 유사하게). 디즈니랜드는 다른 세상을 사실이라고 믿게 하기 위하여 상상적 세계로 제시된다. 그런데 사실은 그를 감싸고 있는 로스앤젤레스 전체와 미국도 더 이상 실재가 아니고 파생실재와 시뮬라시옹 질서에 속한다.[13]

디즈니랜드를 경험한 사람들은 디즈니랜드가 환상이지 실재가 아니라는 것을 내면화하면서 '현실'로 돌아간다. 디즈니랜드는 명백한 환상의 세계이고, 그 디즈니랜드의 문을 분명히 나서서 돌아가는 자기들의 세상은 그것과 명백하게 분별되기 때문에 분명하게 실재하는 세계임을 당연시한다. 그래서 디즈니랜드와 같은 환상 세계의 경험은 현실의 실재성을 더 단단히 믿게 만드는 역할을 한다. 마치 잠이 꿈을 꾸게 하고, 잠에서 깨어난 사람들이 꿈은 꿈이라 여기면서 그 결과 자기 현실을 명백하게 실재한다고 여기는 것과 같은 구도이다.

이상과 같은 〈매트릭스1〉의 서사는 현실이 가상이요 꿈이라는 것을 충

---

13. 장 보드리야르, 하태환 옮김, 『시뮬라시옹』, 민음사, 2008, 40면.

격적으로 경험하게 한다. 수행자는 이 영화를 감상하면서 '현실이 꿈이다.'는 명제를 더 또렷하게 경험할 수 있게 된다.

야담 〈외엄구한부출시언畏嚴舅悍婦出矢言〉: 현실을 허구로, 허구를 현실로 경험하기

꿈이 현실로 실현되는 사례가 종종 있다. 특히 잠을 자면서 꿈을 꾸었는데 그 꿈 내용이 현실에 그대로 실현되는 경험을 하고는 한다. 나아가 꿈이 현실을 이끌어가는 역할을 하기도 한다. 야담은 이런 사례를 적잖이 보여준다. 〈현부지납채교녀賢婦智納綵轎女〉(동야휘집 하 259면)에서 만석군의 외동딸은 13세 때 꾼 꿈의 기억을 떠올리면서 살아간다. 그 꿈 내용은, 신인神人이 한 선비를 데리고 와서 "이 사람이 너의 배필이다."라고 말한 것이다. 그녀는 그 선비의 이목구비와 풍채를 정확하게 기억한다. 그래서 남편감을 만날 때도 언제나 꿈 속 그 선비의 이목구비와 비교하여 닮지 않으면 거절했다. 그러다 결국 우연하게도 자기 집에 묵게 된 남자가 그간 그렇게도 찾아오던 선비를 닮았음을 확인하고 그 여자가 되기로 작정한다. 외동딸은 그 남자가 유부남이어 기꺼이 그 첩이 되어 많은 재산을 가지고 남자를 따라간다. 외동딸에게 있어서 꿈과 현실은 그대로 이어졌다. 꿈은 현실에 지속적으로 개입하며 현실 인물을 크게 달라지게 한다. 꿈의 위력이 직접적으로 구사된 것이다. 꿈의 위력이 간접적으로 나타나기도 한다. 즉, 현실 인물이 현실을 꿈인 양 경험하거나 허구를 현실인 양 경험하면서 스스로 크게 달라지는 것이다. 〈외엄구한부출시언畏嚴舅悍婦出矢言〉(청구야담 하 421)에서 그 점이 두드러진다.

①안동 권진사는 매우 엄격하게 집안 사람들을 다스렸다. 그러나 하나뿐인 며느리가 투기심이 매우 심했다.

②아들이 처가에 다녀오던 중 비를 만나 객점에 들렀는데, 거기서 또래의 청년을 만나 술을 마시다가 취하여 잠이 들었다.

③ 깨어보니 소복 입은 예쁜 여자가 곁에 있었다. 자기 오빠가 과부가 된 자기를 개가시키기 위해 일은 꾸민 것이라 했다.

④ 권생은 그 여인과 인연을 맺긴 했으나 엄격한 아버지와 투기심 심한 아내가 무서웠다. 여인을 객점에 기다리게 하고는 지혜있는 친구를 찾아가 도움을 청했다.

⑤ 친구는 술자리를 열도록 하고 그 자리에서 권진사에게 '고담(古談)'을 들려주겠다 하고는 권생이 겪은 일을 고담인 것처럼 들려주었다. 그리고 권진사라면 이 상황에서 어떻게 하겠느냐 물었다. 권진사는 남자가 여인을 취하는 것이 당연하다고 대답하였다.

⑥ 그러자 친구는 그것이 꾸며진 이야기가 아니라 바로 권진사 자신의 아들 이야기임을 실토했다.

⑦ 권진사는 노발대발하여 아들을 죽이려 하였다.

⑧ 며느리가 남편을 살려주기를 간청했다. 권진사는 며느리가 절대 투기하지 않겠다는 각서를 받은 후 아들을 놓아주었다.

⑨ 객점에 있던 여인을 데려오게 하여 첩으로 삼으니 아내도 투기하지 않고 화목하게 살게 되었다.

권생은 꿈속 일과 같은 경우를 현실에서 경험하였다. 술에 취해 자다 깨어보니 어여쁜 여인이 자기 곁에 앉아 있었고 그 여인이 자기의 첩이 되기를 간절히 원한다는 것은 분명 현실에서 있기 어려운 상황이다. 물론 그것은 여인의 오빠가 다 꾸민 일이었다. 일을 꾸민 여인 오빠의 입장에서 보면 그 일은 현실 논리에 충실한 것이지만, 일을 당한 권생의 입장에서 생각해보면 그것은 꿈이나 가상과 비슷하다. 권생은 이왕 시작된 일에 자기 몸을 맡길 수밖에 없다. 그러나 마침내는 그 행위가 현실적 권위의 출발인 아버지 권 진사에 의해 인정되어야만 했다. 권 진사는 엄격하여 그 상황을 받아들일 것 같지가 않았다. 권생은 친구의 지혜를 빌리기로 했다.

권생 친구의 전략은 현실 경험과 허구 경험에 대하여 보통 사람들이 보이는 차별적 태도를 활용하는 것이다. 권생의 친구는 현실 경험을 허구 경험으로 전환하고 다시 허구 경험을 현실 경험으로 전환하는 과정을 통하여 사람이 달라지고 또 어떤 심오한 진리를 깨달을 수도 있다는 점을 꿰뚫고 있다. 권생 친구는 권진사 아들의 사연을 '고담'인체 하며 권진사에게 이야기해준다. 권생의 친구는 권진사로 하여금 현실을 허구로 경험하게 한 것이다. 권진사는 아들 친구가 이야기해주는 '고담'에 빠져들어 구구절절 감탄한다. "기이한 일이다! 기이한 일이야! 옛날에야 혹 그런 기연奇緣이 있었을지 몰라도 요사이는 도무지 못 보았지."라며 그 사연을 적극적으로 인정하고 수용한다. 권진사는 현실의 일이라면 도저히 용납하기 어려운 것을 허구의 일이라고 여겼기에 적극적으로 인정해 줄 수 있다. 권진사는 현실에서 너무나 엄격하고 완고한 규범주의자이다. 현실에서 그는 어떤 융통성도 없고 관용도 없다. 집안 아랫것들이 조금이라도 잘못하면 가차 없이 벌을 주어 죽이기까지 한 냉혈한이었다. 이러한 그는 분별적 사고에 집착한 사람이 세상을 대하는 태도의 전형을 보여준다. 그런 권진사가 허구세계에 대해서는 관대하고 낭만적인 태도를 보인다. 허구 세계를 경험하기 시작하는 순간 권진사는 분별심에서 해방되었다. 규범이나 도덕률을 엄하게 적용하지 않고 아집이나 집착에서도 다소 벗어난 것이다.

권생의 친구가 권진사의 그런 마음을 다시 확인한다.

> "만약 어르신께서 그 지경에 당하시면 어떻게 처하겠습니까? 밤중에 아무도 없는 방에서 절대 가인을 곁에 두고 그를 가까이 하시겠습니까? 안하시겠습니까? 이미 가까이 하셨다면 그를 데리고 사시겠습니까? 아니면 버리시겠습니까?"[14]

---

14. "若使尊丈當之, 則當何以處之? 中夜無人之際, 絶代佳人在傍, 則其將近之乎? 否乎? 旣近

그러자 권진사는,

> "고자가 아닌 담에야 황혼에 가인을 만나 어찌 헛되이 보낼 이치가 있는가? 그리고 기왕 동침했으면 데리고 사는 거지, 어찌 버려서 적악을 한단 말인가?"[15]

라 하여 여인을 맞이하는 것이 당연하다고 분명히 선언하였다. 이런 권진사의 태도는 평소 그가 자제들에게 보인 엄격한 태도와는 매우 다르다. 그 까닭은 권진사가 허구 세계와 현실 세계에 대해 이중 잣대를 가졌기 때문이다. 허구 세계에서는 낭만과 여유, 탈선도 인정한다. 반면 현실에서는 그럴 수 없다. 허구 세계란 것을 전제하여 권진사는 모든 탈선과 작첩을 인정한 것이다.

이때 권생 친구는 '잣대는 하나여야 한다는 통념'을 끌어들인다. 분명 권진사는 이야기 속 인물이 첩을 맞이하는 것을 아주 낭만적으로 채색하기까지 하면서 인정하였다.

아들 친구가 그 사연이 바로 권진사의 아들의 것이라 하자, 권진사는 한동안 아무 말도 할 수 없었다. 그 시간은 온갖 생각이 떠올라 뒤섞여 충돌하다 교섭하고 타협하는 과정일 것이다. 권진사는 자기 아들의 일을 남의 일로, 현실의 일을 허구의 일로 경험하게 되어, 마침내 아집과 오만에서 벗어났을 것이다. 권진사는 허구 세계란 것을 조건으로 하여 스스로 달라졌다. 이제 그 조건이 바뀌어도 옛날 태도로 돌아갈 수 없다. 잣대는 하나이어야 하기 때문이다.

之, 則其將率畜乎? 抑棄之乎?"(청구야담 하, 426~427면)

15. "旣非宮刑之人, 則逢佳人於黃昏, 豈有虛度之理也? 旣同寢席, 則不可不率畜, 何可等棄而積惡乎?"(청구야담 하, 427면)

이 야담은 권진사가 허구 세계에서 현실 세계로 나아가 적응하는 과정을 묘사하지 않음으로써 결락 부분을 만든다. 독자는 그 부분에서 나름대로 생각을 전개한다. 가상의 일이라고 생각했던 것이 현실이라는 것을 확인했을 때 권진사는 어떤 충격을 받고 그 충격을 어떻게 해소했을까? 이런 질문에 이어서 내가 권진사라면 어떻게 할 것인가? 라는 자기 질문으로 나아갈 것이다. 결국 권진사의 가상에 대한 경험은 현실에서의 경직된 태도를 풀어주고 아집을 벗어던지게 했다. 그리고 거기에 머물지 않았다. 순식간에 삶의 지혜를 만들어낸 것이다. 권진사는 격노하여 작두를 가져와 아들을 죽이는 시늉을 한다. 목표는 질투심 많은 며느리의 심성을 고치는 것이다. 겉으로 보면 권진사는 명백하게 아들의 행동에 대해 격노하고 있고 마침내 아들을 죽일 것 같다. 이 장면의 궁극 목표는 두 가지다. 하나는 독자로 하여금 절대절명의 위기를 경험하게 하는 것이고, 둘은 며느리로 하여금 자기 남편의 예상된 죽음을 겪게 만드는 것이다. 권진사가 노린 것은 후자이다. 며느리는 남편이 목숨을 잃는다는 가상 상황을 엄연한 현실로 느껴 매우 절박해진다.

며느리는 시아버지에게 간절히 용서를 빈다. 그리고 몇 번이나 질투를 하지 않겠다고 맹세한다. 그 제서야 권진사는 아들을 용서하고 여인을 데려와 첩으로 맞이하게 하였다.

요컨대 현실 경험을 허구로 경험하다 현실로 돌아온 권진사가 좀 더 너그러운 아버지로 다시 태어날 수 있었다면, 허구적 상황을 현실로 경험한 며느리는 투기심을 버리고 남편을 이해해주고 다소곳한 여인으로 다시 태어날 수 있었다. 물론 두 종류의 경험 중 권진사의 경험이 중심자리에서 서사의 원동력을 제공한다. 권진사는 아들 친구의 계교에 의해 본의 아니게 이런 경험을 하게 되었지만, 그걸 참조하여 독자들이 스스로 현실 삶을 허구나 가상, 꿈처럼 보는 경험을 하고 다시 현실로 돌아온다면 그 효과는 더해질 것이다.

〈구운몽〉: 현실과 가상, 진실과 속임수의 뒤섞임

〈구운몽〉에서 성진은 현실 인물이고 양소유는 성진의 사념 속에서 환생한 비현실적 인물이다. 그럼에도 불구하고 양소유가 현실 인물로 느껴지고 성진은 비현실 인물로 느껴진다. 이처럼 형식상 설정과 실질적 느낌이 상반되어 독자들은 현실과 환상 혹은 꿈을 반대로 경험하게 된다. 그런 경험은 보통 사람이 지금까지 습관적으로 가져온 감각에 큰 충격을 준다. 특히 양소유는 꿈을 자주 꾼다. 양소유는 토번 정벌 길에 동정용궁으로 가는 꿈을 꾼다. 꿈속에서 백능파를 만나 전생 인연을 확인하고 사랑을 나누며 남악형산을 찾아가 예불까지 한다. 또 양소유의 꿈에 정경패가 나타나 자기가 죽어서 천상으로 갔다고 말한다. 꿈속의 계시는 양소유의 현실에 그대로 실현되기도 하고 실현되지 않기도 한다. 그러나 둘이 다른 것은 아니다. 궁극적으로 양소유는 비현실적 가상 인물이기 때문에 양소유의 꿈 속 사건은 물론 양소유의 현실에서 일어나는 사건도 가상적인 것이라는 점에서는 다를 바 없다.[16]

〈구운몽〉에서는 꿈과 현실이 거듭 교직되면서도 속이고 속는 상황도 자주 연출된다. 특히 주인공인 양소유가 거듭 속는다. 정경패, 정사도, 가춘운, 태후 등 속이는 등장인물들과 그것을 목격하는 독자들은 속임의 실상을 분명히 알지만 양소유 혼자만 모른다. 그러나 시간이 흘러감에 따라 양소유는 결국 자기가 속은 줄 알게 된다. 속임수에 넘어가 가춘운이 죽었다고 착각했던 양소유는 사실은 가춘운이 죽지 않았다는 것을 알고는 무척 기뻐한다. 또 꿈속에서 부정적인 상황을 경험하게 된 양소유는 깨어나서 그게 꿈이었다며 안도한다. 〈구운몽〉에서 작자는 이런 속임수와 꿈을 계속 설정하여 간다. 정경패가 죽었다고 속이고 있는 가춘운, 진채

---

16. 〈구운몽〉의 환몽 경험에 대해서는 이강옥, 『구운몽의 불교적 해석과 문학치료교육』, 소명, 2010, 172~176면 참조.

봉, 난양공주 등의 말을 엿듣고는 자기가 더 이상 속지 않고 있다고 우쭐대는 양소유의 모습을 보면서 독자는 웃게 된다.

양소유는 자기가 속았다는 사실을 알게 되어 속임수로부터 빠져나온다. 속임수에서 빠져나온 양소유는 부정적 상황이 속임수 속의 가상 상황이며 자기는 명백한 현실 공간에 몸을 담고 있다는 사실을 확인하면서 기뻐하지만, 자기 자신이 가상적 존재라는 점을 깨닫지는 못한다. 독자는 이런 양소유를 바라보는 자리에 있다. 독자는 양소유가 현실과 가상, 진실과 속임수 사이를 방황하는 것을 응시하며 성찰하게 된다.

거듭 속임을 당하던 양소유를 바라보고 우스꽝스럽게 생각하게 된 독자의 시선은 수행자의 시선으로 수용될 수 있다. 수행자는 양소유를 우습게 생각하며 웃다가 자기도 모르는 사이에 "그렇다면 나는?" 혹은 "나도 이곳에서 속고 있는 것은 아닐까?" "과연 지금 내가 진짜일까?" 라는 성찰로 나아갈 수 있다. 현실 경험이 가상적이라는 상념에 이르는 것이다.[17]

〈구운몽〉을 읽으면서 가질 수 있는 속임수와 꿈의 경험은 수행자가 자기 욕망에 대한 집착을 버리고 자유롭게 살아가는 아주 소중한 바탕이 된다.

꿈 수행과 문학치료 프로그램

'현실을 꿈으로' 인식하고 받아들여 느낀다면 수행자가 지금까지 현실에서 느껴왔던 절망이나 슬픔, 우울, 분노 등을 떨쳐 내버릴 여지를 마련할 수 있다. 현실을 고착된 것으로 보고 현실을 유일한 경험 공간으로 생각하는 것은 현실에 대한 집착을 조장하며, 그런 집착이야말로 절망과 우울을 초래했다. 특히 '잃어버린 대상'에 대한 과도한 아쉬움과 집착이 우

17. 〈구운몽〉의 속임수 문제에 대해서는 위의 책, 164-171면 참조.

울을 초래한다는 사실이 분명하게 입증되었다. 그런데 그런 현실을 꿈으로 볼 수 있다면 현실에서 경험한 상실에 대해 좀더 자유로워질 수 있다.[18] 그건 우리가 꿈에서 잃은 것에 대해서 연연하지 않을 수 있는 것과 같다.

현실에서 잃어버린 대상은 과연 우리가 집착할 가치가 충분한 것인가? '우리에게 익숙한 현실이 과연 실제로 존재하는 것인가?'라는 근본적인 의문을 갖도록 한다. 우리가 당연히 존재한다고 여겨왔던 익숙한 현실에 대한 근본적 성찰을 하게 된다.

꿈 수행과 문학치료 프로그램은 3장에서 제시한 수행 자료들을 알맞게 활용하여 다음과 같은 회기를 설정할 수 있다.

수행단계	회기	꿈 수행 내용	꿈 수행 자료
예비 수행 단계	1	꿈 기억하기와 꿈 이야기하기	수행자의 꿈
	2	과거 현실 경험 회상하기	수행자의 생애주기별 현실경험. 한 달 전, 1년 전, 5년 전, 10년 전, 20년 전, 30년 전의 현실경험
	3	'현실은 꿈이다'의 인식적 환기	〈금강경〉, 〈장자〉, 〈대승육정참회(大乘六情懺悔)〉,
본 수행 단계	4	삶의 덧없음 경험하기	〈침중기(枕中記)〉와 〈남가기(南柯記)〉
	5	'현실은 가상이다' 경험하기	〈매트릭스〉 1
	6	현실과 허구의 전환 수행하기	〈현부지납채교녀〉, 〈외엄구한부출시언〉
	7	'현실은 꿈이다' 내면화하기	〈수향기(睡鄕記)〉, 〈구운몽〉
	8	꿈 수행과 꿈에서 깨어나기 중도의 내면화하기	〈대승육정참회〉, 〈참선곡〉 〈구운몽〉

18. 프로이트도 잃어버린 대상에 대한 집착이 리비도의 특징에 근거를 두고 있다고 보았다. "그러다가 대상이 없어지는 경우가 생긴다. 이때 리비도는 대상이 상실되어도 그 대상으

예비적 수행 단계

상담자는 수행 프로그램을 시작하면서 수행자에게 이런 질문을 던진다.

"살아가는 것이 꿈결의 일이라고 느낀 적이 있습니까?"

"지금 이곳의 내가 꿈 속의 존재라고 볼 수 있습니까? 있다면 어떤 이유에서입니까? 그렇다면 내가 어떻게 달라질까요?"

이런 질문으로 분위기를 유도한 뒤 다음과 같은 구체적 단계를 시도한다.

[1] 1회기: 꿈 기억하기와 꿈 이야기하기

수행자가 지금까지 꾼 꿈 중 특이하다고 기억하는 꿈에 대해 이야기하게 한다. 그 이야기에 대해 수행자와 상담자가 대화를 나눈다. 꿈을 꾸고 난 뒤의 기분을 기억해내어 이야기하게 한다. 꿈이 현실에서 실현된 경우와, 현실에서의 어떤 요소가 꿈에 나타난 경우에 대해 이야기하게 한다.

이런 대화를 통하여 수행자는 자신의 꿈을 자각하고 기억하고 이야기하는 것이 소중하며, 꿈 경험 자체가 자기 삶을 구성하는 중요한 요소임을 인정하도록 한다.

[2] 2회기: 과거 현실 경험 회상하기

지금 시점에서 과거를 회상한다. 한 달 전, 1년 전, 5년 전, 10년 전, 30년 전의 일을 회상하여 본다. 그것이 [1]에서 기억한 꿈의 내용과 어떤 점에서

로부터 떠나지 않는다. 여전히 자아와 대상을 연결한다. 이전 대상보다 객관적으로 더 나은 대상이 와도 리비도는 여전히 이전 대상을 향해 있고 새로운 대상에게는 관심을 두지 않는다. 정신분석이 집중적으로 관찰하는 것은 바로 상실된 대상에 대해 애착을 포기하지 않는 리비도이다."(강응섭, 『프로이트, 무의식을 통해 마음을 분석하다』, 한길사, 2010, 130면)

같고 어떤 점에서 다른가를 살핀다. 20년 전이나 30년 전의 현실경험에 대한 회상은 꿈 이야기보다 더 어렴풋하고 모호할 수 있음을 느낀다.[19] 그런 점에서 과거 현실 경험에 대한 회상을 의도적으로 지속적으로 시도하면 현실에 일어났던 일을 꿈으로 인식하고 꿈으로 느끼는 것이 가능해진다. 회상은 꿈 수행의 출발이다.

3 3회기: '현실은 꿈이다'의 인식적 환기

앞 장에서 제시한 바를 근간으로 하여, '현실은 꿈이다'고 주장할 수 있는 인식적 근거를 공부하고 다. 이렇게 공부한 결과를 위 1회기와 2회기의 수행 경험과 연관시켜본다.

본 수행 단계

4 4회기: 삶의 덧없음 경험하기-〈침중기枕中記〉와 〈남가기南柯記〉

가장 널리 알려져 있는 '한단지몽邯鄲之夢'과 '남가일몽南柯一夢'의 스토리를 이끌어 와서 삶의 덧없음을 추체험한다.

〈침중기枕中記〉에서 초라한 서생인 주인공 노생은 평소 소망하던 바를 꿈 속에서 다 이루었을 뿐 아니라 그로 인해 발생한 생의 고뇌까지 경험한 뒤 깨어난다. 꿈에서 깨어난 노생은 자신이 여전히 누워있고 여옹도 그 옆에 그대로 앉아 있으며 주인이 짓던 기장밥은 아직 뜸도 들지 않은 채 있어 모든 것이 잠들기 전과 같았다. 이에 노생은 크게 놀라며 "어찌 이것이

19. 실제 경험보다 꿈 경험이 더 오래 기억되는 경우를 프로이트는 분명하게 언급하였다. 즉, "또 어떤 것들은 아주 잘 보존되기도 해서 예를 들어 어린 시절의 꿈들 중 어떤 것들은 30년이 지나서까지도 생생한 체험처럼 기억 속에 남아 있기도 합니다.… 이와같은 밤 동안의 정신 활동은 매우 많은 레퍼토리를 가지도 있으면서 본질적으로는 우리의 정신이 낮 동안에 수행하는 모든 일을 할 수 있습니다."(프로이트, 『정신분석강의』, 열린책들, 2007, 임홍빈, 홍혜경 역, 122~123면)

꿈이란 말인가?"라고 말한다. 그에 대해 여옹은 "인간 세상의 일도 또한 이와 같다네."라고 대꾸한다. 즉, 노생은 여옹이 말한 대로 인생은 꿈과 같아 세상의 부귀영화도 뜬 구름처럼 허무하고 가치가 없음을 느끼고 주장하게 되는 것이다.

〈남가기南柯記〉에서 당나라 순우분이라는 사람이 술에 취해 자기 집 남쪽에 서 있는 큰 느티나무 밑에서 잠이 들었다가 괴안국槐安國 사신의 인도를 받아 괴안국으로 초빙되어 간다. 순우분은 사신을 따라 느티나무 구멍 속으로 들어가 괴안국에 이른다. 괴안국 국왕은 자기 딸을 순우분에게 주고 남가군 태수 자리를 내렸다. 태수로서 능력을 인정받았지만 다른 나라가 쳐들어와 아내까지 죽자 태수직을 그만두고 서울로 돌아오면서 깨어났는데 그 모두가 꿈이었다. 나무 밑둥에는 과연 큰 구멍이 하나 있었고 거기를 파 보니 개미들이 가득 모여 있었고, 커다란 개미 두 마리가 있었다. 여기가 괴안국의 서울이며, 커다란 두 개미는 국왕 부처였다. 또 한 구멍을 찾아 들어가니, 남쪽 가지 사십 척쯤 올라간 곳에 또 개미떼가 있었다. 여기가 순우분이 다스리던 남가군이었다. 순우분은 구멍을 원래대로 고쳐 놓았다. 이튿날 아침에 가 보니, 구멍은 밤에 내린 비로 허물어지고 개미도 없어졌다.

〈침중기〉와 〈남가기〉는 동아시아 꿈 서사의 대표적인 사례로 후대에 거듭 인용되거나 수사에 자주 활용되어 왔다. 두 서사는 '현실-입몽-꿈-각몽-현실'의 구조를 충실하게 보여주면서 꿈 서사의 원형 역할을 해왔다. 구태여 둘을 구분하자만 〈남가기〉는 꿈의 증거를 현실에서 찾았다는 점이다. 그 증거는 사람과 개미를 동일시하는 역할을 한다. 그럼으로써 현실 삶의 부질없음을 더욱 인상적으로 강조할 수 있게 되었다. 둘 다 사람의 부귀영화란 꿈과 같이 헛된 것이라는 메시지를 강하게 담고 있다. 그런 점에서 둘은 '현실은 꿈이다.'는 명제를 가장 뚜렷하게 실천하는 서사라고 할 수도 있다. 그러나 현실 삶 자체를 다루는 것이 아니라 현실을 꿈 속에서 경험하게 함으로써 '현실 삶은 부질없다.'는 메시지만을 강조한다. 그런 점에서 "현실은 꿈이다."는 명제를 그대로 보여주는 것은 아니다. 그리고 허무주의나 자포자기의 성격이 너무 강하다.

그런데 〈침중기〉와 〈남가기〉의 이와같은 현실과 꿈에 대한 태도는 동아시아 문화에 심대한 영향을 주어왔다. 그래서 우리가 현실과 꿈을 떠올릴 때 우선적으로 이 두 사례를 염두에 두거나 이 관점을 따르게 된다. 그런 점에서 두 작품에 대한 비판적 성찰은 수행자들이 꿈 수행을 하는 출발점이 된다.

[5] 5회기: '현실은 가상이다' 경험하기-〈매트릭스〉의 가상과 현실

오늘날 사람들은 다양한 가상현실을 경험한다. 영화나 게임, 세컨드라이프 secondlife.com 등이 그 예이다. 보통은 그것이 가상임을 알고 경험하기에 그 자체가 크게 문제될 것은 없다. 다만 그 가상 경험을 마무리하고 현실로 돌아올 때가 문제된다. 그런 가상현실과 다른 이곳 현실이야말로 명백한 실체라는 신념을 더 강화하기에 문제가 된다. 그 결과 현실 세계에 대한 집착이 더 강해진다. 자기 것을 잃었을 때 엄청난 상실감과 불행감을 느끼게 되고 그것이 마침내 우울한 느낌 혹은 우울증으로 귀착되는 것이다.

〈매트릭스〉를 보면서 수행자는 이 세계가 가상이나 꿈일 가능성을 충격적으로 느낄 수 있다. 그것은 프로그래머 토머스 앤더슨이 느꼈던 충격과 흡사하다. 수행자는 영화 속에서 묘사하는 것처럼 사람들의 일상적인 모습이 완벽한 네트워크 프로그램에 의해 만들어진 환상이라는 단계까지는 인정하기 어렵다 할지라도, 현실세계가 사람의 착각이나 왜곡에 의해 재구성된 성격이 강하다는 사실을 충격적으로 환기할 수 있을 것이다. 이런 경험은 '현실은 꿈이다.'는 3회기의 인식적 환기를 내면화 단계로 이끌어간다.

6 6회기: 현실과 허구의 전환 수행하기-〈외엄구한부출시언 畏嚴舅悍婦出矢言〉(청구야담 하 421)

〈외엄구한부출시언 畏嚴舅悍婦出矢言〉(청구야담 하 421)에서 고지식하고 엄격하기만 했던 권진사는 평소라면 아들의 축첩 행위를 결코 용납하지 않았을 것이다. 권진사는 축첩을 한 아들은 가혹하게 응징하였을 것이고 질투심 많은 며느리를 내쳤을 것이다. 그러나 권진사는 허구를 경험한다. 아들의 실제 경험을 허구로 경험함으로써 더 느긋하고 관대한 인간으로 재탄생한 것이다.

상담자는 수행자로 하여금 이 야담에 등장하는 인물과 수행자 자신을 긴밀하게 만들기 위하여 다음과 같은 질문을 던질 수 있다.

> "고담의 내용이 자기 아들이 실제로 경험한 것이라는 말을 들었을 때, 권진사의 생각은 어떻게 달라져 갔을지 이야기하여 봅시다."

수행자는 이 질문에 대한 답을 생각하면서 권진사의 경험을 자기화할 수 있다. 그런 경험을 바탕으로 하여 수행자는 문제적인 자기 경험을 허구적 서사로 재구성함으로써 분별심과 집착으로부터 다소 멀어질 수 있다. 자기 서사를 기술하되 사실에 충실하면서도 특별히 문제적인 국면을 허구적으로 재구성하는 말하기 혹은 쓰기는 자기 경험을 새롭게 혹은 다른 각도에서 바라보고 재해석하게 하는 것이다.

수행자가 자기 서사를 허구의 형식으로 쓴 다음 다른 사람으로 하여금 그것을 읽게 하고 그 반응을 관찰한다. 집단상담이라면 상담 동료가 읽어주며, 단독상담이라면 상담자가 읽어주고 반응해준다. 자신의 이야기가 부담없이 타인에 의해 읽혀지고 그에 대해 반응을 듣는 과정은 수행자가 자기를 대상화하고 자기의 번뇌에 대해 거리를 둘 수 있는 좋은 기회가 된다.

[7] 7회기: '현실은 꿈이다' 내면화하기-〈구운몽〉

〈구운몽〉을 읽으면서 그 속에 다양하게 담겨 있는 현실, 꿈, 속임수, 착각 등의 정황을 적극적으로 감상하고 그 느낌을 정리한다. 꿈과 현실의 뒤섞임, 빈번한 속임수 등이 전개되는 과정에서 중심에 놓인 양소유에 주목한다. 양소유는 꿈에서 깨어나도 자기가 더 큰 꿈을 꾸고 있다는 진실을 모르는 점을 수행자가 떠올린다. 수행자는 양소유에 대해 동일시를 하면서도 거리두기도 하면서 수행을 계속해간다.

〈구운몽〉의 마지막 대목은 현실과 꿈의 관계를 통찰하게 하는 최고의 수행 텍스트이다. 돌아온 성진은 자기가 꿈에서 깨어났다고 생각하기도 하고 윤회를 겪었다 하기도 한다. 성진 스스로에게도 양자는 혼동되고 있는 것이다. 성진은 먼저 육관대사가 자신으로 하여금 하룻밤의 꿈을 꾸게 하였다가 깨어나게 해주어 자신을 깨닫게 해주었다며 육관대사에게 감사한다. 이에 대해 육관대사의 설법이 시작된다.

> 대사 가로되, 네 흥에 따라 갔다가 흥이 다하자 왔으니 내가 무슨 간섭을 했겠는가.[20]

이 대목은 양소유로의 환생이 성진의 사념이 실현된 결과라는 사실을 분명하게 지적한 부분이다.

> 네가 또한 '제자 윤회의 일을 꿈꾸었습니다' 했는데, 이로 보면 너는 꿈과 인세를 구분하여 둘로 본 것이니, 너는 꿈에서 완전히 깨어나지 못한 것 같구나. 장주가 꿈에 나비가 되었고 나비 또한 변하여

---

20. '大師曰 汝乘興而去 興盡而來 我有何干與之事乎'(노존A본, 정규복, 『구운몽 원전의 연구』, 일지사, 1981, 281면)

장주가 되었다. 이에 장주는 '장주가 꿈을 꾸어 나비가 되었는가, 나비가 꿈을 꾸어 장주가 되었는가'라 하며 끝내 구분치 못했으니 어느 것이 꿈인지 어느 것이 진인지 그 누가 아리오. 지금 너는 성진을 너의 육신이라 생각하고 또 꿈을 그 육신의 꿈이라 생각했다. 그리하여 너 역시 육신과 꿈으로 [분리시켜] 일물이 아니라 했다. 성진과 소유 중 어느 쪽이 꿈이고 어느 쪽이 꿈이 아니냐?[21]

먼저 이 구절에서 육관대사는 꿈과 인간의 현실세계를 분명하게 구분하는 것이 불가능하고 바람직한 것도 아님을 밝혔다. 양소유꿈와 성진현실세계 모두 꿈일 수도 있다는 것을 설파한 것이다. 이 대목에서 성진이 보여주는 태도야 말로 수행자들이 일차적으로 동일시하며 유심히 살펴보아야 할 것이다. 성진은 자기가 실재하는 인물이라는 것에 대해 전혀 의심하지 않았다. 현실을 꿈으로 보지 못하는 보통 사람의 한계를 그대로 보여주는 것이다. 이런 성진을 육관대사가 꾸중한 것이다.

수행자는 돌아온혹은 깨어난 성진이 양소유의 존재를 부정하는 장면을 유심히 관찰한다. 그런 성진을 육관대사가 꾸중하는 이유를 생각한다. 이럴 때 수행자는 육관대사와 자신을 동일시하여 육관대사의 자리에서 성진의 정당성을 살핀다.

수행자는 이 대목을 유심히 살피며 꿈 수행을 마무리할 수 있다. 이 회기는 '현실은 꿈이다.'는 인식을 구체적으로 내면화하게 한다.

[8] 8회기: 꿈 수행과 꿈에서 깨어나기–여몽삼매如夢三昧와 무생법인無生法忍

---

21. '汝又曰 弟子夢人間輪回之事 此汝以夢與人世 分而二之也 汝夢猶未盡覺也 莊周夢爲蝴蝶 蝴蝶又變爲莊周 莊周曰 莊周之夢 爲蝴蝶耶 蝴蝶之夢爲莊周耶 終不能卞之 孰知何事之爲夢 何事之爲眞耶 今汝以性眞爲汝身 以夢爲汝身之夢 則汝亦以身與夢 謂非一物也 性眞少遊 孰是夢也 孰是非夢也'(같은 면)

현실이 꿈임을 관찰하고 내면화하는 훈련이다. 원효의 〈대승육정참회〉의 일부를 다시 인용하여 보자.

> 어긋나든 순조롭든 육진六塵과 남녀의 두 상은
> 모두 내가 꾸는 꿈이지 영원한 실제의 일 아니거늘
> 무엇을 걱정하고 기뻐하며, 무엇을 탐내고 무엇에 대해 성내리오
> 자꾸자꾸 사유하고, 이와 같이 꿈으로 보면
> 점점 닦아 여몽삼매如夢三昧[22]를 얻으리니
> 이 삼매로 말미암아 무생법인無生法忍[23]을 깨닫고
> 그리하여 긴 꿈에서 문득 깨어나면
> 흘러다니는 것은 본래 없었다는 것을 알 것이며
> 다만 한 마음一心이 한결같이 그러한一如 침상에 누워 있었음을 알게 될 것이다.

끊임없이 '현실은 꿈이다.'라고 사유하고 느낀다. 내가 지금 꿈을 꾸고 있는데, 잠에서 깨어나면 조금 전까지 현실이라 느끼던 것이 꿈이었다는 사실이 분명해진다는 사유를 거듭하는 것이 몽관夢觀이다. 물론 우리 앞에 분명히 펼쳐져 있는 산과 들의 모습이 꿈 속 모습이라고 생각하기는 쉽

---

22. 여몽삼매(如夢三昧): 인생을 꿈과 같이 여기는 상태가 지속되는 삼매지경.
23. 무생법인(無生法忍): 이 세상의 모든 존재는 다만 겉보기에 생겨나는 듯할 뿐, 실제로는 생겨나는 일이 없다. 생겨나는 일이 없으므로 당연히 잠시 머물렀다가 변하면서 사라져 가는 이 모든 현상도 모두 꿈과 같고 허깨비와 같다. 보는 것 듣는 것에 대해 비판하거나 분별하지 않고, 바깥의 사물을 다만 있는 그대로 보고 듣는다. 그러면 늘 고요하면서도 늘 환히 비추게 되는데, 이것이 상락아정(常樂我淨)의 열반이다. 이렇듯 무생법인은 모든 존재가 생겨나도 사실은 생겨난 적이 없다는 존재원리(不生不滅)를 받아들이는 수행을 말한다.

지 않을 것이다. '산'과 '들'이라는 개념, 산과 들에 대한 좋고 나쁜 생각이 문제다. 우리 마음은 개념과 망상을 만들어낸다. 특히 불교의 오온五蘊 중 수受, 상想, 행行, 식識이 그런 일을 한다. 오온이 망상을 일으키지 않는다면 산과 들의 개념도 존재할 수 없다. 산과 들이라는 개념들에 의해 구성되는 현실은 꿈이다.

이렇듯 현실이 꿈이라는 것을 거듭 떠올려가면 '여몽삼매如夢三昧' 단계에 이른다. 여몽삼매 단계에서는 현실이 꿈으로 여겨지는 상태가 지속된다. 궁극적으로는 무생법인을 얻는다. 무생법인 단계에서는 지금까지 한 번도 여기저기 떠다는 적이 없고 오직 침상 위에 고요히 누워있다는 비유처럼, 이 세상 모든 존재는 실제로 생겨나는 일이 없었다는 가르침을 완전히 받아들인 단계이다. 이렇게 모든 존재가 생겨난 적이 없다는 것을 근본적으로 인정하고 내면화한 단계라면, 현실의 모든 현상이나 존재가 모두 꿈과 같고 허깨비와 같다는 비유가 체현될 것이다.

경허 스님이 지은 가사 참선곡參禪曲의 아래 구절을 읽으며 재삼 꿈 수행의 취지와 태도를 환기한다.

> 홀연히 생각하니 도시몽중(都市夢中: '모두가 꿈 속 일')이로다.
> 천만고 영웅호걸 북망산 무덤이요
> 부귀문장 쓸데없다 황천객을 면할소냐
> 오호라 나의 몸이 풀 끝에 이슬이요 바람속에 등불이라...
> 오온색신五蘊色身 생각하되 거품같이 관觀을 하고
> 바깥으로 역순경계逆順境界 몽중夢中으로 관찰하여
> 해태심懈怠心을 내지 말고 허령虛靈한 나의 마음
> 허공과 같은 줄로 진실히 생각하여

마침내 꿈인 현실에서 깨어나는 단계를 간절히 떠올린다. '현실이란 꿈에서 깨어나기'는 수행자로 하여금 세상을 꿈결같이 살아가는 자신을 반성하고 그런 자신을 극복하게 한다. 이 단계에서 중도中道적 세계관을 정립한다.

꿈 수행과 문학치료 프로그램의 효과

꿈 수행과 문학치료 프로그램은 우리가 실체로서 실재한다고 당연시하는 이곳 현실이 꿈이고 환상이며 가상일 수 있다는 점을 통각하도록 이끈다. 이런 통각은 현실에서의 처지나 상황에 얽매여서 그 행복과 불행으로부터 끊임없이 동요하며 시달리는 우리들의 고통을 경감시켜준다. 현실 경험에서 좀더 느긋해지고 현실 경험에서 지금까지와는 매우 다른 의미를 추출해낼 수 있다. 반대로 그런 현실과 다를 바 없는 꿈이나 가상, 환상에 대한 태도 역시 바꿀 수 있다. 가상이나 꿈, 환상에서 '실재하지 않는 대상'을 지각하는 것은 현실에서 대상을 지각하는 것과 다르지 않다는 마음가짐이다. 꿈이나 가상, 환상에서의 지각 경험은 무시할 수 없고 무시하는 것이 바람직하지도 않다. 그보다는 그 경험을 일정하게 활용할 필요가 있다. 특히 현실과 현실에서의 경험에서 절망하고 있는 수행자라면, 또 다른 '대안적 경험'을 추구해보는 것은 의의가 크며, 거기서 예상하지 못한 소득을 얻을 수도 있다.

우울증 상담에 국한하여 생각해보자. 내담자와 상담자는 현실과 가상, 현실과 꿈의 관계에 대해서 다양하게 대화를 나눌 수 있다. 내담자는 자신을 집착하게 하여 절망하게 하고 우울하게 만든 현실이 실재가 아닐 수 있다는 것을 자각하게 된다. 실재가 아닌 것 때문에 내담자는 지금까지 상처를 받아왔다. 그것은 부질없는 일이었음을 깨닫게 된다. 그것은 마치 절망적인 꿈을 꾸고 깨어나서 절망해하는 것과 같다. 다음으로 내담자는 꿈같은 현실을 좀더 느긋한 태도로 맞이할 수 있게 된다. 내담자는 앞으로 꿈같은 현실에서 다양한 욕망을 갖고 그 욕망을 이루기 위해 갖가지 행위를 할 것이다. 현실이 꿈이라면, 꿈이 거듭되듯 현실의 기회도 거듭 찾아올 것이다. 현실의 시도에서 최선을 다하되 편안한 마음으로 거듭할 수 있기에 언젠가는 흡족한 결실을 맺을 수 있다는 희망을 가질 수 있다.

꿈 수행은 현실의 실재에 대해 조금도 의심하지 않는 사람들의 습관적 지각작용과 상투적 인식에 충격을 주고 고루한 경직을 깨뜨리는 데서 시작한다. 꿈 수행이 치열하게 이루어져 어느 단계에 이르게 되면 "현실은 꿈이다."는 명제를 그대로 받아들이게 된다. 그런데 그렇다면 "현실은 다만 꿈이다."라는 데서 머물 수 있을까? "현실은 다만 꿈이다."라고만 생각하고 믿으며 받아들인다면 우리는 행복해질 수 있을까? 현실이 꿈인데, 뭘 위해, 무슨 이유로 아등바등 살 것인가? 이런 삶의 태도가 조장될 수도 있다. 또 현실이 꿈임을 내면화하면 심리적 불안이나 허무를 느낄 수도 있다. 보통 사람들의 일상이 행복한 것이든 불행한 것이든, 적어도 그 삶의 영역이 분명히 실재한다는 느낌이야말로 자신의 존재적 안정을 지탱하는 것이기 때문이다. 그러나 현실을 꿈으로 보게 되고 지금 자신이 몸담고 있는 세상의 실재를 근본적으로 부정하는 단계를 지나면, 있는 그대로의 세상을 발견하고 인정하는 데로 귀결되는데 그것이야말로 뜻하지 않은 반전이다.[24] 지금 우리가 보는 것 듣는 것에 대해 이러쿵저러쿵 분별하지 않고, 바깥의 사물을 다만 있는 그대로 보고 듣는다. 마치 거울이나 허공처럼 늘 고요하게 있으면서도 세상 모든 것을 다 비춰주고 다 받아주는 것이다. 이것이 마니보주이다. 〈대승육정참회〉의 비유에서 분명하게 설명하고 있듯이, 꿈을 꾸고 그 꿈 속에서 다시 꿈을 꾸지만, 양쪽 다 꿈이라는

24. 『화엄경(華嚴經)』, '만법(萬法)이 다 환(幻)과 같아서, 법계(法界)가 모두 평안(平安)하다.'; 〈〈원각경〉〉, "知幻卽離故, 垢相永滅, 十方淸淨, 如彼古鏡, 垢盡明現, 而無障礙也. 所以, 云, 當知身心, 皆爲幻垢, 垢相永滅, 十方淸淨"(138-139면)

것을 깨닫고 마침내 평온하게 누워있는 자신으로 돌아온 상태가 그것이다. 이렇게 되면 더 충만한 일상이 전개되는 것이다. 사람이 재구성한 현실은 꿈이기 때문에 그 꿈에서 깨어나 우리가 제멋대로 재구성하기 전의 세상, 있는 그대로의 현실을 회복하는 것이야말로 번뇌 망상으로부터 해방되는 길이다. 꿈 수행은 이 단계까지 나아간다.

그런데 여기서 멈추면 또다른 집착이 된다. '있는 그대로의 세계'가 또다른 망상이 될 수 있는 것이다. 그런 점에서 어디에도 머물지 않고 꿈 수행을 지속하기 위해서는 쌍차쌍조雙遮雙照의 중도를 지향해야 한다. 쌍차쌍조란, '있는 것도 아니고 없는 것도 아니다.'雙遮와 '있기도 하고 없기도 하다'雙照이다. 구름이 걷히면雙遮 찬란한 해가 나타나는 것이다.雙照[25]

'있는 것도 아니다.'='현실은 꿈이다.'
'없는 것도 아니다.'='현실은 꿈 아니다.'
'있기도 하다.'='현실은 꿈 아니다.'
'없기도 하다.'='현실은 꿈이다.'

이렇게 되면, '현실은 꿈이기도 하고 꿈 아니기도 하다.'와 '현실은 꿈

25. 쌍차(雙遮), 즉 양변을 막는다는 것은 양변을 떠나는 것을 말하며, 쌍조(雙照), 즉 양변을 비춘다는 것은 양변이 완전히 융합하는 것을 말합니다. 양변이란 모두 변견인데 변견을 버리면 중도(中道)입니다. 비유하자면 하늘에 구름이 걷히면 푸른 하늘에 해가 그대로 드러나고, 해가 완전히 드러나 있으면 구름이 완전히 걷힌 것입니다. 그러므로 구름이 걷혔다는 것은 해가 드러났다는 말이며, 해가 드러났다는 것은 구름이 걷혔다는 말과 같습니다. 쌍차(雙遮)란 양변을 완전히 떠난 것이니 구름이 걷혔다는 말이고, 쌍조(雙照)란 양변이 서로 융합한다는 것이니 해가 드러나 비친다는 말입니다. 그러므로 구름이 걷혔다는 것은 즉 해가 드러난 것이며, 해가 드러났다는 것은 구름이 걷혔다는 것입니다. 그러므로 쌍차가 즉 쌍조며 쌍조가 즉 쌍차입니다.(성철, 『백일법문』 상, 장경각, 2004, 63~64면)

아니기도 하고 꿈이기도 하다.'라는 대對가 성립한다. 이런 일련의 수행 과정에서 여전히 분별적 사유와 망상에 젖어 있는 우리들은 철저히 존재론적 단계에 갇히게 된다. 즉, 과연 현실은 현실이어 존재하는가? 아니면 현실은 꿈이어 존재하지 않는가?라는 질문을 끊임없이 하게 되는 것이다. 그러나 그것 역시 분별논리다.

결국은 존재하는가 존재하지 않는가라는 '진망론眞妄論'을 넘어서야 한다. 우리가 꿈 수행을 계속해갈 때, 존재하는가 존재하지 않는가 만을 따지는 진망론에서 살활론殺活論으로 나아가야 한다. 현실은 꿈일 수도 있고 꿈 아닐 수도 있다. 현실을 현실로만 보는 사람에게는 현실은 꿈이어야 한다. 현실을 꿈으로만 보는 사람에게는 현실은 꿈이 아니라 현실은 현실인 것이 필요하다. 우리는 이렇게 활발발活潑潑하게 현실과 꿈에 대한 명상을 이끌어갈 수 있다. 그 결과 어느 순간, 아, 이래서 현실은 꿈이구나! 나아가 아, 이래서 현실은 현실일 수 있구나!라는 단계에 이르게 되는 것이다. 설사 꿈 수행이 이 마지막 단계까지 나아가지 못한다 하더라도 꿈 수행의 과정은 사람을 근본적으로 달라지게 하는 힘을 갖고 있다.

5

마키아벨리 「군주」의 인간학적 해석

5 김용석

마키아벨리 「군주」의 인간학적 해석*

I. 「군주Il principe」는 어떤 책인가?

「군주」는 군주에 관한 책이다 니콜로 마키아벨리의 「군주」만큼 지난 오백 년 동안 사람들 입에 오르내린 책이 또 있을까? 작은 고추가 맵다고, 백 쪽도 채 안 되는 저서가 뭇사람의 관심을 확 끌어당김과 동시에 가슴을 섬뜩하게 했다. 그렇게 한만큼 이 책의 내용을 경계하게 했고 이 책의 저자를 미워하게 했다. 도대체 무슨 이유 때문에 「군주」는 뿌리치기 어려울 만큼 매혹적이자 동시에 혐오의 대상이 되었는가?

그 으뜸가는 이유는 이 책이 진실을 말했기 때문이다. 무엇에 대한 진실

* 본고는 2014년 11월 19일 영남대학교에서 "사악하고 교활하게 행동하는 사람들과 함께 살아가는 방법–니콜로 마키아벨리의 사상을 중심으로"라는 제목으로 한 강의의 바탕이 된 글이다. 마키아벨리 사상에 대한 기초적이고 핵심적인 지식을 제공하는 것으로써, 강의가 '자유 형식'이었듯이 마키아벨리 저서의 인용문들과 그것이 제기하는 문제점과 생각거리들을 자유롭게 전개한 것이다.

을 말했는가? **그 답은 책의 제목에 있다.**

〈----- 바로 군주에 대한 진실을 말했다. 「군주」의 핵심적 내용은 명확하다. 그것은 일반적인 위정자나 정치인에 대한 조언이 아니라, **책제목 그대로 '군주'를 위한 조언이다.** 다시 말해 공화정이나 민주주의 체제의 위정자를 위한 지침이 아니라, 독재와 전제정치가 종종 거리낌 없이 활용되는 군주국가의 위정자를 위한 지침이다.

마키아벨리는 책의 시작부터 "군주국에 대해서만 논하겠다"고 분명히 밝히고 있다. 따라서 공화정을 비롯해 다른 어떤 형태의 국가를 이끄는 정치지도자가 아니라, 세습 또는 찬탈에 의한 권력 획득이 필요하고 독재와 전제정의 방식으로 권력을 유지하는 반면 헌법에 의한 민권의 보장이나 언론에 의한 권력 감시가 허용되지 않는 군주국의 위정자에 대해서 논한다는 말이다. 마키아벨리는 때론 폭력에 의한 권력탈취와 권력유지가 불가피한 '군주국가와 군주의 현실은 이렇다'라는 것을 보여주면서, 그런 현실에 바탕해서 '군주는 이렇게 해야 한다'는 것을 가르치고 있다.

마키아벨리는 엄밀한 관찰과 성실한 탐구 정신으로 허황한 관념이 아니라 군주국과 군주의 구체적 현실을 드러내 보여주었다. 하지만 「군주」의 해석자들은 그의 주장을 일반화하려는 욕구를 버리지 못했다(이것이야말로 묘한 일이며 분석 대상이다). 마키아벨리가 '군주란 이렇다'라고 한 것을 '위정자란 이렇다'라고 보편화하기 일쑤였다. 더 나아가 '정치란 이렇다'라고 해석하고 싶어했다.

그래서 마키아벨리를 현실주의 정치이론가라고 칭송하기도 했고, '마키아벨리즘의 창시자'라고 혐오하기도 했다. 이렇게 지난 5세기 동안 매혹적이면서도 거부감을 불러일으키는 '군주론의 신화'는 지속되었다. 현실을 드러내 보이고자 했던 사상가의 말이 '현실주의 정치'라는 신화의 언어가 되어 버린 것이다.

「군주」는 '권모술수'에 관한 책인가? *'권모술수 權謀術數'의 사전적 정의: 목적 달성을 위하여 수단과 방법을 가리지 아니하는 온갖 모략이나 술책

*목적과 수단 방법에 관한 마키아벨리의 입장:

"자신의 힘을 키워가고자 하는 욕구는 매우 자연스럽고 정상적인 것입니다. 유능한 자들이 이를 수행할 때 그들은 항상 칭송받거나, 칭송까지는 아닐지라도 적어도 비난 받지는 않습니다. 그러나 성취할 능력이 없는 자들이 수단 방법 가리지 않고 이를 추구하려고 할 경우, 그것은 실책이며 비난 받아 마땅합니다." -「군주」, 제3장

〈--- 마키아벨리는 인간의 치부를 거침없이 파헤치기도 했지만, 인간의 능력에 대한 깊은 신뢰 또한 갖고 있었다. 그래서 그는 '능력이 있는 자'는 어떤 목적을 달성하기 위해서 수단과 방법을 가리고 말고 할 것도 없다는 점을 암시한다. 수단과 방법을 안 가리는 것은 무능한 자의 변명이라는 것이다.

"군주가 전쟁에서 이기고 나라를 보존하면, 그 수단은 모든 사람에 의해서 항상 명예롭고 찬양받을 만한 것으로 판단될 것입니다." -「군주」, 제18장

〈---- 여기서도 '나라의 보존'이라는 공적으로 정당한 목적이 전제되어 있다. 공공선을 위해 불가피하게 필요한 수단은 '사용'될 수 있다는 말이다. 목적에 부합하는 필요한 수단의 현명한 사용은 능력이라는 뜻이기도 하다.

----〉마키아벨리에게는 동일한 수단이라 할지라도 목적에 맞춰 '잘 사용'될 수도 있고, '잘못 사용'될 수도 있다. 잘못 사용되었다면 당시의 도덕적 관념에서 좋은 것일지라도 그것은 '공공선'을 성취할 수 없다.

"아가토클레스나 그와 같은 다른 인물들이 수없이 많은 배신과 잔인한 일을 저지르면서도 어떻게 해서 자신의 나라를 안전하게 오랫동안 통치하고 외침을 잘 방어함은 물론 시민들의 음모에도 걸려들지 않았는가에 대해서 의아스럽게 생각할 사람들이 의당 있을 법합니다. 왜냐하면 많은 다른 지배자들이 잔인한 짓을 저지른 경우에, 언제나 불확실한 상황인 전시에는 말할 것도 없고 평화시에도 자신의 권력을 유지할 수 없었기 때문입니다.

저는 이러한 차이가 잔인한 조치들이 잘 사용되었는가bene usate 또는 잘못 사용되었는가male usate에 달려 있다고 믿습니다. 그러한 조치들이 잘 사용되었다는 것은(나쁜 일에 '잘[bene]'이라는 단어를 사용할 수 있다면) 안전의 필요성 때문에 어쩔 수 없이 그러한 조치를 일거에 모두 저지르는 것을 말하며, 연후에는 지속되지 않고 신민들에게 가능한 한 유익한 조치로 바뀐다는 것을 의미합니다. 잔인한 조치들이 잘못 사용되었다는 것은 처음에는 빈도가 낮았으나, 시간이 흐를수록 감소하기 보다는 증가하는 경우에 해당합니다. 첫 번째 방법을 따르는 군주들은 아가토클레스가 그랬던 것처럼, 신의 용서와 사람들의 지지로 그들 나라의 사정을 호전시킬 수 있는 몇몇 수단들을 발견할 수 있습니다. 그러나 두 번째 방법을 따르는 군주들은 국가를 유지할 수 없습니다.

따라서 한 나라를 정복할 때에는 저지를 필요가 있는 모든 가해 행위에 대해 결정해야 하며, 모든 가해 행위를 일거에 저질러서 매일 되풀이할 필요가 없도록 해야 한다는 점을 명심해야 합니다. 그렇게 하면, 절제를 통해 민심을 수습하고 시혜를 베풀어 민심을 자기 편으로 끌어들일 수 있습니다. 소심하거나 판단력이 부족하여 이렇게 행동하지 않는 사람은 누구든지 손에 항상 칼을 쥐고 있어야 할 것입니다." -「군주」 제8장

마키아벨리는 권력도 '잘 사용해야' 한다는 것을 누구보다 잘 알고 있었다. 마키아벨리가 곳곳에서 군주의 상황을 설명하기 위해 쓰는 '사용하

다usare'라는 용어를 통해, 우리는 그가 어떤 일을 처리할 때 고전적 '노우 왓know what'의 과제에 머물지 않고, 현대적 '노우 하우know how'의 과제에 중점을 두고 있음을 알 수 있다. 이런 점에서도 그는 모던modern 하다.

「군주」는 일종의 '구직서'인가? 「군주」는 마키아벨리가 공직에서 물러난 후 쓴 책이다. 책의 형식과 내용으로 볼 때 당시 피렌체에 재집권한 메디치의 군주에게 구직을 암시한다고 볼 수 있는 측면이 있다. 이를 이해하기 위해서는 우선 그가 이 책을 누구에게 어떤 이유로 바치는 지를 서술한 「군주」의 헌정사를 읽어 보는 것이 필요하다.

그러면 그것이 어떤 성격의 구직서이며, 마키아벨리가 어떤 식으로 구직을 위한 글을 썼는지도 알 수 있다. 또한 구직의 의도를 넘어서는 저자의 어떤 열망 내지는 큰 희망의 빛을 엿볼 수 있을지 모른다.

Ⅱ. 헌정사

"니콜로 마키아벨리가 로렌초 데 메디치 전하께 올립니다.

흔히 군주의 총애를 구하는 이들은 그들이 가진 것들 중에서 가장 귀중한 것이나 군주가 가장 기뻐할 것을 가지고 군주에게 접근하려고 합니다. 따라서 군주는 말, 무기, 금박의 천, 보석 그리고 군주의 위엄에 적합한 장신구들을 종종 선물로 받곤 합니다. 저 또한 전하에 대한 충성의 표시로 무엇인가를 드리고 싶었지만, 제가 가진 것 중에서는 최근 일어난 사건들에 대한 지속적인 경험과 고대에 대한 꾸준한 공부를 통해 배운 위대한 인물들의 행위에 관한 지식만큼 소중하고 가치가 있는 것은 없다는 점을 깨닫게 되었습니다. 이제 저는 그러한 것들을 오랫동안 성심껏 성찰한 결과를 한 권의 작은 책자로 만들어 전하께 바치려고 합니다.

이 책은 전하께 바치기에는 많은 부족함이 있습니다만, 그토록 오랜 시간 동안 위험과 역경 속에서 제가 배웠던 것을 전하께서 가장 빠른 시간안에 이해하실 수 있도록 썼기 때문에, 자비로운 전하께서 이것을 제가 드릴 수 있는 최대의 선물로 여기시고 거두어들이시리라고 믿습니다. 저는 이 저작을 꾸미지 않았습니다. 저는 많은 사람들이 그들의 주제를 기술하고 꾸미기 위해서 동원하던 과장된 구절이나 고상하고 화려한 단어, 그리고 그 어떤 수식이나 외양상의 장식을 하지 않았습니다. 왜냐하면 저는 저의 저작이 오직 다양한 소재와 진지한 주제로서 그 가치를 존중받기를 원했기 때문입니다.

그리고 저는 신분이 낮고 비천한 지위에 있는 자가 감히 군주의 통치를 논하고 그것에 관한 지침을 제시하는 것이 무례한 소행으로 여겨지지 않기를 바랍니다. 왜냐하면 나라의 지도를 그리는 사람들은 산이나 다른 높은 곳의 모습을 파악하기 위해서는 아래로 내려가고 낮은 곳의 모습을 파악하기 위해서는 산 위로 올라가기 때문입니다. 마찬가지로 인민populi의 성격을 잘 알기 위해서는 군주principe가 될 필요가 있고, 군주principi의 성격을 잘 알기 위해서는 인민이 될essere populare 필요가 있습니다.

그렇다면 전하께서는 부디 이 작은 선물을 제가 보낸 뜻에 따라서 받아주십시오. 만약 이 책을 꼼꼼하게 읽고 그 뜻을 새기시면, 저의 가장 간절한 소망, 즉 전하께서 운명fortuna과 전하의 다른 자질들qualità이 약속하고 있는 위업을 성취하셔야 한다는 저의 뜻을 헤아리시게 될 것입니다. 그리고 전하께서 그 높은 곳에서 어쩌다가 여기 이 낮은 곳에 눈을 돌리시면, 제가 엄청나고 지속적인 불운으로 인해서 얼마나 부당한 처지를 견뎌내고 있는지 아시게 될 것입니다."

지식의 중요성 헌정사는 한 쪽밖에 되지 않는 짧은 글이지만 그 안에서 이미 마키아벨리의 정신과 의도 그리고 성격 등을 감지할 수 있다. 몇 가지 요점을 정리해 본다.

첫째, 마키아벨리는 '지식'의 중요성에 대해서 말하고 있다. 이런 면에서 그는 매우 현대적modern이다. 그래서 그는 '지식'을 군주에게 바친다. 그런데 지식을 바친다는 것은 적지 않은 위험을 동반하는 일이다. 권력자에게 진실을 말한다는 것은 동서고금을 막론하고 목숨까지도 위험해지는 일일 수 있기 때문이다.

마키아벨리는 **"최근 일어난 사건들에 대한 지속적인 경험과 고대에 대한 꾸준한 공부를 통해 배운 위대한 인물들의 행위에 대한 지식"**을 바친다고 한다. 여기서 그는 '지식 획득'의 방법에 대해 말하고 있다. 즉 지식은 '구체적 사실에 대한 풍부한 경험'과 '공부, 구체적으로는 독서와 사색'으로 얻을 수 있음을 분명히 하고 있는 것이다. 이는 그 자신뿐만 아니라 다른 사람들에게도 마찬가지로 적용될 수 있는 것이다.

인민에 대한 이해 둘째, 일종의 역지사지易地思之의 은유를 통해 군주가 나라를 잘 다스리려면 '인민이 될 정도'로 인민에 대해 깊이 이해하고 있어야 함을 주문하고 있다. 인민에 대해 알아야 한다는 것은 결국 '사람들'에 대해 알아야 함을 의미한다. 곧 이어 논하겠지만 그의 정치사상은 인간 이해를 무척 강조하고 있다.

"인민의 성격을 잘 알기 위해서는 군주가 될 필요가 있고, 군주의 성격을 잘 알기 위해서는 인민이 될 필요가 있습니다."

이 말은 군주에게 뿐만 아니라 인민에게도 해당되는 말이다. 이런 점에서 「군주」는 군주를 위한 책이자 또한 인민을 위한 책이기도 한 것이다. 인민도 군주를 잘 알아야 하기 때문이다. 좀 도발적으로 표현하면 군주의 이른바 '비인간적' 측면을 알아야 하기 때문이다. 그러나 비인간적 측면도 인간 이해의 길이다. 여기에 「군주」의 '이중적 가르침'이 있는 것이다.

운명과 능력 셋째, 수많은 해석자들이 지적해왔듯이 마키아벨리는 '헌정사'에서 이미 정치적 영역뿐만 아니라 인간사를 조명하는 '운명fortuna–능력virtù'이라는 변증적 쌍으로 된 개념을 제시한다('헌정사'에서는 'virtù'라는 단어를 직접 사용하지 않고 '자질(le qualità)'이라는 단어를 사용하지만 그 의미는 유사하다고 할 수 있다).

"만약 이 책을 꼼꼼하게 읽고 그 뜻을 새기시면, 저의 가장 간절한 소망, 즉 전하께서 운명fortuna과 전하의 다른 자질들qualità이 약속하고 있는 위업을 성취하셔야 한다는 저의 뜻을 헤아리시게 될 것입니다."(이 간절한 소망의 말은 「군주」의 마지막 장인 '제26장: 야만족의 지배에서 이탈리아의 해방을 위한 호소'에서 **"전하 역시 자기 몫의 역할을 해야 합니다."**라는 단호한 요청의 언어로 이어진다.)

운명과 능력의 변증적 관계는 책 전체를 관통하고 있으며, 이를 통해 마키아벨리는 정치에서 뿐만 아니라 인간사에서 우리가 이 관계를 어떻게 인식하고 어떻게 행동해야 하는지를 책의 결론 부분에서 밝히고 있다.

마키아벨리의 기질 넷째, 헌정사에서 우리는 마키아벨리의 어떤 기질을 짐작할 수 있다. 이것은 부수적으로 보이지만 그의 저술을 이해하는 열쇠일 수도 있다. '헌정사'는 **'Sogliono'**라는 단어로 시작한다. 그것은 '흔히통상적으로 그렇게 하다'라는 뜻이다.

사람들이 지금까지는 흔히, 통상적으로, 통념적으로, 관습적으로 그렇게 해 왔으나, 마키아벨리 자신은 그것을 따르지 않겠다는 것이다. 이는 은근하면서도 단호한 의지의 표시이다. 이와 유사한 표현들은 「군주」의 곳곳에서 때론 암묵적으로 때론 명시적으로 쓰여지고 있으며(예를 들어, 제15장에서 그는 "저는 많은 논자들이 이 주제를 논해왔다는 것을 잘 알고 있는데, 제가 말하려고 하는 바가 다른 사람들이 제안한 원칙들과 특히 이 문제에 관해서 크게 다르기 때문에, 제가 건방지다고 생각되지

그림. 산티 디 티토(Santi di Tito)의 마키아벨리 초상화(1575), 피렌체의 정청(政廳)인 팔라초 베키오(Palazzo Vecchio) 소재.

나 않을까 하는 두려운 마음이 앞서기도 합니다."라고 운을 떼고 있다), 「로마사 강론」에서도 발견할 수 있다.

이는 마키아벨리 자신의 작업이 독창적이고 개혁적이라는 의미이기도 하지만, 이제는 시대가 더 이상 통념적인 것을 따를 수 없는 '정신적이자 실행적 개혁의 시점'에 와 있다는 뜻을 함의하는 것이기도 하다.

Ⅲ. 사람을 이해하는 길

마키아벨리는 '국가란 무엇인가?'라는 질문에 앞서 한 나라를 구성하는 '사람들이란 누구이며, 그들은 다양한 정치적 상황에서 어떤 마음을 먹고, 어떻게 생각하며, 어떤 행동을 하는가?'라는 문제를 먼저 탐구했다. 그러므로 그의 정치학은 인문학적 성찰을 바탕으로 하고 있다.

흔히 마키아벨리의 사상을 '성악설'에 기초한다고 손쉽게 규정하기도 한다. 물론 그는 인간의 '어두운 측면'에 대해 성찰하고 그것이 정치행위에 어떻게 개입하는지 연구했다. 그렇다고 그가 '본질적으로' 인간의 '밝은 측면'을 무시했다고 말하는 것은 너무 성급하다.

그는 인간의 본성에 대한 진리, 즉 형이상학적 존재론 ontology에는 별 관심이 없었다. 그는 '헌정사'에서도 밝혔듯이 사람들에 대한 직접 관찰(공직에서의 경험)과 간접 관찰(고전에 등장하는 인물들에 대한 연구)을 통해 '사람들이' 오랫동안 또한 광범위하게 이러이러한 행동을 해왔다는 귀납적 결론을 바탕으로 자신의 사상을 전개했다. 이는 그가 '인간은 … 이다.'라든가 '인간이란 …(이렇게)… 행동한다.'라는 표현을 쓰지 않고, 대부분의 경우 **'사람들**(gli uomini/ men)**은'**이라는 주어로 문장을 시작하는 것을 보아도 알 수 있다. 이는 귀납적 자료를 바탕으로 사상을 전개함을 보여주는 것인데, 그는 진리를 주장하기보다는 사실을 논하고자 했다고 볼 수 있다.

다시 말해 마키아벨리는 '인간의 조건'을 성찰했다. 그 가운데서 실제로 '사람들이 어떻게 살고 있는가'를 관찰하였고, 그것을 정치 행위에서 전제해야 할 '상황 논리'로 전개했다. 인간의 조건은 '필요'한 것이고 그 필요를 제대로 인식하고 그 필요에 따라서(필요에 적응하면서) 살아야 하는 존재가 사람이며 또한 군주이다.

이제 그가 인간의 어떤 측면을 어떻게 관찰해왔고 그것을 공동체 생활, 또는 정치적 차원을 이해하기 위해 어떻게 해석해왔는지를 그의 글을 통해 직접 알아보자(＊이하 인용문들에서 밑줄과 진한 표시는 필자의 것임).

사람들은 어떻게 행동하는가?

1) "사람들은 자신들의 처지를 개선할 수 있다고 믿으면 기꺼이 지배자를 갈아치우려 하며, 이런 믿음으로 인해 지배자에게 무기를 들고 봉기하게 됩니다." -「군주」, 제3장

〈--- 신생군주국이 겪게 되는 자연발생적 난관에 대해 논하면서

2) "이와 관련하여 여기에서 염두에 두어야 할 것이 있습니다. 사람들을 대할 때 아주 관대하게 대하든가 아니면 아주 박살을 내야 합니다. 사람들은 사소한 피해에 대해서는 보복하려 들지만, 엄청난 피해에 대해서는 감히 복수할 엄두를 못 냅니다. 따라서 사람들에게 피해를 주려면 차후 그들의 복수를 두려워 할 필요가 없을 정도로 아예 크게 주어야 합니다." -제3장

〈----- 정복지에서 피정복자들에 대한 초기 조처에 대해 설명하면서

3) "… 왜냐하면 사람들은 자신이 두려워하거나 per paura 미워하는 per odio 자에게 피해를 입히기 때문입니다." -제7장

〈--- 체자레 보르자가 자신이 피해를 준 적이 있거나, 일단 교황이 되

면 자신을 두려워할 만한 추기경(후에 율리우스 2세 교황)이 선출되는 것을 결코 허용해서는 안 되었다는 것을 강조하면서

4)"큰 인물들은[또는 배포가 큰 사람들은] 새로운 이득이 있으면 과거의 피해는 잊을 거라고 생각하는 사람은 자기기만에 빠지는 것입니다." -제7장

〈--- 체자레 보르자와 교황 율리우스 2세의 관계를 다시 강조하면서

5)"사람들은 자신에게 해를 입힐 것 같은 사람으로부터 오히려 은혜를 입으면, 시해자에게 더욱 호의와 의무감을 느낍니다." -제9장

6)"사람들은 매우 힘들 것으로 예상되는 과업을 시작하는 것을 언제나 꺼리기 때문입니다." -제10장

7)"사람들은 종종 신중하지 못하기 때문에, 제가 앞서 소모성 열병을 두고 말한 것처럼, 일견 매력있게 보이는 정책을, 그 속에 독성을 깨닫지 못한 채 시행합니다." -제13장

8)"사람들에 대해서는 일반적으로 이렇게 말할 수 있습니다. 사람들은 배은망덕하고 ingrati, 변덕스러우며 volubili, 가장과 기만에 능하고 simulatori e dissimulatori, 위험 상황에서 먼저 도망치며 timorosi dei pericoli, 이익에는 눈이 어둡습니다 avidi dei guadagni.

당신이 은혜를 베푸는 동안 사람들은 당신에게 온갖 충성을 바칩니다. 이미 말한 것처럼, 막상 그럴 필요가 없을 때, 사람들은 당신을 위해 피를 흘리고, 자신의 재산, 생명, 그리고 자식들마저도 바칠 것처럼 행동합니다. 그렇지만 당신이 정작 그러한 것들을 필요로 할 때면, 그들은 등을 돌립

니다. 따라서 전적으로 그들의 약속을 믿고 다른 대책을 소홀히 한 군주는 몰락을 자초합니다. 위대하고 고귀한 정신을 통하지 않고, 물질적 대가를 주고 얻은 우정은 그것도 우정이라고 할지 모르지만 서로 진정 나눌 수 없는 것이고 정작 필요할 때는 아무 소용이 없습니다.

사람들은 두려움을 불러일으키는 자보다 사랑을 베푸는 자를 해칠 때에 덜 주저합니다. 왜냐하면 사랑은 사악한 인간들gli uomini tristi이 자신에게 유리할 때마다 언제든 깰 수 있는 보은報恩의 관계로 유지되지만, 두려움은 당신이 결코 떨쳐낼 수 없는 처벌의 공포에 의해 유지되기 때문입니다." –제17장

9) "사람들은 자신의 의지에 따라 사랑하지만, 군주의 의지에 따라서 그에 대해 두려움을 느낍니다. 그러므로 현명한 군주라면 타인의 것이 아니라 자신의 것에 기초해야 합니다. 다만 앞서 말했듯이, 군주는 미움을 받는 일만은증오의 대상이 되는 일만은 피하도록 해야 합니다." –제17장

10) "사람들은 재산의 상실보다 아버지의 죽음을 빨리 잊어버리기 때문입니다." –제17장

11) "이 조언약속과 신의에 대한은 사람들이 모두 선하다면buono 온당하지 못한 것입니다. 그러나 사람들은 사악하고tristi 당신과 맺은 약속을 지키려고 하지 않기 때문에, 당신도 그 약속을 지킬 필요가 없습니다." –제18장
〈---- 외국과 맺은 조약의 파기에 대해 논하면서

12) "… [군주에게는] 이 같은 여우의 기질을 잘 위장하는 법을 알아야 할 **필요** **necessario**가 있습니다. 능숙한 위장자이자 기만자simulatore e dissimulatore가 될 **필요**가 있습니다. 그리고 사람들은 너무 단순하고 너무

목전의 **필요**에 따라 행동하기 때문에 기만하는 자는 기만당하도록 자신을 내버려두는 자를 항상 발견할 것입니다." -제18장

13) "사람들은 일반적으로 손으로 만져보고 판단하기보다는 눈으로 보고 판단하기 마련입니다. 왜냐하면 누구든 눈으로 볼 수 있지만, 직접 만져보고 감지할 수 있는 사람은 소수이기 때문입니다. [……] 모든 사람들의 행동에 대해서, 특히 불러다가 옳고 그름을 따져볼 수 없는 군주의 행동에 대해서, 사람들은 통상 결과에 주목합니다." -제18장

14) "대다수의 사람들은 재산과 명예를 빼앗기지 않으면 만족해서 삽니다." -제19장

15) "사람들은 결코mai 그러한 상황에서 그토록 배은망덕하게 당신을 공격할 만큼 파렴치하지 않습니다li uomini non sono mai sì disonesti. 게다가 승자가 제멋대로 행동해도 무방할 정도로, 특히 정의롭게 행동하지 않아도 무방할 정도로 그렇게 결정적인 승리는 없습니다." -제21장

16) "사람들은 너무 자기 자신과 자신의 활동에 애착을 갖고 자기기만에 쉽게 빠지기 때문에, 아첨이라는 질병으로부터 자신을 보호하기란 지극히 어렵습니다." -제23장

17) "사람들은 어떤 필요에 의해서 선한 행동을 강요받지 않는 한, 악행을 저지르기 때문입니다." -제23장
〈--- 군주의 조언자들은 모두 자신들의 이해관계를 항상 우선시한다는 것을 논하면서

18) "…사람들은 과거의 일보다는 현재의 일에 훨씬 더 많은 관심을 두게 마련인데, 만약 그들이 현재 자신들의 일이 잘 풀려가고 있다고 생각하면, 그것을 즐기고 다른 것을 찾지 않을 것이기 변화를 구하지 않을 것이기 때문입니다." –제24장

19) "…날씨가 좋을 때 폭풍을 예상하지 않는 것은 사람들의 공통된 약점입니다" –제24장

20) "충분히 이런 **변화**에 맞추어 유연하게 행동하는 방법을 알 만큼 지혜로운 사람을 발견하는 것은 어렵습니다. 우선 타고난 기질이 그러한 **변화**를 용납하지 않기 때문에 그렇습니다. 또한 일정한 방법으로 행동함으로써 항상 성공을 거둔 경우, 그 방법을 버리도록 자신을 설득하지 못하기 때문입니다. [……] 그러나 만약 우리가 시대와 상황에 알맞게 **자연적 기질을 변화시킬 수 있다면** se si mutassi di natura 운명은 변하지 않을 것입니다." –제25장

21) "저는 운명은 가변적인데 mutevole 반해 사람들은 자신의 방식을 고집하기 때문에, 그들의 방식이 운명과 잘 맞아 떨어지면 행복하고, 그렇지 못하면 불행하다고 결론짓겠습니다." –제25장

인간의 본성인가?

1) "다른 한편으로 인간의 회의적인 속성 때문입니다. 사람들은 자신들이 경험해보지 않는 한 새로운 것들 새로운 제도들 을 신뢰하지 않습니다." –제6장

〈--- "구질서로부터 이익을 누리던 모든 사람들이 개혁자에게 적대적이 되는 반면, 새로운 질서로부터 이익을 누리게 될 사람들은 기껏해야 미

온적인 지지자로 남아 있다."라는 것을 설명하기 위한 전제로서

2)"…바로 이러한 이유로 무장한 예언자는 모두 성공한 반면, 무장하지 않은 예언자는 실패했습니다. 이러한 결과는 이미 언급한 이유 말고도 인민이 그 속성상 변덕스럽기(la natura de' populi è varia/ people are by nature changeable) 때문입니다. 즉 그들을 한 가지 일에 대해서 설득하기는 쉬우나, 그 설득된 상태를 유지하기란 어렵기 때문입니다. 따라서 그들이 당신과 당신의 계획을 더 이상 믿지 않을 경우, 힘으로라도 그들이 믿게끔 강제할 수 있어야 합니다." – 제6장

3)"사람들은 본성적으로 자신이 받은 은혜는 물론 베푼 은혜에 의해서도 유대가 강화되는 존재이기 때문입니다." – 제10장

'사람을 이해하는 길'에서 '정치를 실행하는 길'로

① 마키아벨리의 정치사상을 이해하기 위해서는 「군주」와 함께 「로마사 강론」을 읽어야 한다. 후자 역시 전자처럼 인간학적 성찰을 바탕으로 한다는 점에서는 같은 맥락에서 이해할 수 있지만, 좀 더 폭넓고 세세하게 사상을 전개한다는 점에서 중요하다. 그러므로 마키아벨리가 추구하고 열망한 정치와 정치체제에 대한 논의는 좀 더 많은 시간을 필요로 한다.

본 강의에서는 마키아벨리가 지향하고 있는 정치 체제가 어떤 것인지를 보여줄 수 있는 핵심적인 인용문을 제시함으로써 수강자들의 사고를 자극하는 것으로 대신하고자 한다.

인용문 1

"자유로운 생활양식에 익숙해온 도시국가의 지배자가 된 자는 그 도시를 파멸시켜야 하며, 그렇지 않으면 그 도시에 의해서 도리어 자

신이 파멸될 것을 각오해야 할 것입니다. 왜냐하면 그 도시는 반란을 일으킬 때, 시간의 흐름과 새로운 지배자가 부여한 이익에도 불구하고 결코 잊혀지지 않는 **자유의 이름**과 고래의 제도를 명분으로 삼을 수 있기 때문입니다. […]

공화국에는 더 큰 활력(vita), 더 많은 증오, 복수에 대한 더 강렬한 욕구가 있습니다. 그들은[공화국 시민들] 잃어버린 **자유를** 잊지 않고, 결코 잊을 수도 없습니다."

–「군주」, 제5장(공화국을 점령한 군주에 대한 조언과 경고를 하면서)

인용문 2

"인민 populo 들의 목표는 귀족들 grandi 의 목표보다 더 정직합니다. 귀족들은 억압하고자 하는 데에 반해서 인민들은 억압당하지 않으려 하기 때문입니다. […] 한편 인민의 도움으로 군주가 된 사람은 인민을 지지자로 유지해야 합니다 debbe mantenerselo amico. 인민은 억압받지 않는 것 외에 다른 것을 요구하지 않으므로 그 일은 어렵지 않게 이루어낼 수 있습니다. […] 저는 다만 군주가 자신에게 호의적인 인민을 확보하는 것이 필요하다는 결론을 내리겠습니다. 그렇지 않으면 역경에 처했을 때 구제책이 없습니다. –「군주」, 제9장('시민형 군주국'을 논하면서)

인용문 3

"모든 도시는 인민에게 그들의 야심을 표출할 수 있는 방법을 제공해야 한다. 중대한 일에 인민을 활용하고자 하는 도시라면 특히 그럴 필요가 있다. […] 자유를 희구하는 평민의 열망이 자유에 해로운 경우란 거의 없다. 왜냐하면 그 열망은 억압으로부터 또는 억압이 발생할 것이라는 두려움에서 비롯되기 때문이다.

게다가 그들의 믿음이 잘못된 것일 때는 언제나 집회라는 치유책이 있다. 그 집회에서 유력한 어떤 인물이 나서서 인민들에게 그들이 어떻게 스스로를 기만하고 있는지를 보여줄 수 있다." –「로마사 강론」, 1권 4장('평민과 원로원의 대립이 로마 공화국을 강력하게 만들었다'는 것을 논하면서)

②마키아벨리가 인간의 사악한 측면을 관찰함으로써 정치와 도덕을 분리했다는 해석은 아직도 논쟁거리이다. 이를 성찰하기 위한 인용문도 여기에 제시한다.

인용문 1

"… 그러나 '인간이 어떻게 살고 있는가'는 '인간이 어떻게 살아야 하는가'와는 너무나 다르기 때문에, 일반적으로 행해지는 것을 놔두고, 마땅히 행해야 할 것에 집착하는 군주는 권력을 유지하기보다는 잃기 십상입니다. 어떤 상황에서나 선하게 행동할 것을 고집하는 사람이 선하지 않은 사람들에게 둘러싸여 있다면, 그 몰락은 불가피합니다. 따라서 권력을 유지하고자 하는 군주는 착하지 않을 줄도 알아야 하고, 상황의 필요에 따라 그런 태도를 활용하거나 활용하지 않을 줄 알아야 합니다(imparare a potere essere non buono, e **usarlo e non l'usare** secondo **la necessita**).〉 –「군주」, 제15장

인용문 2

"군주가 앞에서 말한 것들 중에서 좋다고 생각되는 성품들을 모두 갖추고 있다면, 그야말로 가장 칭송받을 만하며, 모든 사람들이 이를 기꺼이 인정할 것이라는 점을 저는 알고 있습니다. 그러나 이 모든 것을 갖추는 것이 가능하지 않고, 그것들을 전적으로 준수할 수도 없습니다. 왜냐하면 인간의 조건le condizioni umane이 그것을 허용하

로렌초 바르톨리니(Lorenzo Bartolini)의 마키아벨리 석상(1846) : 바르톨리니는 산티 디 티토의 초상과 개인 소장으로 전해져 온 마키아벨리의 데스마스크 2개를 참고하여 그의 얼굴을 조각하였다. 현재 피렌체의 우피치 회랑(Galleria degli Uffizi) 소재.

지 않기 때문입니다.

그러므로 군주는 매우 신중할 필요가 있습니다. 우선 나라를 빼앗아갈 악덕들이 초래할 불명예를 피하고, 가능하다면 나라를 잃게 할 정도가 아닌 악덕들도 행하지 않도록 신중해야 합니다. 그러나 그렇게 할 수 없다면, 후자의 악덕들은 지나치게 고려하지 않고 행해도 됩니다. 나아가 악덕들 없이는 나라를 구하기가 어렵다면 그 악덕으로 인해 악명(불명예 infamia)을 떨치는 것을 개의치 말아야 합니다. 왜냐하면, 모든 것을 신중히 고려해보면, 일견 미덕virtu으로 보이는 것을 추구하는 것이 자신의 파멸을 초래하는 반면, 일견 악덕vizio으로 보이는 다른 일을 행하는 것이 안전을 확보해주고 번영을 가져오도록 하는 경험을 할 것이기 때문입니다." –「군주」, 제15장

Ⅳ. 「군주」는 우리 삶에 어떻게 적용될 수 있는가?

인간 이해 앞서 소개한 마키아벨리의 인문적이자 인간학적 성찰의 결과들은 우리 삶에 훌륭하고 유용한 참고 자료가 될 수 있다. 그것이 인간의 '어두운 측면'이라고 할지라도 인간의 모습을 구성하는 것이기 때문이다. 마키아벨리는 「로마사 강론」 제1권을 사람의 속성성향에 대한 말로 시작한다. 이것도 인간의 사악한 면이라고 할 수 있겠지만, 여전히 생각의 화두를 던진다.

> "사람들은 본디 시기심이 많기 때문에, 곧 타인의 업적을 칭찬하기보다는 비난하는 성향이 더 강하기 때문에, 새로운 방법이나 방식을 발견하는 일 역시 미지의 바다나 대륙을 탐험하는 것 못지않게 늘 위험하기 마련이다."

운명fortuna과 능력virtù 많은 학자들이 「군주」의 핵심 개념으로 '운명과 역량'을 손꼽는다. 이에 대해서도 여러 가지 해석이 있을 수 있으며, 우리 일상생활에도 전용해서 성찰해볼 수 있다. 「군주」의 결론 부분에서 이에 대한 마키아벨리의 입장은 분명해 보이는데, 다음 인용문은 해석의 실마리가 될 수 있다.

> "세상 일들이 운명과 신에 의해 다스려지기 때문에 인간의 지혜로는 그것들을 바꿀 수도 없고 어떤 해결책도 없다는 의견들을 많은 사람들이 가져 왔고 지금도 그렇게 생각한다는 사실을 제가 모르는 바가 아닙니다. 그렇기 때문에 매사에 땀을 흘리며 애써 노력해봤자 소용이 없으며, 운에 맡기는 것이 더 낫다는 판단을 할 수도 있을 것입니다. 이러한 견해는 지금까지 일어났던 그리고 오늘날 매일 같이 일어나는 인간의 예측을 넘어선 대격변 때문에 우리 시대에 더욱더 설득력을 얻어 가고 있습니다. 이 문제에 대해 생각할 때, 저 자신도 간혹 어느 정도까지는 이 의견에 공감합니다. 그럼에도 불구하고 인간의 자유의지를 박탈하지 않기 위해서 저는 운명이란 우리의 행동에 대해 반만 주제할 뿐이며 대략 나머지 반은 우리의 통제에 맡겨져 있다는 것이 진실일 수 있다고 판단합니다." -「군주」, 제25장

변화 마키아벨리 사상의 해석에서 '변화'의 개념은 많이 다루어지지 않았지만, 나는 핵심적이라고 생각한다. 그것은 운명과 능력의 변증법에서도 매개의 역할을 하기 때문에 중요한 개념이다. 또한 오늘날 같이 '변화를 앞세운 시대'에 그의 사상을 돌이켜보면 그가 시대를 앞서 미래를 꿰뚫어보는 통찰력을 지녔음을 실감한다. 그러므로 그의 '변화'에 대한 입장은 오늘날에도 그 활용 범위가 넓다.

만물은 변한다. 우리 일상도 변한다. 인생무상이란 말이 있지 않은가,

삶이 삶이기 위해서도 삶은 변화한다. '모든 것은 변하며 변하지 않는 것은 오로지 변화의 원리 그 자체'라는 깨달음에서, 고대로부터 현자들은 세상의 원리와 인생의 도道를 통찰해 왔는지 모른다.

다른 한편 사람들은 변화를 달가워하지도 않고, 잘 견디지 못하며, 거부하기까지 한다. 우리 삶에는 다양한 '관성'이 있기 때문이다. 습관, 관습, 타성, 반복되는 것이 주는 편안함, 기존의 것이 주는 확신감 등이 우리 삶에 자리 잡고 있기 때문이다.

그래도 방금 이 순간 뭔가 변하고 있다는 사실을 부정하지는 못한다. 그래서 사람들은 주위 변화에 적응하려 하고, 변화를 좇아가려고 한다. 그러나 이렇게 하면 삶이 피곤해지고 힘겨워지기 십상이다. 삶의 태도가 수동적이기 때문이다. 하지만 능동적인 사람들은 스스로 변화를 시도한다. 다시 말해 자신이 변화를 주도한다. 즉 내가 변하는 것이다.

사실 '내가 변해야 한다.'는 명제는 인류의 위대한 사상과 과학적 발견이 오래 전부터 제시해 오던 것이다. 루이스 캐럴의 「거울 나라의 앨리스」에서 앨리스는 붉은 여왕의 손을 잡고 계속 달리지만 이상하게도 그들 주변에 있는 것들이 전혀 바뀌지 않는다. 마치 제 자리 뛰기를 하는 것 같다. 주위 환경이 그들을 따라서 움직이기 때문이다. 오히려 환경 변화에 뒤떨어지지 않고 제 자리에라도 남아 있으려면 열심히 뛰어야 한다.

주위 환경은 늘 변화하며 다양한 종의 생명체들로 하여금 끊임없이 달라진 환경에 적응하기를 강요한다는 것은 생물계의 원리로 인식되고 있다. 이러한 현상을 생물학계에서는 '환경 추적environmental tracking' 혹은 끊임없이 변화하는 환경 속에서 제자리를 지키기 위해 계속 달려야 하는 '붉은 여왕 가설Red Queen Hypothesis'이라고 명명한다.

'변하는 것이 능력'이라는 주장은 정치·사회사상에서도 찾아볼 수 있다. 마키아벨리는 「군주」에서 변화의 이론을 전개한다. 그도 인간은 쉽게 변화를 받아들이지 않거나, "변화에 맞추어 유연하게 행동하는 방법을 알

만큼 지혜로운 사람을 발견하기는 어렵다."라고 인간 세상의 현실을 직시한다. 그 이유는 사람의 타고 난 기질이 변화를 용납하지 않거나, 아니면 "일정한 방법으로 행동함으로써 항상 성공을 거둔 경우, 그 방법을 버리도록 자신을 설득하지 못하기" 때문이라고 한다.

그럼에도 마키아벨리는 능력 있는 사람은 '자기 스스로 변화할 줄' 아는 사람이라고 주장한다. 그런 사람은 운명이 변화하더라도 자신이 먼저 유연하고 적절하게 변화해 있기 때문에 변덕스런 운명에 맞설 만반의 태세가 되어 있다고 '운명과 능력'의 변증법을 설파한다. 마키아벨리는 결국 '자기 혁신'이야말로 환경 변화와 운명의 장난에도 맞설 수 있는 능력이라고 주장하고 싶은 것이다.

「군주」는 오늘날 어떤 분야에서 또 활발히 적용될 수 있는가?

〈---- 함께 생각해봅시다!

〈---- 퀴즈?

-부록(정치사상에 대한 전문적 접근을 원하는 사람들을 위하여)-

마키아벨리가 궁극적으로 어떤 정치체제를 지향했는지는 논란거리이지만, 그가 공화론자였고 '공화정'을 주장했다는 것이 학계의 주류 입장이다. 그러나 앞서 〈'사람을 이해하는 길'에서 '정치를 실행하는 길'로〉에서 생각의 화두를 던졌듯이, 이 점에 대해서는 좀 더 숙고해 보아야 한다.

일찍이 장자크 루소(J-J. Rousseau)가 「사회계약론」에서 공화론자로서의 마키아벨리를 옹호한 이후로 많은 학자들이 그의 영향을 받았다. "마키아벨리는 성실한 사람이자 좋은 시민이었다. 그러나 메디치 가문에 손을 내미는 바람에 조국의 압제 속에서 자유를 향한 그의 사랑을 위장하지 않으면 안되었다. […] 그의 저서 「군주」의 격률과 그의 「로마사 강론」, 「피렌체 역사」의 격률을 대조해 보면, 이 심오한 정치가가 여태까지 피상적이고 부패한 독자 밖에 갖고 있지 않았다는 것을 알 수 있다." 그러고는 이렇게 결론짓는다. "마키아벨리는, 군주들을 가르치는 체하면서 인민에게 중대한 교훈을 주었던 것이다. 마키아벨리의 「군주」는 공화파의 책이다."

루소의 말은 한편으로는 일리가 있지만, 다른 한편으로는 동의할 수 없는 점이 있다. 실제로 공화정에서 공직을 지냈고 공화론자들과 교류하였던 마키아벨리가 '자유를 향한 사랑'을 지녔던 것은 사실이다. 마키아벨리는 공화국에서는 국민들이 자유롭게 사는 데 익숙해 있으며, 그 나라가 외세에 지배당할 경우 "잃어버린 자유를 쉽게 잊지 못하며 실로 잊을 수도 없다."라고까지 말했다. 그랬기 때문에 인민의 자유를 바탕으로 하는 공화국을 논하는 게 아니라 군주국을 논하는 저서에서 자유를 향한 사랑을 구체적으로 피력하지 않았다. 하지만 그것을 위장하지도 않았고 저술의 목적 상 그럴 필요도 없었다. 그러므로 그는 군주국을 논하면서

'군주를 가르치는 체'하지 않았고 그렇게 할 필요도 없었다. 실제로 가르쳤다. 루소는 바로 이 점을 놓친 것이다.

마키아벨리가 「군주」에서 군주가 어떻게 해야 하는지 설파한 것은 실제로 군주 특히 신생군주 를 위한 현실적인 조언이었다. 다만 모든 위정자를 위한 조언이 아니었을 뿐이다. 루소는 마키아벨리의 주장을 일종의 알레고리로 보지만(이런 입장을 과장해서 마키아벨리의 주장들을 전적으로 군주에 대한 풍자로 보거나 군주를 기만하기 위한 전략이라는 해석도 있지만 설득력이 없어 보인다), 「군주」에서 마키아벨리의 화법은 직설 화법이다.

그 화법은 이중적으로 직설적이다. 우선 군주에게 이렇게 저렇게 하라고 '직설적인 조언'을 한다는 점에서 그렇다. 불가피하게 군주국이 필요하다면 국가를 세우고 보존하기 위해서 군주는 그렇게 해야 한다는 것이다. 또한 국민에게 군주가 어떻게 통치하는지 적나라하게 보여준다는 점에서 직설적이다. 군주에게 직설적 조언이듯이 국민에게는 직설적 경고인 셈이다. 바로 여기에 마키아벨리의 현실주의적 정치관이 있다. 「군주」가 담고 있는 이중적 직설 화법이야말로 현실주의 정치론의 백미인 것이다.

이에 마키아벨리가 어떤 정치관을 가졌는지 -전문적인 접근을 원하는 독자를 위해- 필자의 입장을 간단히 정리해서 제시한다.

※※※※ 군주정인가, 공화정인가? ※※※※

마키아벨리는 '나라의 생존' 또는 '정치공동체의 존속'을 위해 시대와 상황에 따라 공화정과 군주정이 모두 필요하다고 생각한다(이런 점에서 「군주」는 단순한 '구직서'에 머물지 않는다).

----> 그럼에도 '공화정'이 더 나은 이유는

1) 인간이라는 생명체의 존속을 위해서라는 근본적인 사유가 그의 사상에 깔려 있기 때문인 듯하다. 인간이란 생명체는 자유를 바탕으로 하고 자유에 대한 의식과 욕망으로 살아가기 때문이다.

2) 공동체의 이해관계와 갈등이 양성화되고 그에 따른 해결책을 찾음으로써 정치행위가 역동적이고, 정치과정이 운명fortuna에 덜 의존하게 되기 때문이다(당연히 신의 뜻에도 덜 기댄다. 따라서 신의 계명보다 각 자유의지들의 합리적 실행이 우선시 된다). 이것은 시민정치의 이점이다. 물론 이런 삶의 방식을 위해서 각 구성원은 지속적으로 '깨어 있어야' 한다는 어려움이 있다. 바로 이런 점에서 공화정을 유지하기는 어렵지만, 잘 유지하면 보람과 의미가 있는 것이다.

3) 그러므로 공화정은 지속가능한 정체이다(「로마사 강론」 참고). 물론 생명체의 자유가 불가피하게 자신을 건강하게 유지하기 위해 자신의 확장을 시도하듯이, 정치생명체로서 공화정도 자신을 건강하게 유지하기 위해 확장을 시도한다. 물론 이런 확장은 실제 정치에서 '제국주의적' 팽창이라는 문제를 가져온다. 이것은 결국 정치체제와 정치체제들 사이의 관계에 대한 '마키아벨리즘'새로운 의미에서의 궁극적 문제가 될 것으로 보인다.

----〉 반면 불가피하게necessariamente 군주정을 하게 되는 경우에 군주정의 문제는,

1) 운명fortuna에의 의존도가 높다. 역량 있는 어떤 한 정치인이 나오는 것도 행운이기 때문이다.

2) 공화정에서는 '자유' 때문에, 인간의 이기성 등 인간의 (사악한) 특성이 자연스레 노출되어 그것을 의식하고 인식하는 것이 자연스러우나, 군주정에서는 그런 것들이 잠재적으로 억눌려 있기 때문에 '역량

있는 정치인 군주'이 깨달아야 한다(그렇기 때문에 마키아벨리는 「군주」에서 이것을 더욱 가르치려 했다.)

3) 군주정은 인간의 자유 생명성를 억눌러야 하므로 지속되기 어렵다. 그렇기 때문에 마키아벨리는 '신생군주국'의 군주에 대해 주로 논했다.

4) 또한 군주는 특히 세습군주는 백성들이 '착하게 행동하도록' 억눌러 왔기 때문에 그렇게 습관 들여왔기 때문에 무지렁이 '착한 백성'이라는 이데올로기에 자기기만 되기 쉽다.

5) 그럼에도 마키아벨리가 「군주」에서 여러 차례 강조했듯이, 군주도 '인민의 지지'를 얻어야 하고 그것이 필수적인데, 그러기 위해서는 인민을 잘 알 필요가 있다.(「군주」, 헌정사 참조)

6) 그리고 인민의 이해관계와 갈등 인간의 특성 을 잘 알아서 법과 제도를 정비해야 한다.

7) 결국 군주정이 '정치공동체의 존속'을 이루기 위해서는 궁극적으로 공화정으로 이전해야 하는데, 이 경우 군주는 권력의 목적이 '권력의 자기부정'이라는 역설의 길을 가야할지 모른다.

6
신라인의 男兒選好와 그 의미

6 주보돈

신라인의 男兒選好와 그 의미

남녀 성 차별 의식과 변화

근자에 발표된 통계자료에 의하면 최근 우리나라의 전체 인구는 바야흐로 여초女超 현상을 보이기 시작하였다고 한다. 무척이나 고무적인 소식이다. 1990년대 중반 무렵 출생한 신생아의 전국 남녀 성비性比가 116.5(여아를 100으로 설정했을 때 남아의 수치)로 정점頂點을 찍은 이후 점점 줄어들어가 머지않아 비슷한 성비를 이루는 자연 상태로 진입하리라 예측되고 있는 것이다. 자연스런 상태 아래에서는 남녀가 마치 음양의 조화처럼 균형을 이루게 마련이다. 그럼에도 한때 대구는 전국에서도 가장 높은 127에 달하는 등 성비 수치상 놀라울 정도의 불균형을 보여서 지역성과 관련해 세간의 주목을 받은 적도 있었다. 보수성이 강한 대구지역의 남아선호 분위기를 여실히 반영해 준 사례였다.

그런 성비 불균형 현상은 철저한 남성 중심의 가부장적 사고가 일반화되어 있었던 데서 빚어진 결과였다. 한두 세대 전까지만 하더라도 자식의 수치를 헤아리는 데에는 남아만을 대상으로 삼고 여아는 아예 거들떠보지도 않았을 정도였다. 혼인한 여성이 남아를 생산하지 못하고 여아만을 낳는 것은 전통적으로 칠거지악七去之惡이란 이름으로 마치 죽어야 마땅할 죄라도 지은 듯한 취급을 받았다. 아들을 낳지 못하면 경멸 대상으로서 숨죽이며 지내거나 소박 당하는 명분이 되기도 하였다. 그럴 때의 여성이란 인간으로서 아무런 인격을 지니지 못한 존재이며, 오로지 남아를 생산해야만 하는 도구로서만 인식되었을 따름이다. 여성은 모름지기 죽을 때까지 오직 한 사람의 남자를 위해 봉사해야 하는 마치 노예이거나 장식적 존재로만 여겨졌다. 그런 실상을 명분으로 내세워 남자는 일부일처제란 엄연한 법률을 어기기까지 하면서 버젓이 축첩蓄妾하기도 하였다. 그럼에도 그것을 미안하고 부끄러운 일이 아니라 오히려 떳떳하고 남성다움의 표지처럼 자랑스럽게 여기기 일쑤였다.

그런 전반적 분위기 아래에서 여성은 친정으로부터도 출가외인出嫁外人으로 단정되어 발언권 행사는 물론 재산상속 등속은 언감생심 꿈조차 꾸기 어려웠다. 그런 상황에서는 어느 누구라도 남아를 선호할 수밖에 없게 되었다. 엄청난 고통을 받고 있던 당사자인 여성들이 대체로 훨씬 더 열렬히 남아의 출산을 희구하는 일견 모순적 경향을 보이기까지 하였다. 자신과 같은 여아를 낳아 평생토록 고생을 대물림시킬 바에는 차라리 남아를 생산하여 자신이 떳떳해져야겠다는 순수하고 소박한 생각에서 비롯된 일이었다.

근자에 여러 모로 사회적 환경과 인식은 크게 달라졌다. 여성은 어떤 특정 분야에서는 남성보다 각별히 뛰어난 능력을 보여 인정받기 시작하였다. 대학생의 수에서도 여학생이 남학생보다 많은 부분을 차지하는 전공분야가 적지 않으며, 각급 공개 시험에서는 우세를 보일 때도 드물지 않다. 이제 거의 모든 분야에서 여성은 남성과 아무런 차별 없이 대등한 입장에서 경쟁함이 일반적 추세이다. 얼마 전 우주인 선발 사례에서도 드러났듯이 오래도록 유지되던 금녀禁女의 굳은 칸막이도 대부분 사라졌다. 여성이 남성과 공개 경쟁하지 못할 분야는 거의 없어졌다고 하여도 과언이 아니다. 여성의 사회적 지위가 요즈음만큼 높았던 적은 없었다. 앞으로도 그런 추세는 더욱 더 확대, 강화될 전망이다.

이처럼 여성들은 오히려 남성들로 하여금 과거의 잘못을 속죄해야 한다고 촉구라도 하듯 현재 훨씬 당당하게 능력을 유감없이 발휘해 가고 있는 중이다. 이제 남녀 간에는 모둔 분야에서 성의 차이에 따른 차별을 거의 느끼지 못할 정도의 수준에 이르렀다. 물론 오랜 성차별에서 기인한 관행이 아직 모든 분야에서 말끔히 가신 것은 아니다. 다만, 그것은 이제 거의 잔재적 행태에 불과할 뿐이므로 그나마도 머지않아 완전히 사라지리라 전망되고 있다. 재산상속도 남자형제와 동등하게 할 수 있도록 법적으로 보장받고 있음도 그를 방증해 주는 사실이다. 최근 여성도 종중宗中의 정식 성원이 될 수 있다는 법적 판결이 나왔으며, 친정의 제사권까지 공유하기에 이르렀다. 부모들도 굳이 남자아이를 선호해 여자아이를 차별의 대상으로 삼지 않으려는 경향이 뚜렷해졌다. 남아선호의 의식이 아직 완전히 불식된 상태는 아니지만 전반적 사정은 그렇지가 않은 쪽으로 나아감은 누구라도 인정하는 사회적 현상이다. 그런 사정을 반영하듯 일각에서는 오히려 여아 갖기를 더 열렬히 희망하는 기미까지도 비쳐지고 있다. 과거에는 상상하기조차 힘든 일들이 벌어지고 있는 것이다.

돌이켜 보면 그와 같은 사회적 변화의 추세는 워낙 엄청나서 어쩌면 유사有史 이래 가장 큰 사건으로 손꼽아도 무방할지 모르겠다. 그런데 기왕에 널리 뿌리내려 당연시해온 극단적인 남녀 사이의 성적 차별이나 그에 의한 남아선호의 의식이 생겨나 일반화된 것은 흔히 쉽게 생각해온 것과는 달리 그리 오래된 일은 아니었다. 이와 같은 점을 고려하면 그런 변화 양상도 쉽게 수용할 수 있는 대목이 아닐까 싶다. 기왕의 고정된 시각과는 약간 다른 해석도 가능해질 터이기 때문이다.

고조선의 건국신화인 단군신화 속에 반영되어 있듯이 태초에서부터 마치 남녀의 성性에 따른 차별과 함께 그런 의식이 인간 역사의 출발점부터 원초적으로 존재한 듯이 당연시 여기는 착각을 범하거나 오해함이 일반적이다. 그렇지만 얼마 전까지 널리 실재하여 일반화된 수준의 가부장적 성 차별은 기껏해야 지금부터 3백년 정도까지밖에 올라가지 않는다. 그것은 17세기 전후 무렵의 특수한 역사적·시대적 상황과 환경 속에서 만들어진 것에 불과할 따름이다. 그럼에도 마치 원초 시절부터 그러하였다는 인식을 갖도록 강요받아왔고 그것이 저절로 뇌리에 깊이 뿌리박혀져 갔다. 그 결과 남녀 간의 성적인 차이와 차별을 혼동함으로써 역사 속에서 무한정 소급시켜 버리는 잘못을 범하고 말았던 것이다. 이는 약간 과감하게 표현하면 남성 중심 지배 집단의 강제적 사고에 의해 만들어진 일종의 역사 왜곡이었다고도 할 수 있다.

가부장적 인식의 시원

남성 중심의 가부장적 인식과 실재는 사실상 역사가 시작될 당초부터 그러한 것은 아니었다. 처음에는 어디까지나 성性의 차이에 따른 역할 분담만 존재하였을 따름이다. 아무래도 태어날 때부터의 신체 구조상 여성에 비해 상대적으로 힘이 센 남성은 주로 사냥을 하거나 외부의 공격으로부터 공동체를 지키는 등의 역할을 담당하였다. 반면 여성은 공동체나 집안 내부에서 아이를 키우고 공구나 그릇을 만들거나 옷을 짜고 먹거리를 조리하는 등 살림을 꾸리는 일을 주로 맡음으로써 성별에 따른 분업이 자연스럽게 이루어지고 있었다. 그것이 어느 쪽의 특별한 강요에 의한 것은 아니었다. 성별 분업은 차별이 아니라 어디까지나 골격의 차이에 따른 역할 분담이었을 뿐이다. 분업의 구체적 실태는 사회적 분화의 진전 정도와 자연스럽게 어울리면서 점진적으로 변화해 나갔다.

생산력의 전반적 향상으로 사회가 더욱 발전하고 계급 분화가 진전되면서 마침내 그를 기반으로 한 복합적 성격의 정치체가 성립하기에 이르렀다. 정치체의 성립은 정치 행위 자체는 물론 그와 직결된 종교나 군사를 전문적으로 담당하는 지배층이 출현하였음을 뜻하는 사실이다. 정치체가 성립하면서 그 핵심이라 할 정치나 군사 종교 등 핵심은 거의 전적으로 남성의 몫으로 돌아갔고 종교적 행위 일부만이 여성에게 맡겨졌던 것 같다. 여성이 때로 산신山神으로서 등장한다거나 제사의 실무를 담당한 사례는 그런 실상을 여실히 반영해 준다. 천지창조의 신으로서, 혹은 농업 등의 생산이나 다산多産과 관련한 신으로서 여신이 간혹 등장하는 것은 공동체 혹은 정치체의 운영에서 여성이 부분적이나마 주요 역할을 담당하였음을 추정케 하는 대목이다.

마침내 국가가 성립하고 이후 주변 정치세력에 대한 통합이 진행되면서 정치체의 외형적 규모는 물론, 질적으로도 한결 성숙된 면모를 갖추어 갔다. 그와 같이 커진 규모의 국가를 유지해 나가기 위해서는 신분 질서와 함께 관료조직도 갖추어지게 마련이다. 사회적 분업도 크게 진전되었다. 기존 지배체제를 유지하는 데 유용하게 쓰인 전통종교도 공동체성의 약화와 함께 점차 보편적 종교로 대체되는 길을 걸어갔다. 그런 과정을 통해 기왕에 일부 종교적 사제司祭로서의 여성이 지닌 위상도 점점 낮아지고 없어져 갔다.

정치체제가 어느 정도 갖추어진 시점에서 여성의 정치사회적 지위나 존재는 '누구누구의 처', '누구누구의 부인'과 같은 형식으로 반드시 남편을 매개로 해서만 드러내는 특징을 보임이 일반적 양상이었다. 정상적 상황에서는 어떤 여성에게는 아무런 정치적 역할이 주어지지 않았기 때문이다. 이는 전근대 사회에서는 어느 때 어떤 경우라도 여성이 관료로 진출한 사례가 단 한 건도 발견되지 않는다는 사실에서 쉽게 입증할 수 있는 일이다. 국가 권력은 어느 시대라도 애초부터 여성이 관료로 나아갈 수 있는 길을 원천적으로 막아두었다. 이로써 여성은 정치 운영에서 완전히 배제된 존재로 낙착되었다. 일각에서는 신라시대 3인의 여왕이 존재한 사실을 근거로 삼아 당시 여성의 정치사회적 위상을 높게 평가하려는 견해도 있지만 기실 이는 지나친 오해와 착각에 지나지 않는다. 당시의 정황 전반을 살피면 여왕의 즉위는 정상적 상황에서 자연스럽게 나온 결과가 아니라 특수한 사정에서 말미암은 극히 예외적인 현상일 따름이었기 때문이다. 최초의 여왕인 선덕여왕善德女王의 즉위 명분으로서 당시 지배층은 '성골남진聖骨男盡'이란 특수 논리를 개발해 각별히 앞세웠던 것도 그런 실상을 뚜렷이 반영한다. 명분을 억지로 만들에 내세울 수밖에 없었던 상황이 있었던 것이다. 여왕이 존재하였다고 해서 여성의 정치사회적 위상이 각별히 달라진 것은 아무것도 없었다. 여왕의 치세기라고 해서도 여성이 관료가 되었다거나 혹은 기왕과는 다르게 특별한 취급을 받은 사례가 전혀 없음은 그를 증명하기에 충분하다.

전근대사회에서 여성에게 공식의 정치적 역할이 주어지지 않았다고 해서 일상의 활동까지 무조건 제약을 받은 것은 아니었다. 특히 남녀 간의 교제를 비롯하여 애정 표현, 혼인 등 상열지사相悅之詞와 관련해서는 여성들에게도 자유로움이 관행상 허여許與되어 차별이나 제약을 별달리 받았던 듯한 낌새는 전혀 보이지 않는다. 그런 측면에서 남녀는 정치를 제외한 모든 분야에서는 거의 동등하게 취급되었다고 단정하여도 크게 어긋나지는 않을 것 같다. 특히 재산권이나 제사권 등에서는 차별이 전혀 없었던 듯하다. 이는 전근대사회 여성의 지위를 이해하는 데 매우 눈여겨 보아야 할 대목이다.

사실 여성이 남성과 동등하게 재산권과 제사권을 행사한 사실은 삼국 및 통일신라시대는 말할 것도 없고 조선 전기에 이르기까지도 약간의 시대적 차이는 보였을지라도 근본에서는 거의 변함없는 양상이었다. 통일기 이후부터 신라의 유학儒學이 점점 지배이데올로기로서 본격적으로 기능하였지만 여성이 관료가 되지 못하게 하는 등 정치적 행위 이외에는 남녀 사이에 차별을 둔 흔적은 별반 보이지가 않는 것이다. 그런 점에서 한참 지난 조선 후기는 특별히 주목해 볼 만한 대상으로 부각된다.

사실 여성에 대한 인식이 근본적으로 변화해 최근까지와 거의 비슷한 양상을 보이기 시작한 것은 17세기에 이르러서의 일이다. 이때부터 남녀칠세부동석男女七歲不同席이라거나 여성을 출가외인으로 여기는 관행과 습속이 생겨났으며 이른바 문중門中의 정식 성원으로 여기지 않으려는 의식이 뿌리내리기 시작하였다. 이 무렵 적장자嫡長子를 각별히 우대하려는 경향은 그런 분위기가 급속히 형성되어간 사정과 밀접한 관련이 있다. 그 동안 17세기 이후의 이런 양상이 조선 전기는 물론이고 훨씬 소급해서 역사의 첫머리에까지 올려놓고 그 연장선상에서 이해하려는 경향이 짙었지만 이는 조선시대 각종 고문서 자료를 통해서 명백한 잘못임이 드러났다. 그를 근거로 삼은 최근까지의 종합적 연구 결과는 그런 실상을 뚜렷이 증명해 주는 것이다.

여성 문제와 관련해 조선 전기까지만 하더라도 조선 후기의 양상과 대비해 볼 때 다른 점이 무척이나 많았음이 확인된다. 이는 전기로부터 후기로 진행하는 과정에서 여성의 사회적 지위에서 무엇인가 커다란 변화가 시작되고 그것이 점점 정착되어 갔음을 의미하는 사실이어서 잠시 주목해 볼 필요가 있다.

조선 전기까지는 재산이 남녀 균분상속均分相續이었다. 이는 남자 형제간은 물론이고 남녀 사이에서도 재산의 상속상 아무런 차별이 없었음을 뜻하는 사실이다. 여성이 재산의 상속에서 아무런 차별을 받지 않았다는 것은 조상에 대한 제사권이 곧 남녀 구별 없이 모두에게 동등하게 분담되었음 뜻한다. 재산이 균등하게 배분된 만큼 부모에 대한 제사도 일정하게 순번을 정해 돌아가면서 맡는 것은 지극히 당연한 일이었다. 이를 흔히 윤회봉사輪廻奉祀라고 일컫는다. 거기에 아들과 딸의 차별이 스며들 틈은 별로 없었다. 딸도 재산을 배분받았던 만큼 동등하게 제사권을 가졌기 때문이다. 재산 상속권을 보유하는 한 제사권은 의무이면서 동시에 권리이기도 하였던 것이다. 딸도 남형제와 동등하게 부모를 직접 봉양하고 섬겼다. 그런 상태에서는 때론 부모 입장에서는 오히려 아들보다 딸로부터 봉양받기를 기대하기도 하였다. 그런 실상은 고려 말기의 사례에서 확인된다. 『고려사』열전 이곡李穀전에는 그와 관련해 다음과 같이 매우 흥미로운 내용이 찾아진다.

"(상략) 대체로 사람이 아이를 낳아서 양육하는 것은 뒷날 그 덕을 보려하기 때문이다. 이것은 사람의 귀천이나 나라에 관계없이 인간으로서 지닌 본능의 소산이다. 고려의 풍속은 남자가 본가로부터 따로 떨어져 살지언정 여자는 집을 떠나지 않는데 그것은 마치 진秦나라의 데릴사위와 같아서 부모를 부양하는 것이 여자의 임무로 되어 있다. 그러므로 딸을 낳으면 애지중지하여 이를 키워서 밤낮으로 그가 장성하기를 바라니 그것은 딸이 부모를 부양해 주기 때문이다. 그런데 하루아침에 품안에서 빼앗기어 4천리 밖으로 보낼 때 그래서 발이 한 번 문 바깥으로 나가 종신토록 돌아오지 못하게 될 때 인정상 그 부모의 마음이 어떠하겠는가(하략)".

이곡(1298-1351)은 고려 말기에 활약한 대학자로서 그 문명文名이 널리 원元나라에까지 알려질 정도의 인물이며, 저명한 유학자 목은牧隱 이색李穡의 아버지이기도 하였다. 당시 원나라에서는 고려에게 계속해서 어린 여자 아이를 공납으로 요구하였다. 그 정도가 감당하기 힘들 정도로 점점 지나치게 되자 고려에서는 원을 대상으로 그를 폐지해 달라는 글을 올리기로 하였는데, 위의 글은 그에 따라 이곡이 작성한 내용의 일부이다.

위의 사실은 이곡이 원으로 하여금 어린 여자 아이의 공납을 그만 두도록 요청하는 명분의 하나로서 특별히 제시된 것이어서 실제 여하에서 약간의 문제가 없지는 않겠지만 공식적 문서인 만큼 전적으로 왜곡, 과장, 조작된 것은 아니리라 여겨진다. 거기에서 특히 주목되는 점은 고려 후기 당시 딸이 부모를 봉양하는 일이 널리 일반화되어 있었음을 지적한 대목이다. 물론 아들도 당연히 부모 봉양을 맡았을 터이지만 딸도 그에 못지않았다고 추정하여도 무방하리라 여겨진다. 그처럼 딸이 아들과 대등한 입장에서 부모를 봉양하였다면 그것은 딸에게도 제산권은 물론 제사권이 함께 주어졌기에 가능한 일이었을 터이다. 그와 같은 관행과 인식은 조선 왕조가 성립된 이후에도 근본적으로 바뀌지 않고 그대로 이어졌다. 따라서 조선 전기의 남녀균분상속은 전적으로 고려로부터 이어받은 습속이라고 단정하여도 어긋나지가 않겠다.

딸에게 제사권이 주어졌다는 것은 곧 외손外孫도 제사에 참례할 수 있는 자격이 있었음을 의미하는 사실이다. 외손도 어머니의 재산을 물려받을 법적, 관습적 자격을 당당하게 갖춘 존재였던 만큼 제사 참례 또한 지극히 당연한 권리이자 의무였다. 제사권이 성씨가 다른 외손에게까지 주어졌다는 사실은 제사를 받드는 데에 부계 중심의 직계 혈연이 반드시 필요한 요건은 아니었음을 의미한다. 그런 점은 양자養子를 받아들이는 데서도 깊숙이 반영되어 나타났다. 조선 전기까지만 하더라도 가계를 이어가기 위해 양자제도가 필수적이었던 일은 아니다. 혹여 양자를 받아들인다 하더라도 그 대상을 반드시 가까운 혈연관계이거나 혹은 친족집단 내부에서 찾지를 않았다. 양자의 선정에는 혈연 자체가 전혀 문제되지 않았다. 이런 점은 족보族譜 작성에도 그대로 반영되었다.

조선 전기까지만 하여도 족보가 가계를 유지해 가는 데에 꼭 필요한 사항이 아니었음은 조선 후기 양상과는 전혀 다른 측면이다. 당시 족보는 있어도 좋고, 없어도 그만인 대상이었다. 필히 소지해야 할 필요성을 절실하게 여긴 특정 가문만이 족보를 작성, 보유하였다. 조선 전기에 만들어진 족보 가운데 현재까지 남아 전하는 것으로는 1476년(성종 7) 간행된 안동권씨성화보安東權氏成化譜와 1565년(명종 20)의 문화유씨가정보文化柳氏嘉靖譜 둘을 손꼽을 수 있다.

이들의 내용을 두루 살피면 친손은 물론 외손에 이르기까지 기재되었다는 점에서 주요 특징이 엿보인다. 그런 점에서 가부장제 하의 동성同姓, 친손親孫 중심으로 작성된 조선 후기 족보와는 구성상에서 뚜렷하게 차이가 난다고 하겠다. 조선 초기 여성의 사회적 지위가 그대로 족보 작성에도 반영된 결과라 하겠다. 자녀를 기재하는 데 선남후녀先男後女의 방식이 아니라 남녀 간 아무런 구별 없이 출생한 순서에 따라 기재한 점, 외손의 가계도 친손과 마찬가지로 편찬 당시까지의 세대 전부를 기재한 점, 자녀를 갖지 못한 사람의 경우 이름 밑에다 '무후無後'라고 그대로 기재하였고, 따로 양자를 들였던 사례가 단 한건도 보이지 않는다는 점 등에서 그와 같은 유추가 가능하다. 이처럼 조선 전기에는 특정 성씨의 족보라 하더라도 외손과 처족 등 다른 성씨가 많이 들어 있다는 사실이 특징적 면모라 하겠다. 이는 남녀가 성적인 차별을 받지 않았던 사정에서 비롯한 것이었다. 당시의 시대적 양상이 족보에도 그대로 반영되어 나타났다. 이런 점은 결혼식을 거행하는 방식에서도 보였으니 이른바 남귀여가혼男歸女家婚이 널리 행해지고 있었다는 사실이다. 이는 신랑이 신부의 집으로 가서 일정한 기간 머물다가 귀가하거나 혹은 필요하면 아이를 낳아 장성할 때까지 계속해서 머물기도 하는 방식이다. 그 밑바탕에는 신부가 딸로서 상속받은 재산이 처가에 있었기에 가능한 일이었다. 뒷날 신부 집에서 혼인식을 치른 후 약간의 형식적 절차만 거치고서 시댁으로 돌아가서 살아가는 이른바 친영제親迎制의 속에는 그런 흔적만이 편린片鱗의 형태로 남아 있을 따름이다.

그러다가 조선 후기에 이르러서는 여성의 지위에 커다란 변화가 나타났다. 그 가운데 가장 기본적 모습은 재산상속 관행상에서 확인된다. 17

세기 무렵부터 재산상속은 그 동안 일반화되어 온 균분상속이 아니라 적장자단독상속嫡長子單獨相續으로 점점 바뀌어져 갔다. 이는 오로지 장남만이 재산상속권을 갖도록 하는 관행이었다. 적장자단독상속의 관행은 비교적 빠른 속도로 기존의 균분상속에 대체, 정착되어 갔다. 집안 간에 경쟁이 치열하게 전개된 탓에 적장자단독상속이 상당히 짧은 시간에 이루어져 일반화되어갔던 것으로 보인다. 이는 당시 한창 전개되고 있던 당쟁이 각 집안 간의 생존경쟁에도 그대로 반영된 결과로 추정된다. 각 집안마다 장자를 중심으로 재산을 상속시켜 결집하고 강하게 결속함으로써 다른 집안과의 경쟁에서 이기기 위한 방편에서였다. 혹시 딸에게 상속된 재산이 거꾸로 경쟁 상대의 경제적 기반으로 작용할 위험도 없지 않았을 터이기 때문이다. 그래서 여성을 출가외인이라 단정함으로써 사실상 친정과 일정한 거리를 두도록 유도하였다. 그런 인식은 가부장제의 정착과 함께 사회 전반이 공유하게 된 결과였다.

재산이 장남에게만 주어진 사실은 곧 제사권도 그에게 저절로 집중되었음을 뜻한다. 제사권은 재산권에 따라 결정되는 말하자면 양자가 표리일체의 관계였던 데서 온 당연한 결과였다. 특히 여성이 재산 상속권 바깥으로 밀려나게 되자 그와 관련한 제반 관행도 자연히 달라질 수밖에 없었다. 어머니를 매개로 해서 외가의 재산을 승계 받을 기회를 원천적으로 봉쇄당한 외손은 어머니와 마찬가지로 제사권으로부터도 배제되었다. 이런 배경 아래에서 이제 외가와 처가는 가까이 두어야 할 대상이 아니라 화장실과 마찬가지로 멀리 해야 하는 대상으로 낙착되어졌다. 출가한 여성에게는 당연히 부모를 봉양해야할 의무도 책임도 저절로 없어졌다. 딸은 어디까지나 출가외인으로 취급되었을 따름이었다. 적장자 중심의 가부장제가 깊숙이 뿌리내려지게 된 것이다.

그렇게 된 배경에는 임진왜란과 병자호란을 거친 뒤의 사회경제적 변동과 함께 성리학적 질서가 촌락 깊숙이까지 뿌리게 된 사정이 작용하였다.

족보도 종법적宗法的 질서에 따라 오로지 부계 중심으로만 정리되었다. 현재까지 널리 통용되고 있는 대부분의 족보 양식은 이때부터 시작된 것이었다. 혼인 양상도 자연히 그에 맞추어서 크게 바뀌었다. 후계가 없으면 필히 양자를 들여서라도 가계를 잇도록 하였는데 특히 제사권을 가진 장남의 경우 그것은 빠트릴 수 없는 일이었다. 다만, 양자는 반드시 가까운 혈연에서 들였으며 전혀 혈연적인 관계가 없을 경우는 아예 고려의 대상에 넣지를 않았다. 지금도 양자를 들이는데 혈연적 관계가 없을 경우 거의 고려하지 않는 강한 인식은 그때부터 시작된 것이었다.

이상과 같이 보면 우리가 그 동안 일반적으로 경험한 가부장적 질서나 관습은 조선 후기에 이르러서 성리학적 질서의 정착과 함께 새롭게 뿌리내려졌던 것이다. 그 이전에는 그런 경향과는 많은 점에서 차이가 났다. 남녀 사이의 성 차별은 관료로의 진출 등 주로 정치 활동에 국한되어 있었다. 그럼에도 마치 애초부터 그렇다고 인식한 것은 가부장적 지배질서가 자리 잡은 뒤에 형성된 관행 혹은 교육 등을 통하여 의도적으로 부풀려져 강요된 결과라 하겠다. 일종의 역사 왜곡이었던 셈이다.

그렇다고 하더라도 그 이전에 남아선호의 의식이 전혀 없었던 것은 아니었다. 때때로 필요한 경우 남아를 선호하는 현상이 존재하였음이 뚜렷이 확인된다. 다만, 그것이 일반화된 것이 아니라 특수한 경우에 국한된 현상이었다. 그런 양상을 신라의 사례를 통하여 구체적으로 확인해 보기로 하겠다.

신라인의 남아선호와 진평왕

앞서 언급하였듯이 남녀 간의 상열지사에서 자유분방한 측면이 있기는 하였으나 신라에서도 여성은 관료가 될 수 없었다는 측면에서 정치적

·사회적으로 일정하게 차별을 받는 존재였음은 틀림없다. 여성은 남성과 동등한 대우를 받지 못하였던 것이다. 그런 분위기에서는 아무래도 남아를 선호하는 의식이 강하게 부상할 수밖에 없었을 터이다. 특히 자신의 정치적·사회적 지위를 승계시키고자 하는 생각을 갖게 된 유력자의 경우 때로는 남아선호에 대한 강한 집념을 드러내어 보이기도 하였을 터이다. 그것은 가계가 분화되면서 나타난 지극히 자연스런 현상이기도 하였다. 남아는 가문의 영광과 위상을 현창하고 계속 이어가는 데 중요 수단으로서 필수적 요건이었다. 그것이 곧 정치적 행위이기도 하였음은 물론이다. 신라 시기에 남아를 선호하였던 뚜렷한 사례를 몇몇 확인할 수 있다.

먼저 7세기 중엽 신라 불교의 계율 정비를 해 교단의 체계화 및 그 홍포弘布에 크게 기여한 고승인 자장慈藏의 탄생과 관련한 이야기를 손꼽을 수 있다. 그의 아버지 무림茂林은 가장 유력한 진골귀족으로서 중앙정부의 요직을 두루 거쳤으나 대를 이어갈 자식이 없었다. 그래서 불력佛力의 도움을 빌어 자식을 얻고자 천부관음千部觀音 앞에 나아가 아들 낳기를 희구하는 예불을 드렸다. 그때 무림은 '만약 아들을 낳게 된다면 그를 출가시켜 장차 불교의 흥륭을 도모하겠다'고 약속하였다. 그래서 마침내 자장을 얻게 되었는데 공교롭게도 석가탄신일과 같은 날이었다. 실제로 자장은 자신의 누이 아들로서 문무왕대 활동한 신인종 승려 명랑明朗보다도 나이가 약간 적었던 것으로 미루어 뒤늦게 얻었음은 분명한 사실이다. 무림에게는 딸은 많았지만 아들은 없었다. 그래서 그는 아들을 얻고자 부단히 노력하였던 것이다.

그런데 무림이 아들을 얻으려고 하면서 만약 실현된다면 그 대가로 아이를 출가를 시키겠다고 약속하였다. 거기에는 약간의 모순점이 찾아진다. 자장이 출가하게 된다면 다시 그 후사를 보장할 수 없기 때문이다. 그렇지만 무림은 자장을 결혼하기 전에 출가를 시키겠다는 뜻이 아니라 그로부터 다시 후사를 얻은 뒤에 실천에 옮기겠다는 생각을 갖고 있었던 것 같다. 자장은 뒷날 양친을 일찍 여의고서 세상사의 덧없음을 싫어해 출가하기로 결심하였다. 그래서 홀연히 처자식을 버리고 자신의 전택田宅을 희사하여 원녕사元寧寺란 절을 지었다고 한다. 이로 보면 자장은 출가하기 이전에 이미 혼인하여 자식까지 둔 상태였다. 사실 그 뒤 선덕여왕은 재위 도중 대신大臣의 자리가 비게 되자 자장을 환속시키고자 줄기차게 노력하였으나 결국 고집을 꺾지 못하였다. 아무리 문벌이 좋다고 하더라도 출가한 자장을 당장 대신으로까지 발탁하려고 하였을 때에는 앞서 이미 그가 관료로서 활약하면서 보인 능력을 전제로 할 때 비로소 이해가 가능한 일이다. 따라서 자장은 출가 전에 이미 혼인해 자식을 얻었고 관직까지 역임한 경력을 갖고 있었던 것이다. 무림에게는 딸은 있었지만 대를 이을 아들이 없었던 탓에 불력의 도움을 빌어 자장을 얻음으로써 소원을 성취하였던 것이다. 상급 지배층을 중심으로 해서 지위를 이어가고자 하는 분위기가 조성되던 시절의 상황을 반영한다.

사실 7세기 초에는 대를 잇기 위한 남아선호의 분위기가 점점 고조되던 양상은 그에 앞서는 시기의 화랑제의 창설에서도 유추되는 사실이다. 화랑제 시행에 앞서 먼저 원화제源花制가 실시되었다. 540년 7세의 어린 나이로 즉위한 진흥왕대 초 당시 섭정하던 그의 어머니 지소只召 태후의 발의로 준정과 남모라는 두 여성을 원화로 삼아 그 아래에 청소년을 모집하였다고 한다. 물론 그 목적은 새로운 시대에 걸맞은 능력을 지닌 인재를 길러내려는 데에 있었다. 그러나 두 여성 원화 사이에 벌어진 시기와 질투로 말미암아 사건이 터져 얼마 뒤 원화제는 미처 뿌리도 내리기 전에 폐지되고 말았다. 551년 성년이 된 진흥왕이 친정親政하면서 원화제에 대신해 새로 마련된 것이 화랑제였다. 화랑은 그 자체 청소년을 여성처럼 단장한 이른바 꽃미남을 의미한다. 원화로부터 화랑으로 전환하게 되는 밑바탕에는 곧 남성을 선호하기 시작한 시대적 분위기가 깔린 것이 아닌가 싶다.

그로부터 한참 지난 뒤 진평왕대(579~632)의 일이기는 하지만 설씨녀薛氏

女의 이야기에서도 남아선호 의식이 강해져가던 분위기가 감지된다. 당시 전란이 발발하자 설씨녀의 아버지가 군인으로 차출되어 변방 방수의 임무를 지고 가지 않으면 안 되었다. 그런데 설씨녀의 아버지는 이미 나이가 매우 많았던 데다가 병까지 들어서 가기가 어려웠다. 설씨녀는 남자가 아니어서 아버지의 대역代役을 감당할 수 없음을 한탄하였다 그러던 중 가실嘉實이라는 설씨녀를 흠모하던 이웃마을의 청년이 혼인을 전제로 설씨녀 아버지의 군역을 대신하게 되었다. 당시는 여성보다는 남성이 더 필요한 시대적 상황이었고 따라서 남아선호 의식은 점점 더 무르익어 갔던 것으로 보인다. 무열왕(654-661)이 재위하던 기간에 원효가 '자루 빠진 도끼를 빌려주면 하늘을 떠받치는 기둥을 깎아내겠다'고 해서 아들을 얻으려는 소리를 크게 외쳐 마침내 과수寡守로 살아가던 무열왕의 딸 요석공주瑤石公主와의 사이에 설총薛聰을 얻게 된 설화는 당시의 시대상을 잘 반영하고 있다.

그런 남아선호는 시대적 양상과 함께 가계가 분화되어 간 실상과도 깊이 연계되어 나타난 현상이었다. 이미 5세기부터 공동체성이 약화되면서 가계가 급속히 분화되는 양상을 보였다. 이후 골품제란 신분제가 만들어진 것도 그런 가계 분화의 현상과 밀접한 관계가 있다. 골품제는 분화되어 가던 가계를 담아내는 그릇으로서 기능하였던 것이다. 그런 과정에서 가계를 잇기 위한 목적에서 양자제도까지 도입하려는 경향도 나타났다. 진평왕대의 유력한 진골귀족으로서 대신까지 역임한 임종공林宗公에게 아들이 없자 국왕이 출신 신분이나 지역 등 그 정체성도 제대로 알지도 못한 길달吉達이란 인물(실제로는 얼마 뒤 귀신이었음이 드러남)을 단지 발휘한 능력만 보고서 양자로 받아들여 후사를 이어가도록 추천한 사실이 있었다. 이는 가계가 분화되고 가문을 잇고자 하는 분위기가 점차 고조되어 가던 시대상을 반영해 주는 사실이다.

시기가 내려와 신라 말기의 일이지만 고려의 저명한 유학자로 성장한 최승로崔承老의 출생 관련 이야기를 통해서도 그런 측면을 잠시 엿볼 수 있다. 신라왕조가 한창 멸망으로 치달아가던 무렵인 927년 금성경주에 살던 관리 최은함崔殷諴에게 늘그막 하도록 아들이 없었다. 그래서 최은함은 경주분지 중앙부의 낭산狼山 자락에 있던 중생사衆生寺의 부처 앞에 나아가 아들을 점지해 달라고 빌었다. 얼마 뒤 영험을 얻어 아들을 낳았으니 이가 바로 최승로였다. 그런데 그로부터 석달이 채 지나지 않은 시점에 후백제의 견훤이 신라 왕경인 금성을 침탈하는 변고가 일어났다. 난관에 직면한 최은함은 간난아이를 안고서 화급히 중생사의 부처 앞에 나아가 사자좌獅子座 바로 밑에 아이를 감추어 놓고 구원해 주기를 빌면서 현장을 벗어났다. 최은함은 보름 쯤 지난 뒤 사태가 어느 정도 진정되기에 이르자 중생사로 되돌아와 아이를 찾았다. 이때 아이는 보름이 지났음에도 그 자리에서 젖을 먹었던 모습으로 건강하게 살아 있었다고 한다. 이처럼 최은함도 불력을 빌어 아이를 지켜내었다. 이는 당시 중급 귀족들에게도 아이를 얻어 가계를 이어가고자 하는 분위기가 조성되어 있었음을 보여 주는 사례이다.

이로 보면 7세기 대에 무림과 같은 당대 최고의 귀족 뿐만 아니라 10세기에는 최은함과 같은 중급의 귀족에게도 가계를 잇기 위하여 아들을 선호하려는 분위기가 팽배해져 가던 상황이었다. 9세기에 부윤대택富潤大宅을 뜻하는 금입택金入宅이 35개나 있었다고 전하는 사실은 가문이 분화되어 상호 경쟁하던 시절의 사정을 보여 준다. 이런 상황은 곧 아들을 얻어 가문을 잇고자 하는 의식과 연결되어졌던 것이다.

어쩌면 일부 일반민 사이에서도 그로부터 영향을 받아 미약하나마 아들을 선호하려는 경향이 생겨나지 않았을까 싶다. 다만, 이는 뒷날처럼 가부장적 풍토나 관행에서 나온 것이라기보다는 당시 가계 분화가 진전되던 도정에서 단순히 남아를 통해 대를 잇고자한 전반적 분위기에 편승해서 나온 것이었다. 이는 성씨姓氏가 점점 발달해가던 배경과도 밀접한 관계가 있다.

이처럼 자장이나 최승로의 사례처럼 7세기 이후 귀족들 사이에서 후사를 이어가고자 하는 분위기가 차츰 무르익어 가고 있었고 그것이 고려시대까지 이어졌다. 그런데 비슷한 시기에 국왕이 유난스레 후사를 얻는 데에 집착한 사례가 확인된다.

신라 국왕 가운데 후사를 얻기 위해 남아를 고집한 전형적 실례로서 먼저 진평왕眞平王의 사례를 손꼽을 수 있다. 널리 알려져 있듯이 진평왕은 남아를 얻으려 한 데에 대해 대단한 집념을 보였다. 그의 희망은 끝내 성공을 거두지는 못하였지만 후계자로서 아들을 얻기 위해 줄기차게 노력하였다. 그런데 그가 얻고자 한 아들은 예사로운 왕자가 아니었다. 그가 얻으려는 대상은 물론 단순히 자신의 핏줄을 가진 왕자이기도 하려니와 석가모니의 현신이기를 바라는 의식을 깔고 있었다. 이는 진평왕이 자신의 가계가 석가모니의 그것과 연계된다고 생각한 데서 비롯한 것이다.

진평왕은 스스로를 백정왕白淨王, 또는 정반왕淨飯王이라 이름 하였다. 정반왕은 곧 석가모니 아버지의 이름이다. 진평왕에게는 선후하는 두 왕비가 있었는데 첫째 왕비가 마야摩耶부인이었다. 마야부인은 원래 석가모니를 낳은 어머니의 이름이었다. 한편 진평왕에게는 어머니가 같은 두 명의 남동생이 있었는데, 그 이름은 각각 백반伯飯과 국반國飯이었다. 이 두 사람의 이름도 곧 석가모니의 삼촌 이름과 같았다.

가족 구성원의 이름으로 미루어 진평왕의 입장에서는 만일 아들을 낳게 된다면 그가 바로 석가모니가 되는 셈이었다. 이는 진평왕의 직계 존비속尊卑屬이 석가모니의 일족이라는 의식에서 나온 것이었다. 어쩌면 진평왕은 평소 자신의 가계가 석가모니 일족의 환생이라 여기는 의식을 갖고 있었음이 확실하다. 자신들 일족을 이른바 신성가족神聖家族으로 여겼던 것이다. 궁궐 내에다가 내제석궁內帝釋宮이란 절을 지었다거나 즉위하였을 때 하늘이 보낸 천사가 궁궐에 나타나 국왕의 권위를 상징하고 인정해 주는 옥대玉帶를 내려 보낸 설화 등은 그를 보증하기 위한 데서 의도적으로 만들어낸 것이라 하겠다. 진평왕의 왕위 계승이나 지위 및 그의 근친 가족은 모두 하늘로부터 인정받은 신성한 석가모니 일족으로 인식하고 있었던 것이다.

이런 전후 사정으로 미루어 진평왕은 오래도록 석가모니의 탄생을 희구하였음이 확실하다. 그것이 실현된다면 곧 신성가족으로서 완결되는 셈이었다. 어쩌면 신라에서 영원한 이상향으로서 불국토佛國土를 일구어내려는 그의 꿈과 희망사항을 바탕에 깔고 있었던 것이 아닌가 싶다. 그러나 아쉽게도 진평왕은 끝내 아들을 점지 받지 못하였다. 오직 딸만 셋을 낳았을 따름이다. 첫째는 덕만德曼, 둘째는 천명天明, 셋째는 선화善花였다. 덕만은 뒷날 진평왕의 뒤를 이어 즉위한 선덕여왕이며, 천명은 용춘龍春의 부인으로서 무열왕 김춘추의 어머니이며, 선화는 백제 무왕의 왕비가 되었다는 설화를 남긴 인물이다. 진평왕은 석가모니의 탄생을 줄곧 희구하였으나 마침내 뜻을 이루지 못하자 장녀인 덕만을 왕위에 내세우게 되었다.

사실 진평왕이 처음부터 장녀 덕만선덕을 자신의 왕위를 계승할 정당한 인물로 생각하고 있었던 것은 아니었다. 덕만을 일찍이 출가시켰던 사실을 그를 보여 준다. 『삼국유사』 왕력편王曆篇 선덕여왕조에 의하면 그에게는 '음갈문왕飮葛文王'이라는 배필이 있었다고 한다. '음갈문왕'의 실체는 분명하지 않으나 '음飮'과 '반飯'의 자형이 비슷한 점으로 미루어 그녀의 삼촌 백반이 아닐까 추정되고 있다. 즉위할 당시에는 백반은 이미 사망한 뒤였을 터이므로 덕만이 즉위할 수가 있었던 것이다.

그런데 선덕여왕을 즉위할 수 있도록 한 현실적 명분은 앞서 소개한 '성골남진'이었다. 성골의 남자가 모두 다 없어진 덕분이었다. 그렇다면 성골의 실체가 과연 어떨까가 문제로 된다. 최근까지의 연구 동향을 살피면 결국 진평왕을 중심으로 한 직계 존비속의 일정한 범위를 가리키는 것으로 추정되고 있다. 이미 오래 전에 사망한 진평왕의 아버지로서 진흥왕의 장남이기도 하였던 동륜銅輪 태자의 직계비속이 거기에 해당된다고 하겠다. 이는 결국 진평왕의 형제와 그 자식들을 한정적으로 지칭한 것이다. 말하자면 이들은 결국 석가모니를 얻으려 한 데에서 만들어낸 신성가족에 들어가는 범위였다. 진평왕이 끈질기게 얻고자 한 남아, 즉 석가모니를 얻기 위해 만들어낸 석가족 의식이 결국 성골 관념을 낳았고 그것이 실패한 부산물로서 선덕여왕이 여성임에도 즉위할 수 있게 되었던 것이다.

사실 진평왕이 자신을 중심으로 한 직계 존비속을 신성가족이라 인식한 바탕에는 자신의 핏줄로 하여금 왕위를 이어가게 하려는 의식이 깔려 있었다. 그러나 자신에게는 물론이고 선덕여왕에게도 당연히 후사가 없었다. 이로써 진평왕이 원래 걸었던 기대는 사실상 물거품이 되고 말았다. 선덕여왕은 부득이 그의 사촌 여동생인 승만勝曼이 즉위하도록 하였으니 이가 곧 진덕여왕이다. 물론 선덕여왕을 뒤이은 진덕여왕의 즉위는 당시 정치 사정이 복잡하게 얽힌 결과였다. 선덕여왕과 마찬가지로 역시 성골이란 명분이 겉으로 내세워졌다. 진덕여왕 역시 후사가 없었으므로 이제 진평왕 직계와 방계동륜태자의 직계까지 모두 소멸되고 말았다. 진평왕은 자신의 아들, 그 후예들이 왕위를 이어가기를 희구하였으나 실패하고 그를 위해 만들어낸 '성골'관념으로 두 명의 여왕이 즉위할 수가 있었던 것이다. 여왕의 즉위는 결국 진평왕의 왕통이 종식되었음을 뜻한다.

진평왕의 아들 선호는 자신의 핏줄로 왕통을 이으려는 열망에서 비롯한 것이었으나 마침내 실패로 돌아갔다. 그런데 이와 매우 비슷한 양상은 얼마 뒤 통일기에 다른 형태로 재현되었으므로 잠시 주목해 볼 필요가 있다.

경덕왕의 남아선호

남아선호 의식의 실재를 보여 주는 사례 가운데 유별난 것은 신라 사회가 여러 모로 최고 전성기에 도달하였다고 평가되는 경덕왕(景德王, 742-765)이 후사를 얻고자 열망한 데서 보인 사례이다. 다만, 진평왕이 줄곧 석가모니와 같은 존재가 자신의 혈통으로 탄생하기를 바라는 은근한 방식으로 희망사항을 드러내었다면 경덕왕은 굉장히 노골적으로 속내를 드러내어 보였다는 점에서 차이가 난다. 그렇게 된 데에는 물론 각각 지닌 개성이 밑바탕에 작용하였음은 물론이겠지만 당면한 특수한 시대상이 반영되었던 것으로 보인다. 경덕왕이 후사를 얻고자 한 모습은 다음과 같이 흥미로운 설화 형식의 이야기가 『삼국유사』 기이편紀異篇에 실려 있다.

"(상략)왕의 생식기는 길이가 8촌이었다. 아들이 없었으므로 왕비를 폐하여 사량부인沙梁夫人으로 봉하였다. 다음 왕비는 만월滿月부인이니 시호는 경수태후景垂太后요 의충각간依忠角干의 딸이다.

왕이 하루는 표훈스님에게 말하기를 '내가 복이 없어 자식을 얻지 못하니 원컨대 스님은 상제上帝께 청하여 아들을 점지하도록 하시라'고 하였다. 표훈이 하늘로 올라가 천제天帝께 고하고서 돌아와 아뢰기를 '딸이면 곧 될 수 있으나 아들은 안 된다 하더이다'라 전하였다. 이에 왕이 말하기를 '딸을 아들로 바꾸어 주기를 바란다'고 하니 표훈이 다시 하늘로 올라가 그대로 전하였다. 천제가 말하기를 '그렇게는 할 수가 있으나 만약 아들을 얻게 되면 나라가 위태로워질 것이다'라고 경고하였다. 그를 듣고 표훈이 하늘로부터 내려오려고 할 때 천제가 불러 세워 말하기를 '하늘과 인간 사이를 문란케 할 수는 없다. 지금 네가 이웃 마을 드나들 듯이 하늘을 왕래하여 천기를 누설시키니 금후 다시는 오지 말라'고 일렀다.

표훈이 내려와 천제의 말을 전하니 왕이 이르기를 '비록 나라가 위태롭더라도 아들을 얻어 뒤를 이었으면 좋겠다'고 답하였다. 그리고는 얼마 뒤 만월이 과연 왕자를 낳으니 왕이 매우 기뻐하였다. 태자가 여덟 살이 되어 왕이 죽자 즉위하니 이가 곧 혜공대왕惠恭大王이다. 당시 나이가 어렸으므로 (만월)태후가 조정에 나섰으나 정치가 문란해지고 도적이 벌떼처럼 일어나 막아낼 수 없었으니 표훈의 말이 맞았던 것이다. 나이 어린 임금은 원래 여자로서 남아가 되었기에 첫돌부터 왕위에 오를 때까지 언제나 여자처럼 놀았는데 비단주머니 차기를 좋아하였다. 도류道流들과 더불어 놀자 나라 안에서는 난리가 일어났으니 마침내 선덕왕宣德王과 김양상(金良相, 이 사람이 바로 선덕왕이므로 실제로는 일연선사가 金敬信을 그렇게 잘못 표기한 것임)에게 살해되었다. 표훈이 죽은 뒤로는 신라에서 성인이 나지 않았다고 한다.",

이 기사는 경덕왕이 아들 얻기에 얼마나 고심하고 집착하였는가를 보여주는 뚜렷한 사례이다. 경덕왕은 만일 아들을 얻게 된다면 장차 여하한 대가라도 치루겠다는 강고한 입장이었다. 심지어는 신라왕조 자체가 위태로워지더라도 아들을 얻겠다고 할 정도로 강한 집착을 보였다. 그래서 결국 갖은 노력 끝에 소망하였던 아들 건운乾運을 얻게 되었는데, 이 사람이 바로 뒷날 8세의 어린 나이로 즉위하는 혜공왕이다. 진평왕이 아들을 얻지 못한 것과는 사정이 달랐다. 사실 경덕왕이 아들을 각별히 바랐던 의식은 뒤에서 언급하게 되듯이 이미 그에 앞서 여러 가지 행태로서 표출된 바 있다. 다만, 이때처럼 당시 크게 부상해가던 화엄종의 고승 표훈表訓을 동원하고 천제를 등장시키면서까지 아들을 얻으려고 하였던 행위는 사실상 그를 위한 마지막 노력이었음을 나타낸다고 할 수가 있다. 이미 그에 앞서 온갖 수단과 방법을 동원하여 아들을 얻으려 하였던 것이다.

경덕왕은 즉위한 지 얼마 지나지 않았을 때부터 여러 가지 방식으로 아들을 얻고자 하는 열망을 보이기 시작하였다. 위에서 소개한 이야기의 첫머리에도 보이듯이 경덕왕은 즉위 직전 태자로 있을 때 갓 결혼한 첫째 왕비에게서 아들을 얻지 못해 즉위하자 곧바로 폐위시켰다. 쫓겨난 왕비는 사량부인으로 봉해졌지만 일반적으로 삼모三毛부인이라 불리었다. 경덕왕은 곧장 둘째 부인을 새로 맞이하였으니 시중을 역임한 적이 있는 의충

각간의 딸 만월부인이었다.

그런데 『삼국사기』에 의하면 의충의 딸을 왕비로 들인 것은 경덕왕이 즉위한 지 2년째 되던 해인 743년의 일이다. 즉위하자마자 젊은 왕비에게 아들이 없다는 명분을 내세워 폐비시켰다는 것은 어딘가 이상하다는 느낌이 든다. 게다가 당시 경덕왕도 아주 젊은 나이였기 때문이다. 그의 아버지 성덕왕聖德王이 어머니 소덕炤德왕후와 재혼한 것은 720년이었다. 소덕왕후가 사망한 것은 그로부터 4년 뒤인 724년이므로 경덕왕은 그 사이의 어느 시점에 태어난 셈이다. 바로 위에는 친형 승경(承慶, 뒷날의 효성왕)이 있었으므로 경덕왕은 어림잡아 723년 전후 무렵 출생하였다고 봄이 적절하다. 그러므로 경덕왕이 742년 즉위할 당시의 연령은 이제 갓 20세에 지나지 않았다. 따라서 삼모부인에게서 아들이 없었다는 이유로 폐비시켰다는 것은 어딘가 석연치가 않다. 어쩌면 그럴 만한 정치적 이유가 생겨났지만 그에 연루시켜 내몰면서도 기실은 후사가 없기 때문이라는 별로 설득력이 없는 명분을 내세워 억지로 폐비, 출궁시켰던 것이 아닐까 싶다. 경덕왕의 할아버지 신문왕神文王도 첫 번째 왕비를 출궁시켰는데 사실은 왕비의 아버지 김흠돌金欽突이 반란을 주도한 데에 연루된 일이지만 아들이 없기 때문이라는 명분을 내세운 것과 매우 비슷한 모습이다. 후계가 없었다는 점이 일단 국왕의 연령을 불문하고 주요 명분이 될 수 있었음을 보여준다.

경덕왕이 아직 생산성이 매우 높고 혈기가 왕성하였다는 점은 음경의 길이가 8촌이었다는 우회적 표현 속에 은밀히 제시된 것으로 보인다. 당시 경덕왕의 연령이 겨우 아직 20대 초반에 지나지 않은 젊디젊은 나이여서 그런 측면이 충분히 유추된다. 따라서 아직 후사가 문제시될 만한 시기는 아니었던 것이다. 경덕왕이 삼모부인을 내몰고 대신 만월부인을 맞아들인 요인도 사실상 후사의 문제가 아니라 정치적인 데에 근본적 연유가 있었던 것이다. 그럼에도 후사의 문제를 겉으로 내세웠다. 아무런 정치적 문제가 없었던 데도 삼모부인이 남아를 생산하지 못했다는 빌미로 출궁 당한 것이 사실이라면 혼인한 뒤 무려 15년 동안이나 왕자를 얻지 못한 만월부인의 경우 몇 번 쫓겨나야 마땅한 일이다. 그럼에도 출궁 당하지 않았던 것이다.

경덕왕이 만월부인을 계비繼妃로 맞아들인 후에도 한동안 아들은 없었지만 딸은 여럿 얻었던 것 같다. 그런 사정은 위에서 소개한 이야기 속에서 찾아진다. 혜공왕이 첫돌 무렵부터 즉위할 때까지 언제나 여자들처럼 놀았다거나 비단주머니 차기를 즐겼다는 데서 그런 사정이 어렴풋하게나마 유추된다. 아마도 혜공왕에게는 누이가 여럿 있었으므로 평소 그들과 어울리면서 그들로부터 여성성이 강하게 묻어나는 놀이와 행태를 따라 배우게 된 결과 그렇게 된 것이 아닌가 싶다. 사실 경덕왕이 만월부인과 혼인한 시점부터 혜공왕을 낳기까지의 기간을 고려하면 딸이 여럿 있었다는 설정은 지나친 추정은 아니라고 여겨진다. 경덕왕이 만월부인과 재혼한 것은 앞서 언급하였듯이 743년의 일이다. 그런데 혜공왕이 탄생한 것은 경덕왕 재위 17년 되던 해인 758년이었다. 15년에 달하는 긴 기간 동안 혈기가 넘쳐났을 경덕왕에게는 여아조차 없었다는 사실인 설정하기 힘들다.

이처럼 경덕왕에게는 여아가 있었지만 궁극적 목표는 아들을 얻는 일이었다. 그 자신도 바로 얼마 전 두 명의 여왕이 존재하였다는 사실을 알고 있었고 따라서 그것을 명분으로 삼아 여차하면 자신의 딸을 즉위시킬 수도 있었을 터이다. 그럼에도 굳이 아들 낳기를 그처럼 원하였던 것은 여왕의 즉위가 가져다줄 결과란 불을 보듯 뻔한 일이었기 때문이다. 신라의 왕위가 자신의 직계로부터 멀어지는 것을 우려하였던 것 같다. 그래서 억지로라도 아들을 얻음으로써 비록 잠시는 위기 상황을 맞을지 어떨지 몰라도 그것을 끝까지 무릅쓰겠다는 입장을 견지하였던 것이다. 이미 늦은 나이에 아들을 얻게 되고 그가 즉위한다면 문제가 될지 모른다는 위기의식이 한창 감돌던 분위기였다. 그럼에도 경덕왕은 자신의 직계 계승을 굳게 고집해서 마침내 실현시켰다.

경덕왕이 건운을 얻기 이전까지 재위 기간 내내 아들의 탄생을 무척이나 희구하고 염원였던 사정은 또 다른 측면에서도 확인된다. 그것은 동궁東宮을 관리하려고 작정한 사실이다. 경덕왕은 재위 4년째 되던 해인 745년 동궁을 수리하였다. 동궁은 왕궁본궁의 동쪽에 있는 궁이라는 의미에서 그렇게 불리어졌지만 동서남북 방위의 수위首位라는 점에서도 국왕의 거치인 본궁을 제외하고는 가장 첫 위치라는 뜻에서 다음 왕위를 이어갈 계승권자인 태자가 머물렀기 때문에 태자궁이라고도 불렸다. 동궁은 때로는 춘하추동의 사계절 가운데 수위가 봄이란 의미에서 춘궁春宮이라고도 하였다. 이처럼 동궁은 원래 현실의 정치적 제2인자로서 차기의 계승권자인 태자 그 자체를 지칭하는 호칭이기도 하다.

신라에서 태자가 처음 책봉된 것은 진흥왕 때의 일이다. 진흥왕은 재위한 지 27년째 되던 566년 맏아들 동륜銅輪을 태자로 책봉하였다. 그러나 6년만인 572년 동륜이 갑작스레 사망하고 말았다. 이후 신라에서는 오래도록 태자를 책봉하지 않았다. 첫 단추가 잘못 끼워진 탓인지 이후 공교롭게도 태자책봉을 실시할 여건이 제대로 마련되지 못하였다. 진흥왕의 뒤를 이은 동륜의 동생 진지왕眞智王은 재위 3년만에 폐위되는 곡절을 겪었고 동륜의 아들 진평왕이 그 뒤를 이었지만 아들을 생산하지 못하였다. 따라서 신라에서 태자책봉제가 진흥왕대에 처음 시행된 이후 오래도록 정착되지 못했다. 태자책봉제의 정착은 사실상 새 왕조의 출발이나 다름없는 무열왕이 즉위하면서부터 뿌리내려 갔다. 무열왕은 재위 2년째에, 문무왕은 재위 5년째에, 신문왕神文王은 재위 11년째 되던 해에 각각 태자를 책봉하였다. 어린 나이로 즉위하였다가 11년만에 사망한 효소왕은 결혼한 사실이 없었으므로 태자를 책봉하지 못하였다.

이처럼 부득이한 예외적 사정이 있기는 하였지만 통일기에 들어와 신라의 태자책봉은 당연한 관행으로 정착하였다. 태자책봉은 다음의 왕위 계승권자를 미리 확정해 두는 일이었다. 따라서 이는 왕위 승계 문제를 둘러싸고 혹시 벌어질지도 모를 온갖 잡음과 논란을 사전에 차단하고 그것이 순조롭게 안정적으로 이루어져 가도록 하려는 배려에서 나온 최소한의 방책이었다. 그런 분위기 속에서 문무왕 19년(679) 통일전쟁 승리 후의 여세를 몰아 궁궐을 중수해 장려하게 꾸미면서 동시에 동궁을 처음으로 건설하였다. 동궁을 세우면서 당시 태자의 거처를 거기에다가 마련한 것으로 보인다. 그와 관련하여 이 해에 궁궐 여러 문의 액호(額號, 이는 門號 즉 문의 이름을 말함)를 처음으로 정하였다는 사실이 주목된다. 아마도 궁궐 전반을 새롭게 정리하고 체계적으로 관리하기 위한 데서 나온 조치였다. 동궁도 그 일환으로 건설하면서 태자를 그곳에 따로 머물게 한 것이었다. 이는 태자의 위상을 드높이고 그를 대내외적으로 알리기 위한 의도에서였다. 태자는 동궁이란 거처를 따로 갖게 됨으로써 적어도 독립성을 어느 정도 보장 받을 수 있게 된 것이다.

태자가 존재하는 한 동궁도 정상적으로 운영, 관리되었을 것이다. 그러다가 745년에 이르러 갑작스레 동궁을 수리하였다. 동궁이 679년 처음으로 건설되었던 점을 감안하면 매우 낡았을 터이므로 수리한 것은 지극히 당연한 일로도 보인다. 그러나 태자의 자리 자체가 비어 있는 상태였음을 감안하면 약간 의아스럽게 여겨진다. 동궁 수리가 그리 시급하고 긴요한 대상이 될 수는 없는 일이었기 때문이다. 그로부터 7년이 지난 시점인 752년에는 동궁아관東宮衙官를 두었다고 한다. 이 사실 또한 동궁 수리와 아울러서 주목해 볼 대상이다. 동궁아관은 동궁을 관리하는 관부를 뜻한다. 동궁이 왕의 거처인 본궁本宮, 혹은 대궁大宮과 별도로 두어졌다면 처음부터 동궁아까지 두어졌어야 마땅할 터인데 이때에 이르러서야 비로소 아관을 두었다는 사실은 예사로워 보이지가 않는다. 더욱이 당시 동궁에 거처해야 할 주인공도 없는 마당이었다. 동궁을 수선하거나 또 거기다가 전문적으로 동궁을 관리하는 관부를 따로 둔 사실은 정상적이라면 문제가 될

리가 만무한 일이지만 정작 거주할 주인공이 없는 현황을 고려하면 정상적인 일로는 보기 어렵겠다. 이는 동궁에 거처해야 마땅할 주인공인 태자의 출현을 바란 하나의 방편에서 진행된 일로 보인다. 정작 태자가 실재하였던 시기에는 그런 조치가 없었지만 태자가 존재하지도 않았음에도 동궁 관련 여러 조치를 하였다는 자체는 왕위 계승권자로서 왕자의 탄생을 희구한 데서 나온 시도였다고 하여도 그리 지나친 억측은 아니라 하겠다.

경덕왕은 왜 그처럼 집착하였을까

지금까지 언급한 것처럼 경덕왕은 여러 측면에서 유난스럽다고 진단하여도 무방할 정도로 아들 낳기에 집착하는 모습을 보였다. 일단 자신의 직계를 왕위 계승자로 삼으려고 염원한 데서 그러했다고 추정할 수 있겠다. 즉위 2년째 되던 해에 당나라에 하정사賀正使로 파견되어 관작을 받았던 이름 모를 인물이 왕제王弟라고 표현된 사실로 미루어 그에게는 얼핏 동생이 있었던 듯한 흔적도 보인다. 물론 그가 반드시 친동생은 아니며 이복동생이나 혹은 친족 가운데 한 사람이어서 그렇게 불리었을 수가 있겠다. 여하튼 굳이 직계만을 고집하지 않는다면 왕위를 이어갈 수 있는 방계의 인물은 얼마든지 있었을 터이다. 그럼에도 경덕왕이 굳이 직계의 왕위 승계를 바란 것은 아무래도 그런 의식이 뿌리내린 당시의 전반적 실상과도 깊이 연계되어 있었으리라 여겨진다. 가령 가계의 분화 과정 속에 수용、정착된 5묘제廟制와 같은 사례를 들 수 있다. 5묘제가 수용된 밑바탕에는 친족 속의 가계 분화 및 그에 따른 직계 승계의 원리와 원칙이 작용하고 있었을 터이다. 그런 경향이 결국 경덕왕으로 하여금 어떤 대가를 치루더라도 아들을 고집하게 만든 주된 요인이었다. 딸의 승계는 곧 5묘제의 근본적 수정을 의미하는 것이기 때문이다. 그런 점과 표리의 관계를 이루는 것이 경덕왕의 유별난 효심孝心이었다.

경덕왕은 아버지 성덕왕에 대한 효심이 매우 지극한 인물이었다. 적어도 현재의 기록상으로는 신라의 다른 어떤 국왕에게서도 찾기 어려운 행태를 보였음이 여러 사료를 통해 확인된다. 자신의 형이 사망하였을 때 그 시호를 굳이 효성孝成이라 명명한 것도 그와 같은 효심의 발로로 이해된다. 즉위 2년째 되던 해에 당나라 현종玄宗이 조제사弔祭使 및 책봉사 위요魏曜를 신라에 파견해 경덕왕을 책봉하면서 동시에 자신이 직접 주석을 단 『효경孝經』 1부도 같이 보내주었다고 한다. 당의 황제가 새로 즉위한 신라왕을 책봉하면서 유독 유학 경전을 보내었다는 것도 특이하지만, 그것이 하필 『효경』이었다는 점도 예사로워 보이지가 않는 것이다. 효라는 덕목이 당시의 신라사회에서 각별히 강조되고 나아가 그것이 경덕왕 개인과도 특별한 관계를 갖는 분위기가 조성되었음을 뜻하기 때문이다. 경덕왕이 자신의 아버지 성덕왕에게 보인 효심은 그밖의 몇몇 다른 사례를 통해서도 뚜렷하게 유추되는 사실이다.

널리 알려져 있듯이 경덕왕은 생전에 아버지 성덕왕을 기리기 위해 거대한 종을 만들려고 시도하였다. 그러나 자신의 재위 기간 중에는 끝내 완성을 보지 못하였다. 뒷날 채록된 에밀레종설화에 반영되어 있듯이 여러 차례에 걸쳐서 시도된 주종 작업이 끝내 성공을 거두지 못하였다. 워낙 규모가 크고 거기에 들어가는 그림이나 명문 작성 및 좋은 종소리를 함께 만들어내데 소요된 기술력이 그렇게 녹록치가 않은 탓이었다. 그러다가 아들인 혜공왕의 재위 7년째인 771년에 이르러서야 마침내 주종에 성공하게 되었다. 오늘날 이를 명문에 의거해 성덕대왕신종聖德大王神鍾, 또는 『삼국유사』의 표현에 따라서 봉덕사종鳳德寺鍾이라 부르고 있다.

종에는 비천상 등과 함께 대충 8백여자에 달하는 명문이 새겨져 있다. 거기에는 종의 제작 배경 및 목적과 관련한 내용 전반이 기록되어 있는 바, 그 가운데 특히 경덕왕을 효사孝嗣라고 일컬은 표현이 주목된다. 이는 경덕왕의 아버지에 대한 지극한 효심으로부터 주종을 시도하였음을 알게 하는 대목이기 때문이다. 아들인 혜공왕이 완성하였음에도 명문 자체에서 종명을 굳이 할아버지의 이름을 따 '성덕대왕신종'이라 명명한 것도 바로 그 때문이었다. 혜공왕이 경덕왕의 주종 사업을 그대로 이었다는 것은 곧 자신의 아버지에 대한 효심의 발로이기도 하다. 그런 점은 '(太后가) 부자의 효성을 장려하였다 奬父子之孝誠'고 한 명문의 표현 속에 깃들어 있다.

경덕왕은 효심을 드러내어 보임으로써 자신의 아들에게는 물론이고 신라사회 전체에 걸쳐 부모에 대한 효행이 뿌리내리기를 바랐을 지도 모를 일이다. 신종으로부터 나오는 소리를 명문 속에서는 '일체를 깨닫게 하는 원만한 소리 悪一乘之圓音'라 하여 깨달음과 연결지우고 있지만 동종 제작의 목적을 아울러서 고려하면 멀고도 가까운 곳에서 종소리를 듣는 모든 사람으로 하여금 경덕왕의 지극한 효성도 느끼도록 한 의도도 밑바탕에 깔려 있었다고 하여도 지나친 추정은 아니리라 여겨진다. 그런 사정의 일단을 보증하는 사례는 향덕向德의 고사에서도 찾을 수 있다.

755년(경덕왕 14년) 봄 기근이 심하게 들어 곡식이 귀해지자 웅천주熊川州 판적향板積鄕의 주민 향덕은 너무 가난해 병든 부모를 봉양하기 힘들었다. 그래서 병약한 아버지에게 자신의 허벅지 살을 베어 먹이고 어머니의 등창 고름을 입으로 빨아서 살려내었다. 이런 이야기가 정식 통로를 통해 중앙의 국왕에게 보고되었다. 이에 경덕왕은 곡식과 가옥 및 토지를 향덕에게 지급하고 정문旌門과 함께 석비를 세워 그 사실이 널리 알려지도록 하였다. 그래서 당시 사람들은 그 마을을 특별히 효가리孝家里라 불렀다고 한다. 그처럼 가난하고 힘든 상황 속에서도 효성을 다한 사례가 어디 향덕뿐이겠느냐마는 하필 경덕왕대의 그것이 기록으로 남게 된 점은 기실 국가가 정책적 차원 차원에서 그를 매개로 효행을 계획적으로 장려하였음을 뜻한다. 석비를 세우도록 결정하였다는 점에서도 그러려니와 그것을 널리 알 수 있도록 조치하였다는 점, 주민들이 자발적으로 효가리라 표방하였다는 점 등에서 그러하다. 경덕왕은 자신이 지극한 효심을 갖고 있으면서 동시에 신라 전역에 뿌리내리도록 유도하였음을 보여주는 사례이다.

경덕왕이 지극한 효심을 지녔음을 알게 하는 또 다른 사례는 아버지 성덕왕의 능비를 세웠다는 사실이다. 성덕왕은 재위 36년만인 737년 사망하였는데 왕릉이 이거사移車寺의 남쪽에 조성되었다고 한다. 그곳은 왕경의 동남방으로서 양장곡楊長谷이라 불리었다. 현재 성덕왕릉으로 비정된 바로 그곳이 양장곡임이 확실시되거니와 무덤은 조성 당시 이미 호석, 난간, 상석, 십이지신상, 석사자상, 석인상 등 석물이 기본적으로 갖추어진 모습이었다. 그런데 경덕왕은 자신의 재위 13년째 되던 해인 754년 갑작스레 성덕왕릉에 능비를 세우게 하였다고 한다. 현재 비신碑身과 이수螭首는 남아 있지 않지만 귀부龜趺가 대략 왕릉의 전방 100여 미터 지점쯤 되는 곳에 그대로 자리해 있어 원위치를 짐작할 수 있다. 귀부는 특이하게도 방형으로 마련된 대좌 위에 놓여 있는데 현재 머리가 잘려나가는 등 약간 파손을 겪어 완형은 아니지만 현존하는 것 가운데 가장 규모가 큰 것에 속함이 확인된다.

그런데 주목되는 점은 석물은 효성왕의 즉위 초에 왕릉이 만들어질 때 함께 조성되었지만 비문은 사망한 뒤 무려 18년이나 흐른 시점에 세워졌다는 사실이다. 이로써 능비가 일단 다른 석물과는 조성 기반을 달리하였다는 사실을 추정할 수 있게 되었지만 왜 하필 18년이나 지난 때에 갑작스레 세우게 되었으며, 그 목적이 어디에 있었던지는 뚜렷하지가 않다. 현재 비신이 없는 상태이며, 인근에서 겨우 몇몇의 비편이 수습되기는 하였으나 그 자체 너무 단편이어서 내용을 짐작하기 어렵다. 따라서 왜 경덕왕이 뒤늦게나마 성덕왕릉비를 세우려 하였을까는 관련 기록이 전혀 없어 현재로서는 의도를 뚜렷하게 가늠하기는 곤란한 형편이다. 다만, 앞서 언급하였듯이 바로 그 이듬해인 755년 향덕의 사례로부터 어느 정도 유추해 볼 여지는 엿보인다. 향덕의 효행을 영원히 기리고 현창하기 위해 석비를 세우게 한 것이지만 갑작스레 직전 해에 성덕왕릉비를 세운 것도 마찬가지의 선상에서 이해된다.

이처럼 경덕왕이 아버지 성덕왕비를 세운 그 자체가 신종의 주조鑄造를 시도한 것과 같은 효심에서 비롯하였지만, 궁극적으로는 성덕왕의 치적 현창을 통해 자신의 효행을 드러내고자 한 데에 있었다. 비문의 구체적 내용은 알 수 없는 형편이지만 잠시 성덕대왕신종을 통해 단편적이나마 유추해낼 수가 있지 않을까 싶다. 혜공왕으로서는 할아버지인 성덕왕과 동시에 아버지 경덕왕의 치적까지 내세우고 있다. 잠시 그 내용 일부를 적기해 소개하면 다음과 같다.

"(상략)그래서 왕자의 으뜸가는 공적을 그 위에 새기니 뭇 중생들이 괴로움을 떠나는 것 또한 그 속에 담겨져 있다. 엎드려 생각건대 성덕대왕께서는 덕이 산하처럼 드높았고 명성은 해, 달과 나란히 높이 걸렸다. 충성스럽고 어진 사람을 등용해 예악을 숭상하고 풍속을 관찰하셨다. 이로 말미암아 들에서는 농사에 힘썼으며 시장에서는 남용되는 물건이 없었다. 이때 사람들은 재물을 싫어하고 문재文才를 숭상하였다. 갑작스런 아들의 죽음에 나이 많은 이의 훈계를 마음에 늘 두었다. 40여년 동안 나라에 임하여 정사에 힘쓴 까닭에 단 한 차례도 전쟁으로 인해 백성을 놀라게 한 적이 없었다. 그래서 사방의 이웃나라와 멀고먼 곳으로부터 손님으로 돌아왔는데 오로지 왕의 교화를 바라는 마음만 있었지 일찍이 화살이 날아다니는 모습을 볼 틈은 없었다(하략)."

이는 그야말로 성덕왕의 치세기를 태평성대로 읊은 대목이다. 성덕왕의 덕치를 강조해 인재의 등용과 활용, 농업과 상업의 발달로 인한 경제적 안정, 문운의 풍성, 문화의 발전, 대외적 안정과 화평, 활발한 외교 등 그야말로 성덕왕의 왕도정치를 적절하게 미화해서 드러내고 있는 내용이다. 77

트머리에 쓴 사詞에서는 실제로 성덕왕 당시를 (물론 이후 3대를 모두 아우른 의미를 당연히 내포하였겠지만) '시절이 태평하고 국가가 평안하였다時泰國平'고 자화자찬하면서 노래하고 있는 것이다.

아마 이와 같은 내용은 경덕왕이 신종의 주조 작업을 처음 시작할 때부터 반드시 들어가야만 할 요목으로 정리되어 있었으리라 여겨진다. 뒤이어진 경덕왕대의 치세기에 대한 내용은 앞의 서술을 참고하여 엇비슷하게 덧붙였는데, 혜공왕으로서는 지극히 당연한 처사였을 터이다. 만일 성덕대왕신종을 경덕왕이 아버지에 대한 효성을 위해 주조한 사실을 그대로 받아들인다면 능비를 세우려 한 의도 자체나 거기에 들어간 내용 또한 비슷하였으리라 해석해도 그리 지나치지 않다고 여겨진다. 신종에 새긴 내용의 골자는 혹시 앞서 세워진 비문으로부터 발췌한 것인지도 모를 일이다. 어쩌면 경덕왕은 주종 작업이 실패로 돌아가자 대신 능비를 세워 효심을 강하게 그려내었을지도 모른다.

경덕왕의 효심은 그의 무덤을 성덕왕의 무덤 옆으로 이장한 사실에서 그 절정에 도달하였다는 느낌이다. 경덕왕의 무덤은 원래 위치를 알기 힘든 모기사毛祇寺, 혹은 경지사頃只寺의 서쪽 봉우리에 만들어졌다가 뒷날의 어느 시점에 이르러 양장곡으로 옮겼다고 한다. 양장곡이라면 성덕왕의 무덤이 조영된 바로 그곳을 가리킨다. 이는 경덕왕까지 죽은 후 다시 오랜 세월이 흐른 뒤에 그의 후예들이 효심을 고려해서 취한 조치로 보인다. 혹시 경덕왕의 유언에 따랐을지도 모를 일이다. 어느 때 누가 주도해 이장한 것인지는 잘 알 수 없으나 신종이 완성되던 무렵으로 추정함이 가장 적절하지 않을까 싶다. 그렇다면 주체는 혜공왕이었고, 신종을 완성하면서 명문에 실린 내용 그대로 아버지에 대한 효성을 실현해 보려는 결과이지 않을까 싶다.

이상과 같이 여러 가지 측면에서 볼 때 경덕왕의 성덕왕에 대한 효성은 누구와 비교해도 손색이 없을 정도로 대단하였음이 분명하다. 어떤 신라의 어떤 군왕에게서도 찾아볼 수 없는 모습이다. 경덕왕이 평소 각별히 지극한 효행을 실천하고 강조한 근원은 물론 자신의 개인적 심성에서 비롯한 것이겠지만 당시 신라사회 전반의 시대상과도 무관하지 않았을 터이다. 말하자면 당시 충효를 강조하는 유학의 발달이 독특한 몫을 다하였으리라 추정된다.

6세기부터 유학이 본격적으로 수용되기 시작하였지만 통일기에는 불교에 대신해 지배이데올로기로 자리 잡기에 이르렀다. 불교와 정치가 하나로 혼융된 이른바 정교일체正教一體로부터 이제 양자가 분리되어 정치에는 유학이, 종교에는 불교가 각기 달리 기능하게 되어갔던 것이다. 정치 운용에서 유학이 차지하는 비중이 점점 커져가면서 자연 그와 관련한 교육이 본격화되고 그에 따라 강조된 덕목은 충효忠孝였다. 인재 양성을 위한 국학國學의 설치로 교육을 통해 유학은 한층 더 발전하고 지배질서의 기반으로서 뿌리를 깊이 내렸다. 신라문화가 절정기에 도달한 성덕왕과 경덕왕대 유학의 수준은 더 이를 나위가 없다. 당에서도 신라를 군자국君子國이라고 일컫을 정도였던 데서 확인된다. 그런 분위기에 편승하여 경덕왕은 군왕으로서 자신의 효행을 몸소 실천해 보일 필요도 있었다. 경덕왕이 남아에 집착한 것은 직계로 계승하려는 개인적 욕심과 함께 그러한 유학적 분위기가 깊숙이 작용한 결과이기도 하였다.

한편 경덕왕이 장남이 아니라 차남으로서 혈연상으로는 성덕왕을 직접 승계한 것이 아니라는 점도 밑바탕에 작용하였을 것으로 보인다. 자신도 끝내 아들을 얻지 못하게 된다면 성덕왕의 직계는 어디가지나 장남인 효성왕에게로 돌아갈 것이었다. 따라서 경덕왕은 자신의 아들을 낳음으로써 직계 승계를 표방할 수 있었던 것이다. 신종 속에 3대를 태평성대로 현창하는 내용 속에 그런 인식이 내밀히 담겨져 있다. 그러나 혜공왕이 시해 당함으로써 모든 것은 허사로 돌아가고 말았다.

나오면서

가부장적 사고 아래에서 남아를 선호하고 집착하는 유별난 의식이 나오게 된 시원은 조선 후기에 이르러서의 일이다. 흔히 한국사의 출발에서부터 그러했으리라 여기는 인식이 강하지만 기실은 그 이후의 생활습속과 함께 일상 교육을 통하여 확대 재생산된 결과일 따름이다. 다만, 그렇다고 남아를 선호하는 분위기가 그 이전에도 전혀 없었던 것은 아니었다. 성격과 수준은 다르지만 남아를 선호하는 사실은 늦어도 신라 때부터 확인된다.

신라에서 남아를 선호하는 분위가가 형성된 것은 공동체로부터 가계가 분화되어 가는 과정에서 정치사회적 지위와 신분을 이어가려는 욕망에서였다. 말하자면 그런 양상은 뒷날의 가부장제에서와는 다르게 특별한 시대적 한정적 상황에서 말미암은 것이었다. 따라서 신라의 남아선호를 전체 주민에게 일반화시켜 이해하기는 어려우며, 특정 지배집단에 국한된 일이었다. 현재의 사료가 모두 지배층과 관련되는 것이라는 점은 그를 증명해 준다.

사실 고난에 찬 고통스러운 당면 현실을 고려하면 애초에 유지해간 정치적 지위는 물론 장차 개선될 희망도 여지도 없던 일반민들에게는 굳이 남아를 선호해야 할 이유가 따로 있었을 리 만무하였다. 따라서 아직 그런 분위기가 전반적으로 조성된 상태는 아니었다고 봄이 적절할 듯하다. 이미 소개한 신라의 설씨녀나 고려 후기의 사례처럼 부모로서는 차라리 늙은 뒤의 봉양을 염두에 두고서 남아보다 여아를 더욱 선호하였을 가능성이 컸다. 조선 전기에 이르기까지 딸과 아들 구별 없이 균분하게 재산을 상속한 것도 그 때문이었던 것이다.

신라 시기에는 각별히 국왕이 남아를 선호하는 모습을 강하게 보였다. 진평왕이 불국토를 자신의 땅에서 실현하고픈 욕망에서 석가모니의 출생을 희구하였으나 끝내 꿈을 일구어내지 못하였다. 대신 딸인 선덕을 잇도록 함으로써 결과적으로는 우여곡절을 거친 끝에 왕통이 직계에서 방계로 넘어가는 변화를 겪었다. 아들을 선호한 나머지 비슷한 양상은 경덕왕에 이르러서 재현된 셈이었다.

경덕왕은 줄곧 현실에서 왕도정치의 이상을 실현하려는 꿈을 꾸었다. 그런 상황에서 자신의 정치적 위상을 직계의 아들이 이어가기를 희구하였다. 어쩌면 밑바탕에는 가령 왕위를 딸에게 넘겨줄 경우 자칫 직계가 끊어지고 정치적 혼란이 뒤따를지 모른다는 우려를 하였을 것 같다. 그것은 진평왕 이후 전개된 사정으로부터 받았던 트라우마에서 비롯한 것으로 보인다. 그런 상황을 되풀이하지 않으려는 생각에서 아들을 얻는 데에 남다른 고집스러움을 보였다. 도리어 그를 무리하게 추진하면 오히려 더 위험할지 모른다는 여러 경고음이 주변으로부터 들려왔다. 그럼에도 경덕왕은 자신의 고집을 꺾지 않고 끝까지 추진하였다. 마침내 목적은 이루었지만 치룬 대가는 실로 엄청났다. 바로 자신이 가장 우려하던 진평왕대의 일이 재현되고 만 것이었다.

늘그막해서 얻은 아들이 어린 나이로 즉위한 탓에 오히려 외척의 준동을 유발하고 나아가 정치적 갈등이 일어나 총체적 파국으로 치달았다. 경덕왕의 직계계승에 대한 극단적 고집과 집착은 직계 계승이 도리어 중단되는 사태를 몰고 왔던 것이다. 혜공왕 재위 4년째인 768년 이른바 96각간의 난을 시발로 내내 쟁란을 겪다가 마침내 780년 반란군에게 죽임을 당함으로써 직계로 이어가겠다는 경덕왕의 열망은 완전히 무위로 돌아가고 말았다. 천제의 예견이 현실로 나타나는 순간이었다.